韓国市民運動家のまなざし

日本社会の希望を求めて

パク ウォンスン（朴　元淳）**著**
（特非）参加型システム研究所 編
石坂　浩一 編訳

韓国と日本の市民運動――そのかけ橋のためのささやかな試み

戦闘的な韓国の市民運動

日本と韓国は「近くて遠い国」という。地理的にどの国よりも近いことはまちがいない。長い歴史を通じておたがいにたくさんの影響を与え合い、似たような文化をもっているのも事実だ。だが、つらつら考えてみるとちがうところも多い。市民運動も同様だ。

韓国の市民運動は何より活気がある。戦闘的で政治的だ。それは軍事政権と闘いながら民主主義をつくり上げてきた歴史と深い関連がある。その過程で公権力による弾圧や拘束をおそれなくなった。「強い政府に強い市民運動」を生んだわけである。

参与連帯、経実連（経済正義実践市民連合）、環境運動連合といった強力な全国的市民団体は、政府の政策に大きな影響を及ぼしてきた。参与連帯の場合、第15代国会（1996～2000）において80件あまりの法案を請願し、そのうち半分程度は成立を勝ちとってきた。とりわけ、150あまりの条文を備えた腐敗防止法や、韓国社会最初のセーフティネットを構築する国民基礎生活保障法のようなものも含まれている。腐敗していて能力のない政界にかわって、市民団体が国民の世論を集約・形成し伝達する役割を行使しているのである。

こうした市民団体の力がもっともよく発揮されたのが2000年4月の総選挙であった。このとき、参与連帯、環境運動連合、女性団体連合を中心とした全国数百団体が「総選挙連帯」を組織し、腐敗した政治家を対象として落選運動を行なった。総選挙連帯が名前を挙げた86名の国会議員候補者のうち、約68%が落選した。とくに首都圏では90%以上が落ちた。

その後も市民団体は政府に対するモニタリングや政策実現、財閥企業への小額株主運動を通じた監視と財閥改革などに取り組み、韓国社会において大きな役割を果たしてきた。こうした国民の参加と改革の雰囲気は何の政治的基盤がなくても改革に意欲的なノ・ムヒョン氏を大統領に当選させる結果を生んだ。

ノ・ムヒョン氏は当選後、市民団体の連合体である市民社会連帯会議の新年会に出席し、自分の当選は市民団体の活動のおかげだと述べるほどであった。しかし、市民団体はノ・ムヒョン氏を当選させるための運動を行なったわけではない。単に「大統領選挙有権者連帯」を組織し大統領候補の選挙費用監視、政策モニタリングなど多様な活動を行なって有権者の意識を高め、公正な選挙を可能にしただけだ。

市民運動に近い政治権力の誕生は市民運動にとって機会と危機を同時に提供した。市民団体で活動していた人たちが権力の核心である大統領府や政府機関の指導部に大挙登用された。これは従来主張してきた政策や理念を貫徹しうるよい機会になるはずだ。

いまや政府機関であれ企業であれ市民団体の主張や要求を無視することはできない状況だ。市民団体の主張は国民とマスコミの支持を基盤としているからだ。だが、同時に政治権力からの中立性を維持し、牽制・監視機能を果たすべき市民団体としては危機ともいわざるをえない。

多くの人たちが韓国の市民団体の影響力が大きくなって全盛期を迎えたというが、むしろ多くの政策的アジェンダを政府が受け入れたり吸収してしまうならば、市民団体はさらに大きな危機に陥る可能性があることを指摘したい。韓国の市民団体がこれまでに成しとげてきた政府への牽制と監視機能を維持しながら、さらなる社会的アジェンダを生み出すための努力を一層傾けねばならないときである。

韓国市民運動の光と影

韓国の市民運動は１９８７年の民主政府の樹立とともに本格的にはじまった。それ以前にも、いわゆる在野運動が国民の基本的権利の擁護と民主回復のため、勇気ある献身的闘いをしてきた。だが、こうした在野運動は政府の交代という目標と当時の独裁政権への抵抗という意味合いをもっていた。独裁政権が倒れ民主政府が樹立されてからは、政権の交代ではなくその政権の具体的な政策についての批判と対案の提示という目標を設定し運動を推進せざるをえなくなった。過去のスローガン的、理念的な運動から、政策と実践の運動へと移行することになったのである。

同時に、従来の民主化運動という包括的な運動から、領域別に細分化されていった。女性、人権、環境、権力監視、経済正義、地方自治など多様な領域で社会的イシューが運動のテーマとして浮かび上がった。

ある統計によれば、2000年以降、市民団体の数が2万団体を上まわるという。いくつかの大学にNGOを研究する大学院が生まれ、NGO研究所が誕生し、マスコミはNGO情報のページを置くようになった。まさしく韓国は市民団体の天国のようになったのだ。

しかし市民団体が直面する問題は少なくない。市民の参加は相変わらず不十分だし、そのために財政状態もはかばかしくない。会費により運営が可能な団体は数えるほどしかない。政府や企業に依存する団体も少なくないし、活動家はろくに月給をもらえずにいる。

こうしてみると市民団体は零細なこと、この上ない。こうした状況を一部のマスコミは「市民なき市民運動」と揶揄《やゆ》している。

その上、韓国の市民団体は政治的であるため、政治問題にかまけていて、国民の日常的な生活の中に入りそれに密着した活動を十分行なえずにいる。もちろん、政治が左右する社会的影響力は大きいから、市民団体は政治に関わらざるをえない。韓国市民運動の政治性は、一般市民をして市民運動に参加しにくくする要因となっている。ひとつの悪循環といえよう。

韓国社会は中央集権的国家であり社会である。ソウルに人口と資源が集中しており、地方自治は実施されているとはいえ、その歴史は浅く権力は中央に集まっている。市民運動もやはり中央に集中している。地域の草の根の市民運動は人材と物的資源においてとても脆弱だ。

こうしてみると、権力はしだいに中央から地方に移ってきてはいるものの、地方権力を監視する機関は存在しない。地方自治体の首長の4分の1は刑事事件の被疑者として立件されているというマスコミの報道が、こうした状況の深刻さをよく示している。

日本の市民運動の観察

2000年9月から11月まで、筆者は日本の国際交流基金と国際文化会館の招請で3カ月間日本の市民社会を見てまわる絶好の機会をえた。交通費も物価も高い日本を自費で旅行しろといっても不可能だっただろう。この3カ月間、東京はいうまでもなく、都市と農村、南は九州から北は北海道、山形まで、たくさんの市民団体、活動家と出会うことができた。本当に、またとない機会だった。

何より日本の市民団体は全国的ネットワークをもっておらず、みすぼらしくもある。韓国の場合、ある地域、あるいはある分野の市民運動を知りたいと思えば、たやすく紹介することができる。それだけおたがいによく知っているということである。これまでの長い連帯の歴史を持っているからだ。とりわけ、全国のしかるべき市民団体が加入している市民社会団体連帯会議が全国的に組織されており、相互のネットワークも比較的うまくいっている。

ところが日本の場合、第三世界支援と国際交流を専門とするNGOの協議体はあるが、市民団体全体のネットワークはなかった。このため筆者は、分野別の市民団体の協議体や特定の市民団体会員の住所録、マスコミ報道、市民団体に関する本、活動家の個人的な紹介を通じて、訪問先のリストを自分で直接つくっていかねばならなかった。こんなにバラバラに存在していては、強い政治的影響力を行使することはむずかしいだろうと判断された。

その上、筆者が活動してきた参与連帯のようなアドボカシー運動団体は見い出すことができなかった。全国各地で活動する市民オンブズマンのような団体が集まって全国的な連絡会をつくってはいるものの、政府に対して強力なロビーや牽制、圧力を行使する団体はほとんどなかった。

日本の地方自治が韓国よりかなり発達しているという一面もあるものの、日本人は政治に対する嫌悪感や避けて通りたいという思いがはなはだしいように見えた。日本でも政治家への失望感は大きいが、落選運動が日本で成功しなかった理由として、こうした政治への嫌悪感が色濃く存在する点が作用しているように思われた。政治への失望と嫌悪感は韓国でも同様とはいえ、その程度の差ははなはだしかった。

けれども地域に入ってみると、日本の市民運動家は地域ごとに多様な活動を繰り広げており、日本の市民社会の奥の深さと健康さを確認することができた。

とくに生協は印象的だった。主婦が中心になり消費者として組織的主体となり、有機農産物の購入だけでなく、一歩進んで地方議会に「代理人」を送り出す草の根の政治を少しずつつちかっている姿は韓国では見られないものであった。

それだけでなく、日本では大きな団体ではないが、小さなグループをつくりささやかながら多様な活動と実験を繰り広げているところも、韓国の市民運動が学ぶべきところであった。定年退職した人や主婦がＮＰＯをつくり、自分の地域社会の問題を解決していくのは望ましいことでなくて何だろうか。

こうした韓日間の市民運動や団体のちがいを筆者は空軍と陸軍にたとえてみた。韓国の市民運動は戦略的な地域を集中爆撃し社会を変えようとする空軍であり、日本の市民運動はひとつひとつの地域を占領していく歩兵のような陸軍である。

こうした点から韓国の市民運動は日本の地域運動から学ぶところが多い。韓国でも地方自治の歴史が蓄積されつつあり、これまで首都圏で学生運動、労働運動にたずさわっていたが故郷に帰り地域運動をはじめる人も増えているから、韓国の地域運動も活性化される可能性が高まった。それでも、日本社会が蓄積してきた草の根の地域運動の歴史は韓国の市民運動が学ぶべきよい経験に満ちている。

海峡を越えて——「変わり者」たちの役割

2000年に日本社会から受けたその感動を、わたしはまだ忘れられずにいる。もはや3年がたとうとしているが、わたしが日本の市民社会で出会った人たちとその献身的な生き方から覚えた感動をいまだに忘れられない。

その人たちとのインタビューと団体の活動を紹介する本を書きながら、タイトルを『パク・ウォンスン弁護士の日本市民社会紀行』とし、サブタイトルは「変わり者を訪ねて」とつけた。みずからの安逸と利益を投げ打ち、社会と共同体のために献身する多くの人たちはどこの社会でも「変わり者」たらざるをえない。そうした「変わり者」が多い社会ほどよい社会である。

わたしは日本全国を3カ月間歩き回りながら市民運動にたずさわる多くの人たちに出会った。言葉もよく通じないし仕事をするスタイルもずいぶんとちがうが、そこに多くの普遍性が発見できた。

原子力発電所に反対するために現場を歩きまわる女性、貧しい町の疎外された人びとのために一生をささげる牧師、第三世界の貧しい国とその民衆のために東奔西走する人びと……こうした人たちすべてにわたしは深い同志愛を感じた。これはひとつの国、ひとつの社会、ひとつの民族を超えてともに交流し、ともに歩むことのできる共同の目標と志があることを意味するのである。

「近くて遠い国」というのは地理的にもっとも近い距離にありながらも、たがいに複雑な感情を抱いているからこそ出る言葉であろう。かつての植民地支配下において行なわれた多くの不幸なことがらによって、いまだにその感情の溝は埋められずにいる。

とくに日本政府は「慰安婦」問題、強制連行と強制労働による犠牲者の補償問題を解決できていない。戦後復興を成しとげ経済力をもって強大国になりながらも、日本はいまだにアジア人が戦争中にこうむった傷跡を癒すことができないのである。

韓国政府もやはり東アジア、ひいては世界において、より開放的で積極的な認識をもち役割を果たすうえで充分とはいえない。ぎすぎすした両政府の間では窒息しそうなやるせなさを感じざるをえない。政府があやまった問題を解決できるのは、両国の市民運動をおいては存在しない。

歪曲された教科書を認める政府に反対し、「慰安婦」問題を解決すべく努力する日本の市民団体は多い。自国の政府を批判できるのは市民団体だけだから。そのスローガンは、正義と平和、環境と人権、人類愛などの普遍的な理念だ。国と国の間を結びつけ、地域と地域を結びつける。海峡を越えて韓日間に平和を育て、友好を増進できるのは両国の市民団体の役割だ。

わたしが日本を訪問したあとで書いたこの本によって、韓国の市民団体は日本の市民団体に関心を見せはじめた。いろいろなルートで日本に行ってくる韓国の市民運動家が増え、わたしが会った日本の市民運動家の中でも韓国を訪れる人が出てきた。わたしが現在働いている美しき財団は、韓中日市民運動家の交流プログラムをつくっている。たがいに訪問し意見を交換し合い、ネットワークをつくることが必要だ。

この本はそうした意味で多少なりとも役に立っているようなので、本当にうれしいかぎりである。今、この本が日本語に翻訳されるならば、韓国の一市民運動家が日本で日本の市民運動団体を訪問し、たくさんの市民運動家に会った印象と感じ方を伝えることができるようになるだろう。そして両国の市民団体と活動家の間の普遍的なものの考え方を発見することになるであろう。同じようにそれぞれの社会で「変わり者」として社会に献身していることもわかるようになるだろう。

これによってたがいの交流と友情が深まり、ともにアジアの明るい未来を夢見て実践しうることだろう。この本を翻訳し出版してくれる日本の友人諸氏、そしてこの本を読んでくれる日本の市民運動家と市民のみなさんへ、深い連帯の思いを伝えたい。

2003年4月22日

韓日両国の市民団体の活動を通じ、東北アジアの平和と連帯の気運が高まることを期待しつつ

パク・ウォンスン

もくじ

韓国と日本の市民運動——そのかけ橋のためのささやかな試み……2

序　章　変わり者の国、日本……17

第1章　スタート！　日本NGO紀行

日本の市民社会は本当に韓国より無力なのか……24

アジアから来た4人のフェロー……26

国際交流基金と国際文化会館……27

目を見張る朝日新聞の報道……29

第2章　オルタナティブへの取り組み

神保町で見つけたもの……32

日本の人権弁護士たち……34

「今日わたしは1本の木を植える」……37

日弁連が大々的な署名運動に踏み出した理由……39

郵便局を通じた国際ボランティア支援……42

公益信託制度……44

ジョンとシゲハルの出会いがもたらしたもの……46

しかしいまだ遠い、日本の市民社会への道のり……49
地球の友……51
夢のオルタナティブ社会……54
この巨大な実験、生協……59
代理人運動が落選運動よりもはるかに強力な理由……62
意識革命・世直し……65
ワーカーズ・コレクティブ、労働の夜明け……67
「地球の木」、自分が変われば世界が変わる……70
福沢諭吉像の前で、あらためて近代化を考える……71
大学めぐり2日目、早稲田大学……73
南北統一の悲願、「ウリ・パラム」の願い……75
「愛の光」……76
市民運動の進むべき道は……78
われわれは覚えている、水俣フォーラム……83
水俣病の真実……84

第3章　アジアとつながる市民

政府や企業の金銭的援助を受けない唯一（?）の団体、グリーンピース……88

66歳の女戦士、松井やより……92
ともに生きるために――アジア学院……97
アシュラムの感動、大橋教授の場合……98
循環型社会、そして三浦博士と高見先生……100
長谷ゆり子元衆議院議員と、彼女の飲み屋「飛翔」……103
NGOの連合体、ジャニック……104
日本国際ボランティアセンター（JVC）、「みどり1本」募金……110
ピープルズ・フォーラム2001……116
原子力資料情報室がめざす核のない世界……118
日本フィランソロピー協会……123
「お金、人、知識、何でも結構です」、女性のための避難所……126
日本のNPOを育てる、日本NPOセンター……128
貧民街の聖者、渡辺牧師……134
大いなるバックアップ、かながわ県民センター……138
トヨタ財団、時代の変化をつくる……142
ある師弟、東京市民オンブズマンを導くふたりの弁護士……146
民族の離散、悲劇の中の希望の糸口……150
アジア太平洋資料センター、日本の進歩的な知識人のアジア前進基地……152

国際協力団体はみんな集まれ……157

第4章　息長く粘り強い人たち

企業と芸術活動のかけ橋、企業メセナ協議会……162
日本の財団の総本山、助成財団協会……164
反体制知識人北沢さんは希望を失わない……168
日本の良心、石田先生……174
ボランティアの心臓部、ＴＶＡＣ……177
この人を見よ、須田春海……179
信仰的良心を守るＪＮＣＣ……183
インターバンド、ウェブバンド?……185
宝塚歌劇団、その神話……187
日本の市民団体の立法運動の新紀元……189
公益増進のエンジン、公益法人協会……196
日本の民主主義を守る弁護士たち……199
『買ってはいけない』ＶＳ『買ってはいけないを買ってはいけない』……203
17メーターの鉄塔立てこもり……208
心豊かな人たちが支える寿生活館……211

要求から参加へ、川崎市の「外国人市民代表者会議」……213
川崎市の新しい女性公務員……216
在日韓国人人権運動の長老……220
消費者の新概念、日本消費者連盟……221
消費者団体の総本山、全国消費者団体連絡会……225
伝統的消費者運動、日本消費者協会……228
1%クラブ、経団連の社会貢献運動……230
オルタ・トレード……234
科学者の良心、宇井純先生……237
日本政治の未来を占う松下政経塾……239
NECの社会貢献事例……241
田中首相を拘束させた伝説のブルドッグ検事、堀田力……244
NPOの管轄部署、経済企画庁国民生活局……245
日本最大の組織体、全国社会福祉協議会……247
NPOサポートセンター……249

第5章　身近になった日本社会

ひとつの木になる営利と非営利の果実……254

「評論家」が食べていける国――農業ジャーナリスト大野さんの場合……258
35年間の闘争、いまだ終わらず――成田市・三里塚の場合……259
反対同盟のペンション、勝利の塔……262
もうひとつのNPO支援……264
韓国の市民団体とその交流を推進……267
日本最初の女性総理？　辻元清美衆議院議員……270
現場は楽しい！　地域は生きている、コミュニティーレストランと地域通貨……274
日本労働運動の総司令部、連合……278
高見日本環境財団理事長の場合……280
日本のマスコミとNGO……282
HIV運動家が国会議員になったわけ……284
朝日と読売のちがい……286
東京最後の夜……288

あとがき……290
編訳者あとがき……292
朴弁護士の「日本市民社会紀行」翻訳出版にあたって……294

序章――変わり者の国、日本

1999年の米国市民運動紀行につづいて、今度は2000年9月から11月にかけて、日本の市民社会を訪ねる機会をもった。日本の国際交流基金と国際文化会館が共同で招聘《しょうへい》する「アジア・リーダーシップ・プログラム」により、3カ月間日本のあちこちを見てまわったのである。大いなる幸運だった。前回の米国行きと同じように、今回も日々感じたこと見聞きしたことを、韓国市民社会の成熟のために努力する多くの人々とともに考える材料となることを願って、日記形式で書き残した。

日本紀行をしたのと同じころに、わたしたちの活動をインターンとして助けてくれていたサラという米国人の女性に会った。彼女はワシントン大学を卒業後2年間、日本の田舎で暮らしたことがあるが、日本人が米国についてたずねることにつねづね当惑させられたという。数億の人口のたったひとりでしかない自分が、それも自分が暮らしたワシントン州ではなく米国全体のことを話すのがどれほど難しいことか。それを説明するのがいつもひと苦労だったという。

人は、ひとりの人、ひとつの行動、ひとつの事件をたやすく一般化する傾向にある。わたしたちの身近なところを例にとっても、ベストセラーになった『日本はない』〔邦訳は『悲しい日本人』〕や『日本はある』〔邦訳は『日本の底力』〕というたぐいの本が、そうした傾向をあおり立てる。

3カ月間、こまめに日本の市民団体や活動家、知識人と会いつづけた。わたしの面談録には、南は九州から北は北海道まで、東京や大阪といった大都市から、山形の田舎の村まで、国会議員から農民まで入っている。こうして会った人たちの名刺だけで400枚を超える。だが、日本社会全体をながめ渡すには、力及ばなかったし、市民運動家や知識人は、日本社会のマイノリティにとどまっている。

この本では、その人たちの考えや悩みをそのまま記録しようとした。それが日本の市民社会の現状を把握するのに一番いいと思ったからだ。

わたしたちは、日本の市民運動について少なからず偏見をもっている。韓国とくらべて日本の市民運動は見るべきところがないという考えが、まさにそれである。うぬぼれというものである。

日本社会は明らかにいろいろな制約と限界をもっているが、やはり韓国より成熟した市民社会を発展させてきた。3カ月間の日本滞在を通じて、日本社会のすみずみに息づいている地域社会や地域運動というものを発見し、個人の良心と努力、献身とあいまって、法にもとづいた西欧の公共社会とはちがったしっかりした共同体を成していることを感じた。米国社会で発見したのが法と制度の力であるとするなら、日本社会で発見したのは個人と集団の誠実さにもとづく伝統と共同の力といえよう。

日本でよく使われる言葉のひとつに、「町づくり」がある。韓国の場合、植民地支配と分断、戦争と独裁、セマウル運動のような、めちゃくちゃな開発により消えてしまった地域社会を、日本はそのまま温存し発展させている。

韓国の農村と地域社会は疲弊《ひへい》し崩壊してしまったが、日本の農村と地域社会は健康に生き残っている。それが変化への制約になることもあるが……。大げさに「市民運動」という看板を掲げなくとも、健康な共同体と活気のある地域社会がつくられてきた。

日本の市民団体の活動家から受けた印象をひとことで表現するなら、まじめさとそこから来る感動である。日本の団体には「～を考える会」とか「～を学ぶ会」といったものが多い。韓国のある活動家は冗談半分に、「どこにそんなにたくさん考えることや学ぶことがあるのか、運動をする時間がないではないか」と皮肉ったほどだ。だが、わたしの考えはちがう。こうして考え学びその結果が蓄積されて、今日のような奥行きのある社会ができたのだ。

日本人のだれにでも見られる丹念な記録癖、何かに取り組む前につねに行なわれる何回かの学習会、そして終わったあとの反省会、もどかしいほどに緻密な業務処理、よく整理整頓された町と事務所がそれを反映している。

日本人の几帳面さや誠実さは一朝一夕にしてなったものではなく、1年でもなく10年でもない。人の一生をかけて形成されたケースもままある。ひとつの仕事、それも公のために人生をささげる人をあちこちで見い出すことができた。

水俣病の患者さんとともに歩むため水俣に暮らすことになった演劇人や女性活動家、農業共同体運動に邁進し一生をささげた老人、大学の職を投げ打って反核運動に飛び込んだ市民研究者、27回クビになりながらも現場を守っている労働運動家……。成田空港建設反対を住民とともに闘った学生運動家は、志を守って今日まで農民運動家として生きている。一種の変わり者たちだ。「変わり者」が多い国。それがよい国であろう。

日本の市民運動については、あまりに小さなことに執着して全体の変革のための運動が不十分だという批判が、日本国内の知識人や韓国の市民運動家の間でなされてきた。そのとおりである。日本の政党や政治に日本人みずからが失望しながらも、それを変える方法を見つけ出せずにいるようだった。最近の歴史教科書歪曲《わいきょく》問題もしかり。落選運動も試みたが失敗した。そのせいか、韓国の落選運動に対してはほとんど驚異の目で見ている。

日本の市民運動は分散孤立型だ。ネットワークの流れがないわけではないが、全国的に連帯して一致団結するとか、政府や企業のモニター活動をする団体は少ない。とくに政治的な性格をもった活動は、嫌われる傾向が強かった。政治を変えずして変えられるものがあるだろうか。

だが、こう考えることもできる。小さな変化を生まずして、どうして大きな変化を起こすことができるのだろうか。日本社会を見ながら感じた点だ。地域によって条件は少しずつちがうが、日本は地方分権が進みつつあり、それをもとに地域運動が活発化している。

韓国で落選運動が成功したというが、その結果、政治はどれだけ変わったのだろうか。運動はどれほど根を下ろしたのだろうか。政府への監視機能は十分とはいえないが、日本では全国的に組織されている市民オンブズマンが近く発効する情報公開法とあいまって、ゆっくりとではあるが緻密な監視網をつくり上げていくことだろう。

わたしは、とりわけ日本の生協運動に感動した。みずから「生活者」を名乗る主婦たちが、世の中を変える最前線に立って活躍している。遺伝子組み換え食品の輸入問題を例にあげてみよう。韓国が輸入反対のデモをひとわたりして終わってしまうとすれば、大規模な生協組織でそれを食べない運動を行ない、具体的な効果を上げるのが日本だ。

総論に強く各論に弱いのが韓国の市民運動だとすれば、総論に弱く各論に強いのが日本の市民運動だ。韓国の市民運動が戦略的な地点を爆撃し、社会の変化を導く空軍だとすれば、日本は、下からひとつひとつ変えていく陸軍である。

情報公開運動も、韓国では政府の省庁を対象にして進められているが、日本では地域からはじまり、全国規模に成長した。それぞれ長所と短所があろうが、ともあれ韓国の市民運動はいまや地域と個別課題の取り組みを強化しなければならないときが来た。

日本の知識人がみずからの社会に大きな絶望を感じているのは事実だが、さりとて日本から学ぶものがないといってはならない。制度と実践、いずれをとっても日本が韓国より一段上だ。見習うべき部分も少なくない。

たとえば日本には、一般住民が予算の不正支出の返還を請求したり、住民投票を通じて重要な問題を決定したり、市長をリコールしたりする地方自治法が存在している。不十分なところもあるが、製造物責任法も制定された。生きた地域社会を生み出すための「町づくり」はうらやましいかぎりだ。

明治維新以来、積極的だった外来（とくに西洋）のものの受容の態度も示唆するところが大きい。もちろん、無分別な受容は問題であろうが、進んだ制度と文明のあるところならば、どこからでも学び、これを社会に応用しようとする努力がうかがえる。

実際、日本全国であらゆる種類の実験が行なわれている。この本に登場する湯布院《ゆふいん》もそうした例のひとつだ。旗を立ててぞろぞろ歩くのが日本人の団体外国観光だとあなどっていた自分の考えが、思いちがいだったことを悟らされた。

韓国でも農民であれ大学教授であれ、外国を見てみることを嫌っていてはいけないだろう。ただ見てくるだけでもいい。まず行ってみろ。何か学ぶものがあるはずだ。問題意識があればもっといい。政府も21世紀の紳士遊覧団を送り出し、10年かかってもいいから公務員をしっかり勉強させなければいけないのではないかという気がする。今こそささやかなことにも着目して研究し、新しい社会体制、新しい文明を生み出すべきときではないだろうか。

その一方で、わたしたち自身が韓国社会についてどれだけ知っているかという自責の念にもかられる。外国を歩きまわって一生懸命質問し、いろいろと吸収しようとしたが、考えてみると、自分が住む社会に対しては、こんな努力をしたことがないではないか。きっと韓国社会にも、見えないところで地道に働いている「変わり者」が多いはずだから。

日本にいる間、物心両面で多くの援助を受けた。招請してくださったふたつの機関はいうまでもなく、全国のみなさんが忙しい時間を割いて案内してくれ、資料を提供してくださった。わずらわしい質問や資料の請求にも快く応じてくださった。

とくにひとつひとつの日程を調整し、たくさんの人との出会いを導いてくれた国際文化会館の松本洋専務理事、加藤幹雄さん、丸山勇さん、島村直子さん、園田公博さん、国際交流基金アジアセンターの大塚善人部長、深沢陽課長、塩澤雅代さん、T・レッドウッドさん、前年のフェローであり、よくわたしたちに付き合って雰囲気をなごやかにしてくれた恵泉女学園大学の大橋正明助教授、苦楽をともにした今年のフェローたち、地方の市民団体を紹介してくれたPARCの石田伸子事務局長、伊藤道雄JANIC常務理事、神戸の飛田雄一さん、山形の疋田美津子さん、農業ジャーナリストの大野和興さん、そして各地域で日程を調整し連絡をくださったすべてのみなさんに深く感謝したい。

とくに国際文化会館と国際交流基金の実務者のみなさんは、今回の企画を準備し実行するのに1年あまりを費やしてきちんとした準備をし、配慮を尽くしてくださった。とりわけ、園田さんは、これまでにないわがままなフェローに悩まされたにちがいない。

この本はもともと倍くらいの分量があったが、2冊にするには無理があるとのことで、やむなくこうした形になった。割愛せざるをえなかったところがあるのは残念だ。ナ・イルギョン（羅一慶、慶應大学）、ソ・ミョンジン（東京大学）、ヒョン・ムアム（東京大学）の3人は、博士課程の忙しい勉学の間をぬって、わたしのために通訳の労をとってくれた。

地方でも韓国の留学生の助けを借りた。福岡のコ・インスク（福岡大）、広島のウ・ヘギョン（主婦）、神戸のパク・スニョン、キム・スジョン夫妻、キム・ウノ（神戸大）、大阪のイ・ギリョン（大阪大）、新潟のイ・スンワン（新潟大）といった方々である。

そのほか、英語で通訳をしてくれた日本人ボランティアの人たちもいた。日本はそうしたボランティアが比較的多い国だった。また、長井市のレインボープラン推進委員長横山太吉さん、新潟市の武田貞彦さん、鶴岡市の大高全洋教授の家に泊めていただいた。

このプログラムの先輩であり、わたしを推薦してくれたハンギョレ新聞のチョ・ホンソプ社会部長と、迷っているわたしの背中を押してくれたチョ・ヒヨン教授、そしてわたしのいない間空白を埋めてくれた参与連帯のチャ・ビョンジク弁護士をはじめとした共同事務局長と実務者の方たちにも、この場を借りて感謝を表したい。この小さな本がこうしたすべてのみなさんのご期待に添えるものとなることを願ってやまない。

凍てついた大地の風の中で暖かい春を待ちつつ

パク・ウォンスン（朴元淳）

2001年2月10日

第1章　スタート！　日本NGO紀行

日本の市民社会は本当に韓国より無力なのか

1999年3月、2カ月にわたって米国の市民社会を見てまわる機会があった。そして、2000年8月31日。今度は日本の市民社会を見るために飛行機に乗った。アジア諸地域から4～5人のフェローを選んだ「アジア・リーダーシップ・フェロー・プログラム（ALFP）」の招きによるものである。前年のこのプログラムには、ハンギョレ新聞社のチョ・ホンソプ社会部長が参加したのだが、彼がわたしのことを今回、推薦してくれたようだった。米国の市民社会からたくさんの教訓とアイデアを得たわたしは、この日本行きに心が動いた。そして、聖公会大学のチョ・ヒヨン教授も行ってみたらどうかとけしかけた。「割合ゆったりした日程だから、ちょっとした休息にもなる」といって誘惑したのだ。

実は、わたしはこの日本行きを口実に仕事から解放されたかった。そして何より、人々から忘れ去られたかった。「落選運動」を通じて広く顔が知られてしまったから、見ず知らずの人からあちこちで声をかけられるようになっていたのだ。「3カ月もいなくなれば、みんなわたしのことを忘れてくれるだろう」と思うとおもしろくもあった。

参与連帯を留守にするのは気がかりだったが、前年米国へ行き2～3カ月留守にしても大丈夫だったから、案ずることはない。むしろ、わたしがいないほうがうまくいっているようだったから、今度は心おきなく出かけられる、そう思った。

日本は隣国であるため往来する機会も多く、80年代末に人権問題で講演し、90年代には従軍慰安婦問題や弁護士間交流、学術セミナーなどに参加し、この間、数十回訪問した。東京や京都、大阪などを訪れたのだが、用事を済ませるとすぐ帰らなければならなかったので、日本をきちんと見つめ、そして感じる余裕はなかったのである。ホテルでしか過ごしたことがないとでもいおうか。せいぜい、神保町［東京都］の本屋に行って何冊か本を買ってきたくらいだった。

日本の市民団体の活動家や知識人は、韓国の運動団体を訪問するとすっかり参ってしまうらしい。いつだったか、日本の労働裁判の生き証人ともいうべき伊藤弁護士（正確な名前は忘れてしまった）が、全教組［全国教職員労働組合］の事務所に来たときのこと。彼は感動のあまり、「韓国で暮らしながらボランティアをし、社会に貢献したい」とまで語ったとか。日本ではもはや消え失せてしまった活力を韓国の運動から発見したのである。

それに、この前の総選挙でわたしたちが展開した落選運動の成功を見て、先を争うようにこの運動についてたずねてきたし、日本のマスコミもこの運動を毎日のように取り上げた。

一時は、「日本へ輸出するものは落選運動しかない」という冗談まで出るほどだった。だが日本では、この運動はとりたてて成功を収めることはなかった。

とはいえ、日本の市民運動は特有の歴史と背景をもっている。かつては革新自治体を生み出したこともあるし、地方レベルの運動もあなどれないものがある。情報公開請求運動を中心とした地域の草の根運動は、長い歴史と伝統をもっている。

ただ、中央政治を監視し変革することにかけては、われわれ韓国人に及ばないと評価している。だが今、韓国の若者たちが社会のあり方や市民運動のようなものにどれほど関心をもっているだろうか。60年代に華々しかった日本の学生運動がしだいに衰退していくことを、だれが予測しえただろうか。

当時、日本の学生運動にかかわった人たちはすでに50代となったが、この人たちがいまだに日本の運動の中心を担っている。韓国でも後継ぎの世代がいなくなり、おじいさん、おばあさんの運動家ばかりになってしまわないという保証がどこにあるだろう。

のんきなことをいってはいられない。なぜそんなことになったのか、その謎をとくために日本へ行くことにしよう。

アジアから来た4人のフェロー

わたしたちが招聘《しょうへい》を受けたプログラム、アジア・リーダーシップ・フェロー・プログラムは、アジアから毎年4～5人の知識人を選び、相互理解と協力を進め、アジア地域の知識人社会のネットワークをつくることを目的としている。9月1日の金曜日、わたしたちの日程ははじまった。

今年選ばれた人は5人。まず、インドからきたウルバシ・ブタリアという女性。インドだけでなく欧米でもよく知られた女性運動家である。次に、インドネシアのファルク教授。文化に関心があり、日ごろから芸術・文化批評の分野で活躍している。

サリー・アオングソムワンは、タイの消費者財団の事務総長である。医療用薬品の使いすぎや価格つり上げ、患者の権利、禁煙運動など、主として保健医療問題に取り組んできた女性である。熊岡路矢さんは、日本でもっとも有名な市民団体のひとつ「日本国際ボランティアセンター（JVC）」のリーダーである。

実はほかに、マレーシアで映画をつくっているヒサムディンがいた。1998年の改革運動以来、マレーシア抵抗運動の指導者のひとりであるため出国禁止となり、結局プログラムに参加できなかった。このことから、まだこの国では、民主主義は試練のさなかにあることを思い知らされた。

わたしがとくにひきつけられた人物は、ウルバシである。彼女が書いた本『沈黙の向こう側』は、本当に感動的であった。

ひとつの国だったインドから宗教的な理由によってパキスタンが分裂し、生き別れとなった家族、分裂の過程で発生した強姦《ごうかん》、破壊、虐殺について取り上げた本である。一度読みはじめると、途中でやめられないほどだ。

インドでは、1947年のほんの2カ月ほどの間に1200万人が自分の住んでいた村を離れ、100万人が死んだ。そして、75万人の女性が拉致・強姦され、子どもたちは行方不明になった。家や村、家族、共同体、そして、それらの結びつきは断たれた。人々の脳裏から忘れられたこの事件を半世紀ぶりに世界に知らせせしめたのが、ほかならぬウルバシであった。

この本を読んで、わが韓国は1000万人の離散家族の思いを、どうして感動的な文章を通じて世界に伝えることができなかったのかとつくづく思わされた。

国際交流基金と国際文化会館

「国際交流基金」は海外においても有名なので、いまさらくだくだと説明するまでもなかろう。1972年に外務省が設立したが、運営と財政が独立している。そして、その名前からもわかるように、国際交流を目的とした団体である。

この基金は、政府が出資した基金と毎年の一定金額の補助金、企業からの募金で成り立っている。日本の国際交流のための看板ともいうべき機関であるから、その予算も半端ではない。

まず、出資金額が韓国のお金で一兆ウォン［約1000億円］をはるかに上回る。1年の収入が200億ドルにのぼるというから、ちょっとした国の予算よりも大きい。豊かな国だから、これくらいで驚いてはいけないのだろうが。

ともあれ、この金で日本人を外国へ送り出し、外国人を日本へ招くほか、国際会議を開催・後援したり、外国で行なわれる日本語教育を支援したりするために使われている。

ローマやパリ、北京、ジャカルタ、バンコク、クアラルンプール、シドニー、トロント、サンパウロ、マニラ、ニューデリー、ニューヨーク、ロサンゼルス、メキシコシティ、ロンドン、ブダペスト、カイロなどに支部が置かれており、もうすぐソウル事務所もオープンする予定だという。

もうひとつの重要な機能は、研究プロジェクトに対して財政支援をすることだ。１９９７年の1年間をとってみても、いくつかの韓国の機関がプロジェクトに対する支援を受けている。

韓国比較文化協会が申請した「東アジア比較文学」（１８９万６７３円）、アジア太平洋政策調査会が申請した「東アジア安保と韓米日三国関係の展望」（２９７万６０００円）、ソウル大国際地域研究センターが申請した「Internalizing Internationalization ; Asia's response to Globalization in comparative Perspective」（２０９万４２５５円）の3つである。

国際文化会館（「インターナショナルハウス」、あるいは略して「アイハウス」とも呼ばれる）は、あらゆる国際交流とセミナー、招請講演、研究会などを開催しており、日本でもっとも重要な学術や芸術、文化の交流機関といえる。わたしたちが参加したＡＬＦＰもそのひとつだ。

会員制で運営されるこの会館は、１９９９年現在、個人会員が５０６８人おり、その中には、１６５６人の外国人も含まれている。企業会員制度もあり、１９９９年現在で４５８社ある。

一種の非営利団体といえるこの会館は、１９９９年の年間収入が5億１０００万円で、内訳は会費収入が3分の1、寄付金と支援金が3分の2となっている。小さな金額とはいえないが、さすがに国際交流基金とはくらべものにならない。

目を見張る朝日新聞の報道

「ある地域を知りたければその国の新聞を読め。じっくり読めばその国、その地域、その社会のすべてがひと目でわかる」という。そればかりか、出ているニュースを見て韓国と比較し、学ぶ点も多い。

91年から92年にかけて、イギリスや米国に滞在して決心したことのひとつが、その地域の新聞を一日も休まず見るということであった。もちろん、丹念にスクラップもした。ぐあいが悪かったり、旅行中だったりしてためてしまうこともあったとはいえ……。ともあれ、日本にいる3カ月間、毎日欠かさず新聞を見ることにした。

9月2日の朝、朝日新聞を開いてみると、目を見張るような記事があった。家庭面の大きなスペースを割いて、三菱自動車への人々の不満の声が詳細に伝えられていたのだ。

四輪駆動の「パジェロ」に乗っているある会社員は「以前もクレームをしたが、きちんと対応してくれなかった。今回の問題も信頼を裏切る大失策だ」と指摘している。ある主婦は、走行中にオートマトランスミッションが「L」に変わり、エンジンブレーキがかかって追突された経験を語っている。「この事件で、お客様相談センターや修理センターは大混乱におちいり、同じトラブルがあまりにも多数発生するので、ユーザーに知らせるまでもなくなった」。ある相談センターでは、このように自嘲ぎみにいっていた。これでは、だれが三菱自動車を買うだろうか。

裏切られたという感情が広がる——三菱自動車のクレームかくし ユーザー50人に聞く

長い間クレーム情報やリコールをかくしてきた事実が明らかになり、最近また80万台を超えるリコールを運輸省に届け出た。同社の車をもっている人たちはどう考えているのだろうか。Eメールを使ってアンケート調査をした結果、約7割は、「次に車を買うときは三菱の車は買わない」と回答した。消費者は裏切られたという気持ちが強い。（朝日新聞2000年9月2日付より）

新聞ではこの事件の背景として、しばらく前にあった雪印の事件にも見られた、日本人や日本企業共通のことなかれ主義を指摘する人が多いと伝えていた。

ところで、この記事のハイライトは、徳大寺有恒という自動車評論家の談話である。『間違いだらけのクルマ選び』という本を書いたこの人は、インタビューにこう発言し、強く批判している。「あわてて急ブレーキをかけたのに1～2秒反応がなかったら、だれだって恐怖にかられるはずです。それなのに三菱はこんな車を売っている。人命をあつかう仕事をしているという自覚が組織全体に欠けていることが明白です。これは自動車メーカーとしての基本的欠陥じゃないでしょうか」。

彼は同時に、型式証明をそのまま発給した運輸省の責任も大きいと指摘している。日本人に聞いてみると、彼は評論家として評価が高いという。彼の結論は、「しっかりした消費者こそ立派な企業を育てる」。本日の名言である。

第2章　オルタナティブへの取り組み

神保町で見つけたもの

9月6日、水曜日。朝寝坊をして数日間の旅の疲れをほぐすと、あらゆることに対する関心があれこれと再びわき上がり、資料収集の欲も出てきた。

ジャンパーにカバンというういでたちで外に出ると、学生時代にまた戻った感じだ。すばらしい。地下鉄に乗って、神保町の三省堂へ行き、本屋を見てまわった。

東京の地下鉄が複雑であることは有名な話。何度も乗り換えるのがつねだ。東京暮らしの人でさえ、路線図の前に立ち止まってじっと研究したりする場面を何度も見ている。だから、駅の構内には地下鉄のガイドブックが置かれている。

幸いにも、神保町はわたしの宿泊先から一度の乗り換えですむところだった。神保町の三省堂書店には何度も来ていたので周辺の地理もだいたいわかる。

神田一帯の古本屋は思ったよりも値段が高く、買うのは最初からあきらめた。1万ウォン札が数枚あれば、重たくてもち運べないくらいに大量の古本を買える韓国とは大ちがいだ。

三省堂書店では、ちょうど岩波書店のブックフェアが開かれていた。日本の良心ともいわれるくらい進歩的で良心的な本を、数かぎりなく出版してきた岩波書店の健在ぶりに、日本社会の底力を見る思いだ。

三省堂書店では、営業終了時間までねばった。今日はいろいろな資料や本を手に入れることができて大いに得した気分だ。こんなにたくさんの本を入手できたのだから、食べなくても満腹になろうというものだ。

今日見聞きした中でとくに印象深かったこと、ふたつ。

まず、神保町の小さな食堂のトイレ。

三省堂書店の閉店であらがいようもなく放り出されたあと、時計を見るとすでに8時半を過ぎていた。ようやく空腹感を覚え、地下鉄の駅へ向かう途中にある小さな食堂に入った。それこそねこの額ほどの店だ。ソバの大盛りを注文して待つ間、トイレに行った。

衣服の上げ下ろしだけで精いっぱいといった空間には、こう書いてある。「ここは視覚障害者の方も使用できるトイレです」。

いわれてみると、視覚障害者のための装置らしい機器が何カ所かに設置してあった。はて、韓国の障害者福祉設備はどの程度のものだったか。

次に、太平洋諸島センター。

国際交流基金のすぐ隣にあるこのセンターは、その名前が気になって素通りできなかった。1996年に日本政府とサウス・パシフィック・フォーラムが共同で設立したこの機関は、南太平洋の島々に対する投資や開発、貿易、観光などに関することがらを取りあつかうという。

南太平洋の島々には、クック諸島やミクロネシア連邦、フィジー、キリバス、マーシャル諸島、ナウル、ニウエ、パラオ、パプアニューギニア、サモア、ソロモン諸島、トンガ、ツバル、バヌアツなどが含まれるが、中には聞いたこともない名前の島もある。

注目すべきは、こうしたセンターをつくって小さな島国をひとつももらさず攻略する、日本の商魂のたくましさだ。島国に対する投資と観光促進のための見本市開催、使節団の派遣、市場調査、出版物配布など、多様な活動を繰り広げている。

太平洋諸島のプロフィール、トレード・フォーラムなどの一般的な刊行物はもちろんのこと、この地域の日本系企業の名簿、それぞれの島国の状況に関するファイルなど、だれでも利用できるように備えられていた。

日本も同じ島国だからこそ、格別な関心を払うのは当然のことかもしれない。そうだとしても、こうした基礎的な機関がしっかりしているからこそ、巨大な日本という経済大国が成り立ちえたのではないだろうか。

日本の人権弁護士たち

9月11日、月曜日。7日から10日までの日程で行なわれたフェローたちの発表は、難なく終わった。梓澤和幸弁護士と昼食の約束をしていたので、神田の近く、淡路《あわじ》町にある彼の事務所を訪ねた。

このころには、クモの巣のように入り組んだ東京の地下鉄に乗ることにも、けっこう慣れてきた。略図さえあれば、どこへも探して行くだけの自信も身についた。

余裕をもって約束の1時間前に出発したが、30～40分後には到着してしまい、応接室で待つことにした。いかにも日本の人権弁護士らしく、彼の事務所の応接室には次のような書籍があったので、彼が来るまで読みあさった。


『青年法律家協会、憲法とともに35年』

『鐘が鳴り響く——回想群像・法律家運動』

『熱血弁護士の世界旅行』

『核兵器のない世の中をつくりましょう——千代田国民法廷』

『在日外国人——弁護の現場から』

『報道被害のマニュアル』

約束の時間よりも10分過ぎて彼は現れた。遅れたことのお詫びなのか、読んでいた本をもち帰ってもいいという。うれしい話！　それでなくても、もらえないかとたずねるつもりだった。日本では本の値段が高すぎるうえ、このような本を一般の書店で入手することは難しい。

弁護士はどの国でも忙しい職業のようだ。だからといって、彼の稼ぎがよさそうにも見えない。在日外国人の事件を弁護したところで儲けにはなるまい。

梓澤弁護士とは10年前からの知り合いで、韓国に対する深い愛情と謝罪の気持ちをもった人だ。わたしよりも10歳以上の年長で、90年代のはじめに韓日の弁護士交流活動を通じて知り合った。当時、彼は日本の民主化のためにがんばっていて、わたしも「民弁」に属して韓国の人権と民主化に力を注いでいるころだった。

そのころ、韓国の弁護士たちは孤独な闘いをつづけていた。日本の弁護士たちは、日本の社会よりも強力な闘争力を見せる韓国社会に対して敬意のまなざしを向けていたこともあり、わたしたちはすぐに打ちとけた。

日本と韓国を何度か行き来しながら親交を深め、ウィーンで開かれた世界人権大会でも再会し、法律文献が必要なときに要請すると入手の労をとってくれたりもした。

しかしわたし自身、参与連帯にかかわりはじめてからは事実上弁護士活動を中断していたので、実際に顔を合わせるのは93年以来、ほぼ7～8年ぶりだった。久しぶりともいえるのだが、彼はたいして変わっていなかった。金にはならない外国人を弁護して歩くのもさることながら、クシを入れたこともないようなヘアスタイルも相変わらずだ。

「10年の間にずいぶんと日本も変わり、外国人労働者の地位もそこそこ保障されるようになったのではないか」と彼にいうと、そのとおりだと答えた。それでも、滞在期間を超えてしまい不法滞在者となった外国人は、おおよそ27万人にものぼるという。

外国の事例を調べるためにわたしが応接室で引っ張り出して読んでいた『在日外国人―弁護の現場から』という本を、彼は5年もかけて書いたそうだ。その過程で、日本の法制がどれほど排他的であるかを肌で感じたようだ。

彼はこの本を通して、在日外国人問題の解決案として、外国人を積極的に受け入れること、そして民間と地方自治体の支援などについて具体的に提示している。

このほかにも、外国人の人権に関しては、『悲しきパスポート』『外国人問題弁護ノート』『外国人が裁判を受けるとき』などを著述し、この方面で彼は最高の専門弁護士となった。

だが、こうした事件を担当すると、法律救助基金からわずかばかりの支援金が出るのみで、事実上貧しい外国人たちからは選任料をまともにもらえない場合がほとんどだ。「消耗する感じだ」と彼はいった。

ともかく、現在は日本全国の弁護士会に外国人労働者の相談所が設置され、３００人以上の弁護士が無料相談をすすんで引き受けている。「ここまでがんばってきたのだし、後輩もたくさんいるのだから、ほかの方面へ関心を向けてもいいのではないか」というと、いわれるまでもなく今はマスコミ報道の被害者に関する相談や事件も取りあつかっているそうだ。

訴訟の対象は、新聞よりもはるかに扇動的な放送や雑誌。現在は東京弁護士会人権擁護委員会の傘下に設置された「報道と人権部会」で仕事をしているが、名誉毀損《きそん》事件も慰謝料が少ないので金にならないのは同じだとか。

実際に、3年から5年もかかる訴訟は退屈きわまりなく、慰謝料は平均40万円にすぎないというのだから、韓国よりもひどい状況である。最近の韓国では、名誉毀損に対する慰謝料が少しずつ増える傾向にあるのだ。

わたしたちは、米国の懲罰的賠償制度を導入する必要があるということで意気投合した。すでに彼は米国の弁護士協会を訪ね、これに関する詳細な情報と知識を得ていた。

また、日本の人権委員会の設置問題も彼の最近の関心事だ。日本弁護士連合会から出された草案の中には、労組や弁護士、言論などの、いわゆる民間の領域に対しても、この人権委員会が是正要求権を行使できるようにするという有害な条項が盛り込まれている。今彼は、その条項に反対し、撤回を求めて努力しているところだという。

「今日わたしは1本の木を植える」

自由法曹団、青年法律家協会、日本労働弁護団、自由人権協会、日本民主法律家協会、反核関東法律家協会……。

これらは日本の戦後の歴史を燦然《さんぜん》と輝かせた法律家団体だ。これまでに起きた多くの労働事件の弁論、安保条約に対する闘い、保守的な司法の民主化、平和憲法の擁護など、日本社会で起こった事件のただなかにあって、つねに弱者と正義、平和の声に力を貸した団体なのだ。

梓澤弁護士もまた、これらの団体で活動した。とくに、青年法律家協会（青法協）で盛んな活動を繰り広げた彼は、今も変わらずこの協会の会員だそうだ。実際の年齢はどうであれ、気持ちが青年なのだから会員になれないという法もあるまい。

青法協は、人権擁護と憲法擁護というふたつの大きな流れ以外にも、折にふれておもしろい発想と企画で法律運動を導いてきた。

「市民とともに、市民の中へ」というキャッチフレーズのもと、『市民の暮らしの法律相談』シリーズを出版したり、「パノラマ法律講座」を開いたり、法学部の大学生を相手に、「弁護士になりたいあなたへ」というタイトルで青法協へ誘ったりもした。学生のうちから青法協をアピールしておこうという戦略だ。

韓国の民弁にとっても参考に値するものだ。しかし、この青法協の活動も以前ほどではないらしい。この団体の35年にわたる歴史が記された本には次のようなくだりもある。

１９８３年10月の集会で憲法劇を演出したが、そのタイトルは、「劇版　日本国憲法――今日わたしは１本のリンゴの木を植える」。

つらい苦労の連続だったのだろうか。日本の支配的な保守勢力と苦しい闘いをつづけるうち、思わずもれ出た言葉なのではないか。彼らの植えたリンゴの木は本当によい実を結んだのか、とても気がかりだ。

最近は１０００人を超える司法研修生の中から、弁護士は７００人ほど輩出されるが、青法協に入ってくるのはせいぜい20～30人にすぎないそうだ。

若い法律家たちは、もはや政治的なことには関心を示さないという証拠だ。むしろ彼らは専門的な領域へ進みたがる。だから、梓澤弁護士は、青法協のほかに医療被害、消費者の人権、メディア被害などの具体的な分野を取りあつかう人権法律家団体をつくろうと苦心している。なすべきことは相変わらず山積みなのに後継者がいなくなりつつあるのだから、大ごとだ。

日弁連が大々的な署名運動に踏み出した理由

外に出てみると、また雨が降り出している。東京は雨の多いところだ。どのコンビニでも傘が売られているのもうなずける。

次の約束は、日本弁護士連合会（日弁連）。淡路町から丸の内線1本で行けるのだから簡単だ。霞ヶ関駅で降りると、地下通路がまっすぐ弁護士会館に通じている。

弁護士会館は20階を超す最新型の建物で、入り口からしてにぎやかだ。かつてはたしか、古びた風情のある建物で、それがかえって弁護士会館らしかったのだが、今はあまりにも最新式なので抵抗感すら覚える。

1階の入り口付近に並べられたパンフレットや広告チラシを集めてみた。それらから、弁護士たちが市民に近づこうとしてどれほど腐心しているのかがうかがえる。市民が抱える多くの困難に対して積極的に対応していこうとする姿勢、なかでも、わざわざ夜間の相談所を繁華街に設ける誠意や、高齢者の財産管理センターのようなアイデアが光っている。

日本弁護士連合会の事務次長に会うべく、15階へ上がった。職員が呼びに行っている間あたりを見まわすと、休憩空間がとても気に入った。日比谷公園の森を見下ろせる。新しい建物に新しいインテリアデザインがしっくりと合っていた。

事務次長の一木剛太郎弁護士は、日弁連に4人いる事務次長のうちのひとりだ。一般の職員出身であるひとりを除き、弁護士出身の残る3人の事務次長は、全員専従だという。

2年間、朝の9時に出勤して夕方の6時に退出し、自分の事務所へ戻る。したがって、自分の事務所を閉めてしまうわけではない。

一木さんの場合は、40人も抱える大きなローファームなので、自分ひとりくらいはいなくてもたいした問題はないという。また、自分の担当していた事件は若い弁護士に任せ、ときどき助言をする程度なので、それなりにましなほうだという。

ところが、個人事務所を運営している弁護士の場合は、親しい弁護士に事務所を任せるほかない。地方弁護士会の場合も、副会長の中には専従になる人が少なくないらしい。それでも韓国の市民団体や労働組合のように最初から専従となる人はいない。

まれに企業へ行くことはあるが、政府には行かないそうだ。自由で手厚い待遇をしなければならない弁護士のことを、官僚主義のはなはだしい政府の官僚たちは快く思わない傾向があるからだ。弁護士がそれぞれの領域に散らばって市民とともに呼吸してこそ法治主義は達成されることを思えば、日本の場合は意外だ。

日弁連は法人化されていて、独自に運営されている。現在は30億円ほど出捐《しゅうえん》されているのだが、ほかの国にくらべると十分とはいえない。

日本にも、いわゆる「無弁村」はあり、これらの地域のために特別基金はあるものの、やはり金額は多くないそうだ。弁護士たちの不誠実さと不法行為に対する懲戒の件数は毎年増加の一途をたどっている。

それだけ弁護士の倫理意識に問題があるということだが、同時に、ますますきびしく責任を問われるということでもある。懲戒委員会には、弁護士以外に検事や判事もいるという。

昨年、50周年を迎えた日弁連は、これを契機として「弁護士・弁護士会の自己改革――21世紀の弁護思想」を宣言しただけでなく、3回にわたる司法改革宣言を行なった。これまでの保守的な日本社会にあって、この組織は比較的大胆かつ進歩的で、自由な声を上げてきた。

従軍慰安婦問題や強制連行者の訴訟を含めて再審問題をたえず提起し、中・長期的な課題に対する研究などを進めてきたのだ。とくに法律扶助会だけでなく、交通事故相談センター、法務研究財団を財団法人化し、市民の権益擁護と長期的な研究の安定した土台づくりを行なってきた。

日弁連は、１９９８年11月に司法改革のビジョンを策定して発表したが、公式的に陪審制・参審制を採択したことはとくに意味深いことだ。

陪審制は、一般市民たちで構成された陪審員団が、被告人の有罪・無罪、また、原・被告の主張に対する判断を決定するもの。一般市民が、裁判官として本職の裁判官とともに裁判に参加する制度だ。ただ、陪審制は明治時代にはじまって、戦争によって中断されるまでの18年近く日本でも施行されたことがあるから、正確にいえば、新たな実施ではなく復活といえる。

日弁連は、この陪審制を含めて、市民の参加を中心とする司法改革案を強力に押し進めるべく、司法改革推進センターを設置し、一般市民を巻き込んで１００万人署名運動に突入し、各種の集会を開いた。

こうした努力の結果、政府は司法制度改革審議会を設置し、最高裁判所は一般市民が裁判官といっしょに裁判に参加する参審制を導入する用意があると発表した。大きな進展である。

しかし一木弁護士は、そんな譲歩は微々たるものだと語った。一見すると市民参加を保障しているようだが、実際には陪審制導入を望む国民の圧力から逃れようとする浅知恵にすぎないという。陪審制の導入運動にいっそうの拍車をかける決意をのぞかせた。

この運動に成功あれ！　日本で陪審制が導入されれば、韓国でも導入に関する議論が本格的なものとなるだろうから。

郵便局を通じた国際ボランティア支援

今日の昼食は主催側の招待ということなので、また食事代を節約できる！　場所は、わたしたちフェローだけでは到底探し出せない路地裏のタイ料理店。わたしの隣に腰かけた日本のフェロー、熊岡さんとあれこれ話をしたが、ふたつの話題が頭にインプットされた。金儲けのことだ。

まずひとつめは、郵便局を通じた国際ボランティア支援基金集め。日本の郵政省が１９９１年からはじめた制度だ。

郵便局に貯金した人が、自分の利子を20％の範囲内で「国際ボランティア支援基金」として寄付することに同意した場合、そのお金は自動的に基金として積み立てられ、国際ボランティア活動を行なう団体に振り分けられるというものだ。

郵便局には、この制度について案内するパンフレットとポスターが掲示されていて、この制度の趣旨をだれでも簡単に知り、参加することができる。現在すでに３０００万人程度がこの制度に参加しているというから、日本人全体のうち4分の1が参加していることになる。しかし、この10年あまりは、日本の景気が低迷しているため低金利で、相対的に大金とはならないらしい。

イギリスの宝くじも研究してみる必要があると熊岡さんはいう。

こうした制度を韓国に導入してはならぬという法はない。公益活動を支援するためにあらゆる知恵をしぼり出す国々を見ていると、われわれはまだまだということにあらためて気づく。

この話を聞いたあと、渋谷郵便局へ訪ねて行き、実際にこの制度がどのように運営されているかをたしかめた。４～５階建てのこの郵便局の３階で貯金を取りあつかっていたが、その入り口あたりの壁のあちらこちらには、国際ボランティア支援基金に関するポスターがある。また、さまざまな市民団体の国際活動を紹介するポスターも多く貼りつけられ、多くのパンフレットが置かれていた。それこそ、市民の壁新聞であり、資料室であった。そこに並べられていた諸団体のパンフレットを集めてみた。

青年海外協力隊――国際協力事業団
東京ボランティア・市民活動センター――市民活動の応援団
国際協力フェスティバル2000――10月6日は国際協力の日
食をすべての人に――FAOのテレフード募金キャンペーン参加！
暮らしの中の地域再発見――2000年シニア・ボランティア入門講座
ボランティアセンター情報9月号
ボランティア・市民活動助成ガイドブック
国際ボランティア貯蓄を通して世界を考える――ウィズ・ユア・ラブ
第7回チャリティー・ラン――国際協力フェスティバル2000を走る
親子でいっしょにワークキャンプ――大自然の中の農業体験
ジュニア・ボランティア新聞――わたしたちはみんな地球家族

郵便局を通して集まった寄付金は、ある手順を踏んで国際支援基金として用いられる。集められたお金がどのように使われたかは、郵便局の発行したパンフレットに簡単に要約されている。

1999年の1年間に支援された金額を見ると、韓国のお金で約65億ウォン［約6億5千万円］程度だ。とてつもないほどの大金ではないが、金額はこれから増えるだろうし、財政的にきびしい市民団体にとって財源を多様化するという意味では、貴重な方法といわざるをえない。

まして、大勢の人々が出入りする郵便局で、こうした方法の広報を実施するとともに、公共機関の一部に市民団体の広報スペースを設置してチラシなどを配ることができるということは、本当にすごいことだ。

公益信託制度

自分のお金や財産を投じて日本の社会に貢献しようとする場合、通常はふたつの方法がある。ひとつは自分の財団をつくることであり、もうひとつは公益信託を新たに設立することだ。もちろん、既存の財団や公益信託に提供する方法もある。

信託法は70〜80年前の大正時代につくられたもののほとんど活用されずにいたのだが、最近になって信託は増加傾向にあるという。比較的少額の信託設定が可能であることと、基金の運営が柔軟であることが原因だ。

財団には事務局と専従者が必要だが、信託にはそういう制限がないばかりか、財団とはちがって元金も使用可能で、目的を果たしたら信託を終了することもできる。このような弾力性のために、既存の財団が信託に移行するケースすらあるという。現在の受託件数は５５２件、残高は６１８億円という数字からもわかるように、着実に増加を示している。

公益信託制度の事例に関してしきりにたずねたものだから、熊岡さんはアクト（ＡＣＴ：アジア・コミュニティ・トラスト）を紹介してくれた。

アクトは、規模こそ大きくないものの、公益信託制度による最初の団体である。アジアの地域社会

公益信託制度の会員と寄付者

（単位：円）

賛　助　会　員		一般基金の寄付者		特別基金の寄付者＊	
個人会員117口座	1,170,000	個人・グループ	717,520	6人1団体	126,800
法人・団体会員	100,000	法　人　・　団　体	9,742,272		
特　別　会　員	300,000	一　般　募　金　箱	134,709		

＊ 特定の人が目的を定めて１０００万円以上を出した場合は特別基金として積み立てるが、その家族や一般人がその趣旨に同意して特別基金に納付したもの。

レベルの開発過程で起こる諸問題について地元住民やNGOを支援するため、１９７９年11月に設立された。募金型の公益信託として、篤志家《とくしか》や一般大衆から募金をし、アジアの民衆を支援しつつ、日本とアジアのかけ橋的な役割を果たしている。

アクトに寄付されたお金は、共同受託を取りあつかう受託銀行に設置された「アクト公益信託口座」で一括管理・処理される。

一般基金はたいてい、目的をあらかじめ定めておけば、だれでも寄付できるものであるが、アクトには、農村開発基金と環境保全基金とがある。

そのほかには特別基金があり、寄付者が目的を指定する場合は別途あつかいとして、アクトが直接管理する。

なお、特別基金は便宜上、特定の目的に対して１０００万円以上を納付した場合に設置される。現在は10以上の特別基金が設置されており、最近のものでは、湯川記念奨学基金（基金額1億３６５万４６４５円）が新たに設置されたという。

その他の特別基金として、「スマトラ地域日本・インドネシア友好基金」（基金額１３００万円）、「吉川春壽記念基金（東京大学医学部長であった本人の遺志によって、アジア諸国の医療、保健衛生および教育向上のために設置された基金。基金額1000万円）」「梅本記念基金（大阪歯科大学教授であった梅本博士が、主に国内外のハンセン病患者の治療に使ってほしいと預けた基金。基金額3000万円）」「アジア医療保険協力基金（基金額5000万円）」「渡辺豊輔記念熱帯病医療研究基金（基金額2500万円）」「永井信孝国際井戸基金（開発途上国に清潔な飲料水を提供してほしいという故人の志により、1988年につくられた基金。基金額1000万円）」などがある。

1997年4月1日から1998年3月31日までの寄付額は、合計1229万1301円だ。もちろん、永久積み立ての基金は差し引いてである。これを種類別に分けると、45ページの表のとおりだ。

ジョンとシゲハルの出会いがもたらしたもの

9月13日、水曜日。昨夜、われわれには30～40ページに及ぶ厚さのペーパーが配られた。『日本におけるロックフェラーの遺産と非営利部門の発展』というタイトルがつけられた文章だ。われわれを招請した国際文化会館の事務総長、加藤幹雄さんが書いたもので、今日は彼が講義をすることになっていた。

定年を控えた年長者であり、国際文化会館の役員でもある加藤さんの講義は、お付き合いくらいに考えていたので、退屈な時間を過ごすことになりそうだと想像していた。

ところが、いざ原稿を手にした途端、一気に読み終えてしまった。国際文化会館の成り立ちと沿革に関する内容だったが、それを通じて日本の歴史についてかなり深く理解することができた。

場面は、1929年の秋の京都からはじまる。

1953年に松本重治さんが旧藩主から買い入れた国際文化会館の美しい庭園。

ふたりの若者の出会い。プリンストン大学を卒業したばかりのジョン・ロックフェラー3世と、彼よりも7つ年上の京都帝国大学米国学助教授松本重治さん。

当時、ロックフェラー3世は、アジア旅行の最中に、京都で開かれた会議に参加したのだった。まだ人生の方向も定まっていない青くさい青年だったロックフェラー3世は、アジア旅行、とくに日本訪問を通じて、文化的な多様性に目覚めた。そして、アジアの文化価値に対する理解増進に貢献しようと決心した。

彼が残した当時の日記には、日本女性の和服姿のかもし出す愛らしさや日本庭園の美しさ、日本人や都市の清潔さ、そして、彼らの親切や礼儀から受けた感動が描かれている。

エール大学で学んだ松本さんは、ロックフェラー3世とすぐに親しくなり、彼らはおたがいに生涯の友となった。

歳月が流れ、日本による真珠湾攻撃とともに日米は戦争へ突入し、日本は悲惨な敗戦を迎えた。長い断絶の末、彼らが再会したのは1951年の東京だ。

ロックフェラー3世が日本との講和条約に関する協議のため、米国政府代表団の一員としてやって来たのである。彼らは新たな時代を開き、日米間の文化交流センターを開くことに同意した。

ロックフェラー財団は、この機構の設立支援を許諾すると同時に、日本国内における100万ドルの自主募金を条件として掲げた。川端康成などの文人らや日本の多くの有志が進んで先頭に立ち、募金を行なった結果、1953年の当時は国有地となっていた、ある旧藩主の立派な屋敷と約3000坪に達する庭園を購入することができた。

そして、当時の日本を代表する建築家であった前川国男、吉村順三、坂倉準三の3人によって、1955年6月に国際文化会館が開かれた。

当時は「パチンコセンター」が巷《ちまた》にあふれていたので、松本さんは「センター」よりも「ハウス」にこだわったという。日本経済が絶頂にあったころ、ここの地価は天井知らずに高騰し、それこそ「金のなる」土地であった。

この会館は、世界中の知識人や文化指導者の交流の場となり、われわれフェローが宿泊しているのもまさにここなのだ。ロックフェラー3世と松本さん、ふたりの友情が大きな実を結んだのである。

ロックフェラー3世が訪日するたび、松本重治さんはつねに同行し、日本人や日本文化について熱心に紹介した。駐米大使になってほしいという政府の要請も拒んだ松本さんは、最後までこの国際文化会館の管理人として、いつでも政府とは一定の距離を保とうと努力したという。

そういえば、われわれに向かって講演している加藤さんも米国の大学を卒業したエリートのインテリだが、この古びた事務所を守っている。みな美しい生き方だ。

しかしいまだ遠い、日本の市民社会への道のり

加藤さんは日本の市民社会、とくに第三セクターに対しては手きびしい批判を加えた。国際文化会館を含め、米国の圧倒的な影響を受けて多くの非営利団体が誕生したものの、これらは依然として日本社会において大きな力を生み出すことができずにいるというのだ。

非営利部門の弱さあるいは未発展は、少なくとも財政的な理由とかかわるものだ。税金減免の恩恵がかぎられているため、非営利部分の政府に対する依存または従属をもたらした。……別の理由は、一定の行政的な需要に政府が効果的に対応するという必要を掲げ、別の財団をつくり、そのかわり厳格な干渉と統制を加えるからである。こうした財団は、おもに退職した公職者たちによって運営される。このような状況が、たゆみない使命感や情熱にもかかわらず、財団運営における専門性の蓄積やプロフェッショナリズムの発展をさまたげる。企業の設立した財団ですら、こうした状況が演出されている。

日本に財団が出現しはじめたのは１９７０～８０年代だ。加藤さんの表現を借りるなら、「キノコが生えるみたいに」生まれた。

この時期は日本経済が最高の繁栄を謳歌していたころで、日本人は「エコノミック・アニマル」と批判されていた。

当然ながら国家のイメージを変える必要が大いにあり、１９６８年の国際交流財団、１９７５年の

トヨタ財団をはじめとする数多くの財団が設立された。

このような財団のほかにも、実践的な行動やキャンペーンを主とする小さなグループがたくさんつくられた。彼らの活動は、外国支援モニタリングや外国からの留学生・労働者・難民の支援、社会福祉の増進、女性運動、環境保護など、多様な領域にわたる。多くは若者たちによって創立・運営されたものだ。

これらのグループは、財団とは異なって法的な地位を得られないため財政的な困難にさらされ、主に都市地域に分布していたのだが、徐々に日本全域へ広がっていった。

このような非営利団体が本当に真価を発揮したのは、1995年の阪神淡路大震災のときだった。たった1日で6000人の生命を奪い、数百万人を路頭に迷わせたこの大災害に対して、政府は無策だった。

代わりに日本全域の市民団体が、崩壊した高速道路のせいで接近不可能であった災害地へ自転車で、はては徒歩で集まった。建物に埋もれた被害者を救い出し、食事を用意し、行政スタッフを支援するなど、あらゆることに対してボランティアを買って出た。

このように迅速で奉仕的な非営利団体の活動に深い感銘を受けた日本社会は、ただちにNPO法の制定にとりかかった。こうして1998年に通過したのが、あの有名なNPO法だ。

しかし、「この法律は法的地位を比較的簡単に賦与しながらも、税金の減免措置に関する条項は抜け落ちているので、見かけ倒しもはなはだしい」と、日本のNPO関係者は批判する。

地球の友

3時には「地球の友」を訪ねる約束になっていた。

目白駅近くに事務所はあった。小さな町だけれど清潔に整えられていて、商店の看板や内部もどことなくかわいらしかったので、インテリア業に携わる妻のため数枚の写真を撮った。「地球の友」の事務所は、線路の横にある小さな建物の2階にあった。

出迎えてくれたのは、白髪の岡崎時春さんという方だ。

「ぶしつけな質問で申し訳ありませんが、お年をうかがってもよろしいですか?」とたずねると、1939年生まれということだった。東芝の国際部に38年間勤めて引退したあと、ここで仕事をしているという。

あまりにもうらやましいことなので、「そうしたケースは多いのか」と聞くと、まれなケースだという。おもに電子機器とダム建設関連の装備などを売りさばいたが、それらすべてが環境破壊の一助となったのだから、余生はこういう環境団体でいいことをしながら生きるべきではないかというわけだ。

ここでは、かつて国際部で積んだ経験をいかして、専従をしながら国際機構をターゲットとする活動を担当している。おもに日本の開発銀行やADB、世界銀行に対するモニタリング業務を行なっているという。

残る10人あまりの専従者は大部分が30〜35歳の若者で、学生のころからここでボランティア活動をしてきた人たちだという。ここでは、学生ボランティアをしてそのまま専従者となる人が多いそうだ。

岡葉子さんも、まさにそうした若者。東京外国語大学に通いながらボランティアとして働き、卒業と同時に専従者となった。岡さんは、会員とホームページの管理、財政総務というぐあいに、ひとり3役を担っている。

「会員数も少ない小さな団体だけれど、自分の活動を重要なものと考えている。環境をはじめとする公益団体は、社会に対して重要な役割を果たすので、自分は市民団体の将来について楽観的だ」。彼女はそう語った。

月給は、勤務年数と年齢によって異なるが、だいたい10万円から15万円程度。現在いる専従者も10年近く働いているが、だれも辞めないそうだ。

彼女のいうとおり、会員は２００人強にすぎず、あとはハイキング会員が２００人あまりだという。会員の会費だけで財政をやりくりするのは到底無理だ。

財政報告書を見ると、会費はほとんどなく、98％が財団の助成金だ。財団の助成金とは、ほかの財団からプロジェクトなどの名目で受け取るお金だ。

今のところ、地域活動や会員サービスはほとんどできずにいる。それこそ「アドボカシーグループ」にとどまっている。もちろん、ハイキングや「フォレスト・ボランティア・デイ」などを企画し、それらを通じて会員を増やす努力はしているが。

しかし、事務局の経費における会費の依存度は１９９７年の７・３％から３・１％、さらに１・３％に下降していて、それが問題だ。それなのに岡崎さんは、財政は安定しているという。

この団体の資産のうち、現金は１３０万円、銀行の預金は１５８０万円程度で、今年の予算からも５００万円ほどを残して繰り越しているのだから、その説明には合点がいく。財団に対する依存度など、たいして気にかけている様子もない。われわれ韓国人は、政府や企業の支援金に対して過剰な反応をしているのだろうか。

「地球の友」が支援を受けている財団

（単位：円）

財　団　名	金　　額
Alton Jones財団	12,135,000（120,000ドル）
Motto財団	11,110,000（110,000ドル）
ロックフェラー・ブラザーズ財団	6,090,000　（60,000ドル）
Turner財団	3,619,500　（30,000ドル）
環境事業団・地球環境基金	3,150,000
㈶地球人間環境フォーラム	2,922,150
㈶自然保護助成基金	2,460,000
そ　の　他	6,779,521
合　　計	48,266,171

この団体が支援を受けている財団は上の表のとおり。

表で見るように、米国の財団が主だ。今後は、経団連やトヨタ財団など、日本国内の財団にも申請を拡大する考えだという。

ところで、表中の環境事業団は、環境庁の傘下にある。「地球の友」は、政府のＯＤＡモニタリングや日本政府の出資したＡＤＢをモニタリングしている。影響はないのかたずねると、環境庁は大蔵省などとはまったくちがうので、そんな心配はないということだった。

この団体は、実はワシントンに本部を置く米国の「地球の友」の日本支部だ。

しかし、総会に参加して情報を共有し、研修プログラムに参加するなどのほかは、とくにかかわりはないという。財政的な支援を受けているわけでもないし、特別な義務事項もないそうだ。

日本には、「グリーンピース」を含め、米国などに本部を置く団体の支部が多い。そうでない韓国はより国粋的なのか、それともポリシーがあるというべきか。

この団体のおもな関心事項は、シベリアの自然環境を保護し、国際機構の活動をモニタリングすることにある。ほかには、京都会議以降の気候変動プロジェクト、木材消費削減プロジェクトなども推し進めている。気候変動プロジェクトに関連し、大気汚染の主犯である化学燃料の使用を削減する運動も展開している。

核エネルギーの使用についてはどう考えるかとたずねたら、日本のほとんどすべての団体が原子力発電所の建設に反対しているという。岡崎さんによれば、現在は、風車や生物資源（バイオマス）などの代替エネルギーに関心が向けられていて、原子力などもたずとも豊かに暮らしている例として、スウェーデンなどをあげた。

電力の需要を減らしてその効率を上げ、石油や石炭よりも天然ガスのほうが公害は少ないので、次善の策ではあるけれどどこれを選択すべきだと主張していた。岡崎さんの話を要約すると、「ライフスタイルを変えよう」ということだった。

帰り道、少しだけ新宿に立ち寄った。まばゆいばかりのネオン、その下にあふれかえる人波——憂うつなことだが、ライフスタイルを変えるということが絵空ごとに思えた。

夢のオルタナティブ社会

9月14日、木曜日。ふたりの女性の説明を聞くうち、わたしはだんだん興奮してきた。

そう、これはたしかに新しい発見だ。新しいはじまりだ。われわれが知りえなかった新しい可能性なのだ。世の中を変える力が脈打っていた。住民の参加と自治によって世の中を変える何かがここにはある。

新横浜駅から歩いて5分ほどのところに6階建ての建物がある。名づけて、「オルタナティブ生活館」。本当に幻想的だ。「オルタナティブ」という言葉を、ここの人たちはたいへん気に入っている。すべてが「オルタ」家族だ。英語を多用しているのは少々気にさわるが、よしとしよう。オルタナティブ社会！ その志や息吹きがはっきりと感じとれる。建物は古びてみすぼらしいが、すみずみまで女性の繊細さで彩られている。

われわれも、どんなに夢みたことか。心ゆくまで設計し、くふうをこらしたこんな空間を！ わたしを招いてくださった横川芳江さんは、50代後半くらいに見受けられた。生活クラブ生協から派生した組織である「地球の木」の理事長だ。英語の堪能な副理事長の丸谷士都子さんも、同年輩に見えた。

30年以上も前に、横川芳江さんは、はじめて生協運動に飛び込んで地域生協で活動したあと、「地球の木」に移ってきた。お子さんが食アレルギーによって皮膚疾患を起こし、食品の安全について考えるようになったことが生協参加の動機だ。

横川理事長は、公費という名目で少額を受け取ってはいるけれど、そのお金は組織の運営に費やされ、実際には、ボランティアと変わらないそうだ。もちろん、丸谷副理事長も完全なボランティアだ。ふたりとも常勤者ではないが、事実上、ここの仕事にかかりっきりだ。

横川理事長は、夫の会社の仕事を少し手伝い、丸谷副理事長は子どもたちに英語を教えて生計の足しにしている。

形や商品価値を重視して農薬や合成着色料、防腐剤などを添加する食品に疑問を感じた生活クラブは、市場に出回る商品を買うだけの受動的な消費者から脱却し、人体に安全で環境にやさしい食品や生活必需品を、ひとつひとつ生産者たちと連帯してつくってきました。それはまた、水質汚染の原因

・料理教室「ボナペティ」
充実した設備、コースいろいろ、少数人員制、スマートな授業。

4階（事務所スペース）
・ワーカーズ・コレクティブ「ACT」
1999年度合計70講座：資格取得セミナー、プロを目指すセミナー。

・ワーカーズ・コレクティブ「神奈川展示会ユニオン」
品質のたしかな衣類・食品・漆器・生活用品を展示販売中。

・ワーカーズ・コレクティブ「VAC」
ビデオの企画制作・撮影・編集など。ビデオ自叙伝の制作、永久保存テープの編集も！

・グローバル市民基金「地球の木」
カンボジア・ネパールなどに対する国際協力を進めつつ開発教育や報告会などの活動。

・ワーカーズ・コレクティブ「セッションD」
機関紙・広報紙・パンフレットなどのレイアウト、デザイン、編集、取材。お気軽にお電話ください。

・協同組合事務局ワーカーズ・コレクティブ「ジャム」
生活クラブ生協の各センターで、配送を除く物流作業。組合員たちの活動支援組織業務を担当。生活クラブに関心のある方、この電話番号をひかえておいてください。
電話045・472・4456

・「じゃおクラブ」＊
脱・会社人間！　楽しい男たちの地域の集い、媒介づくりです。

5階
・21世紀の学校「ビジョン」
未来を切り開く市民スクール。講座を通して市民の暮らしをともに考えます。

6階
各種会議室、浴室、宿舎

＊「おやじ」を逆さに読んだ言葉。父親の役割を逆方向からかえりみようという趣旨でつくられたという。

オルタナティブ生活館の各階別紹介

地下1階（多目的ホール）—スペース・オルタ
音・光・映像機材の充実。150席規模のミニホール。コンサート・パーティー・講演会・上映会の場所としてうってつけ。自主企画も開催中。

1階
・「(株）オルタ・スクエア」
建物新築、不動産売買に関しては、オルタ・スクエアにご相談を。食品の安全から住居の安全まで。自然素材を用いた健康・環境にやさしい住居、森林を守る立場から建築ボランティア・不動産専門家が対応中。

・「レストラン・WE」
手作り素材のみを用いるお店。各種の会合、ミニコンサートなど。「集れ、休もう、うちあけてみよう」というあなたの企画を、「食」を通して伝えたい。

・オルタ薬局「あんず」
漢方薬・健康食品類の取り扱い、からだにいい漢方で、楽しくきれいに健康に。生薬成分を材料にした健康づくりメニューを。

・リサイクル・ショップ「出会い」
寄付することは美しく、暮らしは楽しい。
持ち物を交換し、不必要物も愛用品に！

2階
・鍼灸《しんきゅう》クリニック（漢方堂）
はじめての方も安心して治療を受けられるイマドキの治療院。

・健康相談室：「オルタ健康ステーション」
生活クラブの顧問医師による健康相談をすすめています。

3階
・保育室「すくすく」
どろんこ遊びを中心に自主性を育む、親子のための保育室。

オルタナティブな社会を夢見て、それを現実のものとするため活動する生活クラブ生協神奈川運動グループの「地球の木」の横川理事長（中央）と丸谷副理事長（右）。

となっている合成洗剤を追放し、リサイクルを生活化する運動につながっていきました。「生活」というのは普通の人々の暮らしという意味です。そして「生活者」というのは、ただ消費をするだけでなく、働き、学び、遊ぶ日常生活の中で積極的かつ意識的に、暮らしの望ましい状態を考える人たちのことなのです。

このふたりの女性が「生活者」という言葉を好む理由がわかった。生協運動を起こし、今日まで導いてきたのは全部女性（実際に組合員の95％は女性）であり、主婦であり、みな生活者だ。男は「生活」というものがわかっていないという。おっしゃるとおりだ。

生協運動は、子どもたちのためを思う母親の立場からはじめられた運動だ。子どもたちと家族のために安全な食卓をという運動から、今や地域社会を変え、さらには世の中を変える運動へと発展している。

そうした点でこの運動は、女性運動史としてだけでなく、地域運動史や市民運動史においても重要なものとして評価されてしかるべきだ。

ここの人たちは、「地球規模で考え、地域で行動する」という言葉を典型的に実践している。遺伝子組み換え食品の場合がそうだ。遺伝子組み換え食品に対する日本政府の輸入許可措置に抗議するデモを行ない、署名運動もしたが（神奈川地域のみで65万人の署名を集めた）、それは一部にすぎない。

彼女たちは、「自分たちの運営するすべての生協で購入する物品に、遺伝子組み換え食品はひとつも使用してはならない」という原則を定めている。

これよりも強力な反対運動があるだろうか。使用されなければ、輸入されるはずも生産されるはずもない。彼らはプランテーションのバナナは食べず、個人農場で生産されるバナナを選択した。農薬残留の危険性のみならず、農薬を使用して環境を破壊する生産物には反対だからだ。

この巨大な実験、生協

生協運動に関してはわたしがまったくの門外漢であるからなのか、彼女たちの話の中にはうまく理解できないことがらもあった。あらかじめ予習をしなかったせいでもあるし、実際に、生活クラブ生協の組織構図そのものが膨大なせいでもある。

そもそも、韓国の生協程度を想像していたのがまちがいだった。生協運動をはるかに越えた何かなのだ。ひとしきり話を聞き、資料を念入りに読み込んでみると、その構造はおおよそ次ページの図のようであった。

生活クラブ生協共同購入を中心に生産者と消費者を結びつけ、同時に消費者の権利を取り戻すことのほかにも、生産共同組合（ワーカーズ・コレクティブ）や共同福祉（福祉協議会）、政治参加（神奈川ネットワーク運動）、民際活動（ＷＥ21ジャパン・地球の木）などの多様な活動を展開する機構によって構成されているのがわかる。

一方、組合員組織の核心となるのは、地域に網の目のごとく拡散している班だ。8～13人の組合員で構成される班では、消費材を注文し、配達される品物を受け取るようになっている。

班での購入単位は柔軟に調整されるが、それは合理的な生産と流通に貢献すると同時に、計画的な消費生活をうながす。また、班に配達された品物を、班員が分配することで、店舗設置にともなう維持費や在庫・陳列費用などを節減できるというわけだ。

２０００年７月末現在、生活クラブ生協神奈川の組合員は、合計６７２２班の３万５２８８人だ。総出資金額は40億２１６３万円、利用金額は１７２億８２７７万円にのぼる。

この数字からも無視できない勢力に成長していることがうかがえる。ましてこれは神奈川県のみの資料であるから、東京やほかの地域まで含めると、規模ははるかに大きなものとなる。

生活クラブ生協神奈川は１９７１年に発足して以来着実な成長をみせてきたが、最近になって多少伸び悩んでいる状態だ。ゆえに、新聞広告を含めて、いろいろな形で会員の拡大に努めている。生活クラブ生協の全国組合員数や出資金、共同購入の実績動向を見ることにしよう。

現在、日本には７００あまりの生協がある。そのうちのひとつである生活クラブ生協は12都道府県に22の単位生協をもつまでに成長している。

もともと１９６５年に、東京の主婦たちによる牛乳の集団購入からはじまったこの運動は、多様な方面へ拡大しつつ全国に広まっていった。

経営基盤を確立するために、生活協同組合として出発したのだが、この当時は班別予約共同購入制を実施していた。そうするうち、しだいに独自の規格をもった消費材の開発を手がけるようになり、

生活クラブ生協神奈川の組織チャート

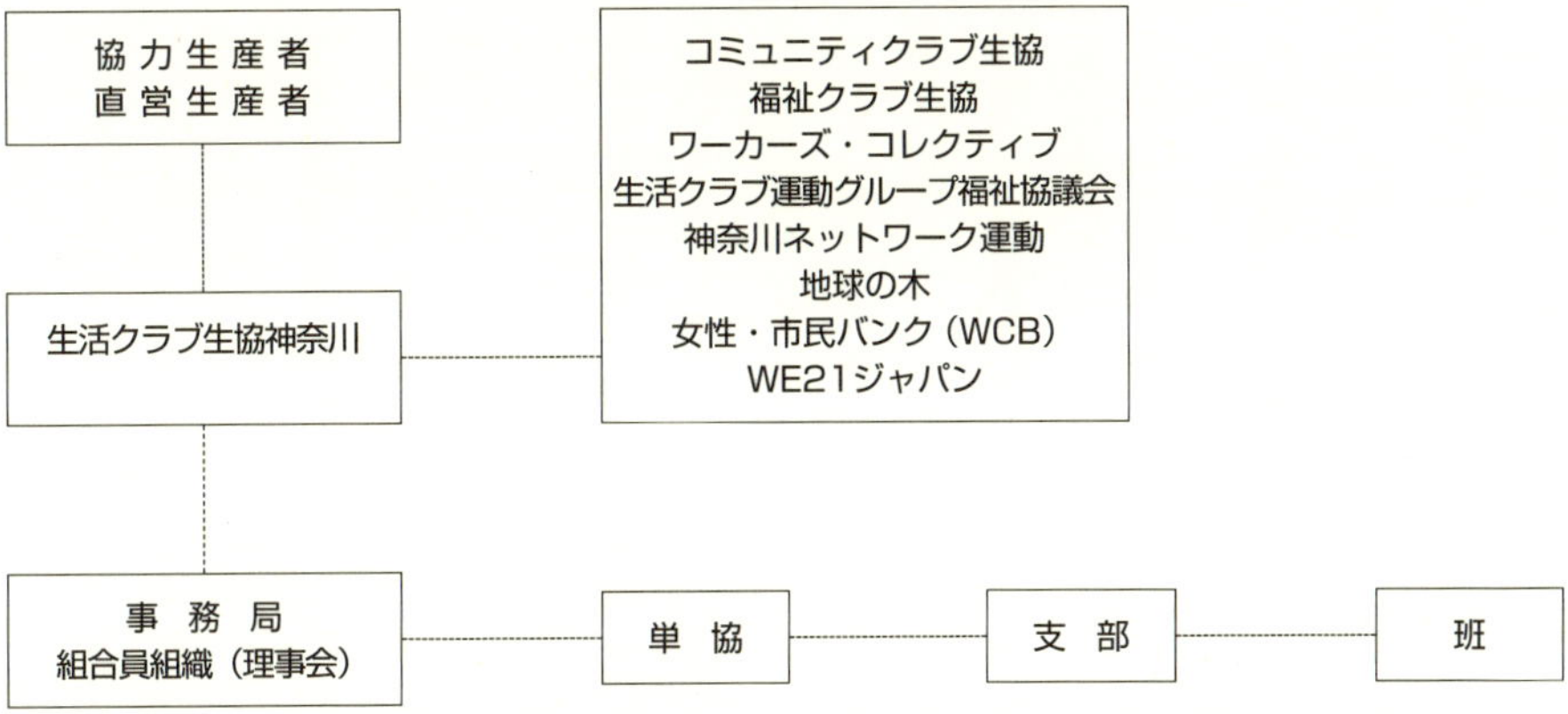

＊女性・市民バンクは、日本のバブル経済の崩壊と銀行の財務構造の悪化をきっかけに、１９９８年に非営利・協同の地域金融機関として誕生した。会員は30万円を出資する１０８人の発起人と10万円を出資する支援者で構成された。基本的には会員に融資され、残りは生活クラブ運動グループのさまざまな市民事業に融資される。今のところは、信用組合設立準備会の段階にとどまっている。
＊WE21ジャパンは、１９９６年に英国を訪問し、オックスファムを見学したＮＥＴ（神奈川県ネットワーク運動）が第三世界に対する市民の自発的な支援活動に感動し、帰国後に設立した団体。まずは個人的な不要品寄付と労力奉仕などを通して、リサイクルショップ「WEショップ」を各地域に設立し、日常的な寄付や労働によってかせいだお金を第三世界の支援に用いてきた。

生活クラブ連合会の事業推移

（単位：万円）

	1996年	1997年	1998年
組合員数	237,270	249,368	256,632
出資金	1,731,151	1,852,194	1,943,058
共同購入	7,687,279	7,666,753	7,757,721

しまいには、せっけんを開発して合成洗剤の追放運動を展開したりしている。

この合成洗剤追放運動を通じて政治にも目覚めることになり、地方議会に「生活者の代理人」を送り込む運動をはじめた。

ワーカーズ・コレクティブは、共同購入活動の延長ではじめられたもので、共済制度も発足させ、福祉関連の活動などを展開した。

こうした活動の数々にもとづき、ついに1978年に生活クラブ連合本部が発足し、1990年に法人化された。

これらの地域の生協組織は、多様な活動を展開している。生協の発展のために、会員サービスとして生産現場を見学したり交流会を開くのだが、1998年の1年間だけで662回も実施している。全国各地の8つの共同村や実践農場の生産者と消費者をつなぎ、組合員たちにはじかに農業や畜産への参加体験をさせている。

こうした生協活動以外にも、先の組織図にあるように多様な組織とともに社会活動を繰り広げている。ワーカーズ・コレクティブや福祉協議会、ネットワーク運動は相互協議を経るけれど、あくまでも独立した組織として動いている。各自の理事会があって理事長・代表がおり、相互の職員間の人事異動はほとんど行なわれていない。

すでに巨大な事業体であり、巨大なネットワークであり、巨大な実験なのだ。

代理人運動が落選運動よりもはるかに強力な理由

自分たちの生活をみずから管理し運営して、永続的に環境にやさしい暮らしと生産を追求してきた生活クラブは、その経験にもとづいて地域社会が抱える問題を解決するために、新たな社会運動を展開してきました。そのひとつは、積極的に政治に参加するネットワーク運動です。合成洗剤を追放してせっけん使用運動を展開する間、市民の声を政治に反映させるには、政治に参加して変革することが必要だと痛感しました。したがって、志のある組合員たちが地域ごとに自立的な政治団体を結成したのです。

こうして1993年には、早くも全国に75人の地方議員を誕生させた。東京都議会にも2人を当選させ、各区議会にはほとんど例外なく2〜3人を当選させ、その規模はちょっとした政党並みだ。実際に彼らは「神奈川ネットワーク運動」を、みずから「ローカル・パーティー」と呼んでいる。

彼らは自分たちの立てた候補を当選させるために住民たちからカンパを集め、住民たちのボランティアで、従来の選挙形態とはまったく異なる選挙運動を繰り広げてきた。

日本でも「政治」といえば「カネ」を連想するが、彼らはまさに「カネ」から解放された選挙運動の模範を示してくれたのだ。こうして当選した人々や支援者を集めて、「ネットワーク運動」を結成した。

このようなネットワーク運動は、日本全域の8県につくられている。神奈川県の場合、1998年現在、35のネットワークがつくられ、会員は3400人以上に達している。都道府県により「市民ネットワーク」とも「生活者ネットワーク」とも呼ぶが、「政治は暮らしの一部」という意味から、彼らは「生活者の政治」をめざしている。

当選した地方議員も、自分の月給のすべてをこのネットワーク運動に渡し、そのうちの一部を活動費としてあらためて受け取っている。すべての費用は徹底的に公開される。まったく新しい方式の政治活動であり、ネットワーク運動運営だ。

このネットワーク運動は、政策討論会や政策報告会を通じ、たえず地域内の懸案に関して住民の世論を喚起し、世論を集約してこれを政策に反映させる。生活者・市民の主権を回復する共同の政策を開発し、これを各自治体で実現させるべく住民を動員し、自治体に圧力を加えている。また議会では、発言や質議を通して問題に取り組み、これでうまくいかなければ署名運動や抗議デモを繰り広げる。

みずからをローカルパーティーとして国会議員を出すことを目的とせず、候補の中からネットワーク運動の推薦や支持という方式で、間接的に影響を及ぼす戦略をとっている。

前回の衆議院選挙で「神奈川ネットワーク運動」は、「非自民党・非共産党を原則として、地域政治の理解度、党の民主主義実現のための努力、市民政治をすすめる意欲度、市民に対する誠実度などを考慮して、主に民主党・社会民主党・無所属候補の10人と政治契約を結んで推薦・支持を決定」し、そのうちの8人を当選させた。当選率は80％となるわけだ。

生活クラブが選考に加わり当選した地方議会の議員たちは、「代理人」と呼ばれる。だからこそ、委託者である生活クラブ組合員たちの声に背くことはけっしてできない。

横浜市議の柏美穂さんも、そのひとりだ。彼女は現在、市民福祉事業支援条例の制定を情熱的に推し進めているが、日本に介護保険制度が導入されたとはいえ、市民が安心して暮らしていけるほどの社会福祉システムは、いまだ横浜市には備わっていないとみている。

ゆえに、生活クラブ生協を含めた4つの団体が中心となり、この条例案を支持する請願運動、署名運動を展開中だ。地方議会の内外から協力しているのである。彼女は議会リポートにこう記している。

保育所に入所するための条件は、母親が週4日以上働いていることです。しかし、その要件を満たさない場合でも、不定期に働いたりボランティアとして参加するために、子どもたちを預けるケースが多々あります。去る2月の予算議会において、わたしはこの問題について市長におたずねしましたが、これといった返答は得ておりません。安心して子どもたちを預けられるような、多様な保育所が必要です。市民事業として保育事業に取り組むと同時に、ビジョンのない市の保育事業を変えていかねばならないでしょう。

春雨に万物の蘇生するがごとく、変化を渇望する人々の声は随所で上がっている。韓国全土を揺るがした前回の落選運動のことを、日本の諸運動団体はうらやましがる。しかし、断固としてわたしはいいたい。この「代理人運動」、このネットワーク運動こそは真に世の中を変える運動だと。

意識革命・世直し

生活クラブ生協運動の核心は、住民たちの意識改革だ。そういうわけだから、自然と講座や講演会は多くなる。ここで運営している21世紀の学校「ビジョン」は、まさにそうした目的を専門的に果たすためにつくられた学校。今年の秋と冬に予定されている特別講座の大見出しは、「21世紀の暮らしと労働――ジェンダー問題を取り上げる」。その小見出しは次のとおりだ。

個人を尊重する社会政策への転換を！
オルタナティブな社会制度を
ワーク・ショップ――女性のライフスタイルとわたし
21世紀は多様な労働の時代

その他、この「ビジョン」では、「のびやかな子ども、教育のオルタナティブ」というテーマで4回の講座を開いている。一方、生活クラブ生協の運動グループ団体が主催する「かながわNPO大学」では、この秋の学期に次のような講座を開催していた。

情報公開で自治体を変える
自治体行政・財政改革
参加型福祉について学ぶ
非営利団体の活動をきわめる
社会福祉ワーカーの立場からみたジェンダー問題
横浜について知りたい
だれでもわかる都市計画
循環型社会への道――社会経済システムが変わる

料理学校なども定期的に開き、韓国のデパートで開催されるような教養講座も多様にそろえてある。ドライフラワーづくりをはじめとする趣味や実用のための各種講座の中には、「江戸時代の染料」といったアート講座もある。

このように多様な講座や人々の会合を通して意見が交換され、また、共同体意識が蓄積されれば、ほかの事業もおのずからうまくいくというものだ。

ワーカーズ・コレクティブ、労働の夜明け

ワーカーズ・コレクティブ。耳新しいこの組織が取り組んでいるのが何であるかを知りたかった。ひとことでいえば、地元で暮らす人々が、生活者の目線で地域に必要なものやサービスなどを市民事業として事業化するため、全員が出資して経営に責任をもち、労働を担当することをさす。

ここに集まった人々すべてが、労働者であり責任者だ。雇用と非雇用の関係がなくなった、主体的な労働方式だ。自己決定や自主管理にもとづく労働というわけだ。

それだけでなく、地域住民にとって必要な事業を行なうことになるので、それは地元住民の役に立ち、また、地域環境を改善することにほかならない。これを「コミュニティ労働による、もうひとつの価値の創造」という。

さらにそれは、労働の価格評価はするけれども利益を上げるためではないので、基本的に非営利事業に属す。しかし、地域共同体に大きな利益をもたらすものであり、公益事業ともなる。

それこそ、労働の新たな実験であり、市民の事業創造であり、新しい社会への進展だ。彼らの目指すところや目標をやや大げさな用語でまとめてみる。

「暮らしやすい地域社会づくり」

自主的に管理する労働は、自治市民を増大させる。さまざまな共同や契約関係にもとづくワーカーズ・コレクティブ運動を通して、暮らしやすい地域社会をつくる。

「新しい労働方式の拡大、ポスト産業社会への転換」

コミュニティ・ワークの価値にもとづき、もうひとつの価格を形成し、充実した豊かな暮らしが可能となる。市場とは別の価値生産と交換の領域を拡大する。

「新たな法令・制度の整備」

おもに女性が担ってきた未払い労働（家事や育児など）の、社会的な価値と役割を高める法令や制度の実現に貢献する。

神奈川ワーカーズ・コレクティブ連合会は1989年9月に創立されたから、満10年を越えたところだ。この組織は、「参加型社会システム」を構築するために、市民資本事業の力を1カ所に集めて誕生した。

2000年6月現在、153団体に参加する住民は、4687人とされる。創立以後、出資金額や年間の分配額、売上額が着実に増加してきた。

この組織は目的ごとに、新規ワーカーズ・コレクティブ設立に関するコンサルティング、これに関する開業講座や情報の共有、技術研修、他団体からの講師の派遣要請、見学・取材・調査・資料請求に対する協力、こうした事業の法制化に向けた活動、金融相談など、多様な要求に対応している。彼女らの展開している事業を部門別に見ると、次の5分野に分けることができる。

「在宅福祉」

家事介護、食事の配達、移動、デイケア、保育、健康支援サービスなどの事業を担当するワーカーズ・コレクティブが77、利用者の選択の幅を広げるために、生活クラブの運動グループと連携して、公的な介護保険事業も同時に展開させている。

「食品」

食品の安全を重視したレストラン、パンづくり、総菜、ケータリングなどの、製造・販売・サービスを行なうワーカーズ・コレクティブは13。情報交換・研修・技術向上には常時取り組んでいる。

「ショップ」

環境をテーマにした商品を取りあつかう店、家づくり、適正価格の展示会、海外支援のためのリサイクル・ショップを主とする団体が16。

「情報文化」

編集・デザイン・出版・ビデオ制作、料理教室・文化教室などの事業に取り組むワーカーズ・コレクティブが9。

「委託事業」

生活クラブ、コミュニティ・クラブ、福祉クラブなど、各生協や企業との双務契約にしたがって委託事業を行なうワーカーズ・コレクティブが39。

おもに女性たちが手がけていることだけに、大部分は生活周辺のこまごまとした事業だ。しかし、このような事業は徐々に拡大しうるだけでなく、まさにこのようにして生活周辺から変えていくことこそが大切なのだ。

たとえば、この組織に属す印刷ワーカーズの「パピエ」は、5人の女性がつくった印刷所だ。ここでは、「人と地球に役立つメッセージ」として、再生紙や非木材紙、そして、豆でつくったインクだけを使用する。彼女たちこそ、暮らしや企業の現場で環境運動を実践している人たちだ。

「地球の木」、自分が変われば世界が変わる

横川理事長が代表を務める「地球の木」。1984年にアフリカで起こった飢餓問題を支援するために、この生活クラブの組合員や職員たちが支援運動を繰り広げた。「飢餓と飽食」というテーマについて考えるうち、日本の大量生産や大量消費が、開発途上国の環境破壊や人権侵害をもたらすことを知った。

そして、1カ月に1回分の昼食代500円を集めようというキャンペーンを開始し、1991年7月にグローバル市民基金「地球の木」を創立した。

開発途上国が直面している問題は、途上国に対する支援と合わせて、日本の自分たちの暮らしの中での実践を通じて解決できるという信念をもち、「市民から市民へ」の支援と交流を拡大させている。国際協力として、カンボジアやラオスでの持続型農業の普及と農村女性の自立支援、子ども保育センター支援、ネパール女性の識字教育支援、ラオスの森林保全支援、フィリピンの循環型農業支援を推し進めている。北朝鮮に対しては、現在おもに農業支援に関する事業を進めているという。

一方、日本の国内では、南北問題を暮らしの中で考えてみるという開発教育活動、開発途上国へのスタディツアー、報告会や学習会の開催、アジアの伝統民芸品の販売、ほかの団体との情報交換やネットワークづくりなどに取り組んでいる。

彼らの繰り広げる活動は単なる海外支援にとどまらず、暮らしの中でどのようにすれば問題を解決できるかを考えるところに特色があり、だからこそスローガンも、「自分が変われば世界が変わる」というものなのだ。

そうした問題について、簡単に実践し行動できるようなクイズやパズル、ゲームなどを開発し、教材として使用している点も異彩を放っている。

おのずと財政も健全だ。個人や団体を含む会費収入は約900万円、北朝鮮支援キャンペーンを通じた収入でさえ34万円に達する。それにくらべて、助成金の収入は26万円にすぎない。このすべての力は、結局しっかりと根を張った生活クラブから出ている。

ほぼ1時間かけて東京に戻る間ずっと、この運動のもたらすインスピレーションに胸を踊らせていた。

福沢諭吉像の前で、あらためて近代化を考える

9月15日、金曜日。今日は祝日だ。敬老の日らしい。あらゆる官庁や図書館は閉まっている。六本木の歓楽街では国籍不明のヘアスタイルをした若者が群れをなしているというのに、一方では、またこんな日もあるということがすんなりとは信じられない。

しかし、日本をていねいに観察すると、意外にも伝統が息づき、儒教的な気風も生きていることが感じられる。

今日は慶應大学を訪ねた。かつて参与連帯の仕事を手伝ってくれた延世大学出身のナ・イルギョンさんが案内してくれた。

ナさんは、現在大学院の博士課程にいる。慶應大学のキャンパスは10カ所以上に散らばっているが、わたしの訪ねたところには、おもに大学院や図書館のような研究施設が置かれていた。現代風の建物よりは、やはり創立当時からの古風な建物のほうが見目麗しかった。

夏休みと休日が重なっていたので学生はほとんど目につかず、美術同好会なのか、10人あまりの老若男女が建物をスケッチしていた。

慶應大学の発祥地として重視されるだけのことはあって、その中心には、この学校を建てた福沢諭吉の銅像がある。彼は自宅に「慶應義塾」を開いたが、それが今日の慶應大学のはじまりだ。

いつだったか、わたしもこの人の著書である『文明論概論』というような本を読んだことがある〔『文明論之概略』のこと〕。近代化の先駆者として、この人が日本の歴史においてどれほど重要な人物として評価されているかは、現在日本で使われている1万円札に彼の顔が描かれていることからも簡単にうかがい知れよう。

押し寄せる西洋文明を体系的かつ効果的に受け入れた日本は、今日富強な国を築き上げているが、世界の変化から目をそらした朝鮮は、近代化の機会をも逸して、ついには国までも失ってしまった。あの植民地体験と解放後の分断、戦争、そして独裁は、韓国社会にいまだ暗い影を落としている。日本は、いち早く着手した近代化の優位を相変わらず守っている。よく整備された社会体制と緻密な都市環境が、それを物語る。街のすみっこや田舎の曲り角のひとつをとってみても、すきがない。

「ある社会の後進性は、久しくその残影を次の時代にまで及ぼす」という言葉は、ソウル大史学科の故キム・チョルジュン（金哲埈）教授の『近代化論』という本だったかで読み、印象に残っているものだ。

体系的で緻密な社会改革を通じて後進性を克服し、近代化を成しとげ、社会発展の基盤を築くことがはたして命題なのだろうか。明治維新以後の日本は、近代化のために西洋諸国、ときにはアフリカ

慶應大学にある、福沢諭吉の銅像。

にまで人を送って調査し研究したとされる。

韓国の場合、今からでも遅くはない。真の意味での紳士遊覧団を派遣すべきではないかと思う。われわれのやることなすこと、あまりにもいい加減で適当だからだ。

韓国を残酷に侵略し収奪した植民地宗主国、日本の心臓部、その首都東京を見て歩きつつ自問する。真の近代化――われらの政治、経済、社会、文化、そして意識の中の近代化は成しとげられたか。

大学めぐり2日目、早稲田大学

今日は3連休の2日目だ。休日を楽しむために、郊外や外国へ出かけるケースが多いらしい。自然に東京周辺の道路はひどく渋滞し、国際線の発着する成田空港は大混雑となる。

このようにみんなが休日を楽しむ間、わたしたちは早稲田大学を訪問することにした。数日前に通訳として紹介された、ユン・ジョンランさんという在日朝鮮人の学生が案内してくれることになった。

早稲田大学法学部1年生の彼女自身も学校についてくわしくはなく、入学式の際に配られた冊子で調べたと話しながらあちこちを案内してくれた。あとからふたりの留学生がさらに加わり、ちょっとしたツアーグループとなった。

学校の建物がくっついているためか、息苦しく感じた。韓国の大学ではありふれた芝生や林もほとんどない。建物も古びていた。事実、魅力のないキャンパスだった。1882年に設立されて100年以上も経っているのだから、理解できないこともない。

それでも、大学の入り口付近に立てかけてある大きな立て看板に書かれた「憲法改悪反対」のスローガンと、「訓練の名を借りた軍事演習中断」などの要求事項はうれしかった。2週間前に日本の代表的な右翼である石原東京都知事の指揮の下、防災訓練という名目で戦車を先頭にして、自衛隊が東京都内を行進した事件を、学生たちは見逃さずに問題提起しているのだ。

「まだ学生運動の精神は生きているようだ」とわたしがいうと、ユンさんが「そういう学生は少数にすぎない」と耳打ちしてきた。

どこもかしこも古びた建物の中でだんぜん目についたのは、最新式につくられた図書館だ。外観が格好いいだけでなく、内部もまた最高の設備を誇っている。その中に座っているだけで自然と勉強が進みそうな気がした。

早稲田大学には、この図書館のほかにも4つのキャンパス図書館、教員図書室、学生図書室、資料室などを含む合計31カ所の図書館があり、蔵書は430万冊に達するという。

大学外からの来館者は別途の登録を済ませて入館するところまではよしとしても、滞在時間が30分を超えてはならないというのだから、せっかくの設備に似合わぬちょっと稚拙な運営だ。

南北統一の悲願、「ウリ・パラム」の願い

ユンさんは自分も参加している在日同胞サークルの「ウリ・パラム」を紹介したいといった。

このサークルの部室が入っている学生会館の地下1階は、本当にお化けが出そうなところだった。何が何やらよく見えないほど薄暗く、カビ臭さが鼻をついた。どうにかならないのかとたずねれば、これぞ早稲田の伝統であるとみな思っているそうだ。わたしは拷問されているような気分だったけれども……。学生たちは部室ごとに集まって討論していた。

在日学生の部室はもっとも奥まったところにあった。「ウリ・パラム」という名称は、われらの望む世の中をつくろうという意味でつけたものらしい。部員は30人あまり。『ハン・ウルタリ』「ひとつの囲い、大きなひとつのくくりという意」という同人誌も発行している。

早大に通う在日学生の実際の数はもっと多いはずなのだが、自分から名乗り出ないことにはだれにもわからないという。サークルの部員は、朝鮮や韓国、日本のいずれの国籍であれ受け入れている。

かつては学校ごとにそれぞれ、朝鮮籍の者は朝鮮文化研究会を、韓国籍の者は韓国文化研究会をつくっては対立していたという。しかし、早大ではこのような問題を克服して、ひとつのサークルを誕生させ、過去の政治的なイデオロギーを捨てて、民族の同質性と文化について勉強しているようだ。

「愛の光」

9月19日、火曜日。小規模の社会福祉団体を推薦してほしいと頼んだ。そうして知ったのが「東京ヘレン・ケラー協会」。1950年にヘレン・ケラーが日本を訪問したのを記念して発足した社会福祉施設だ。

日本は、外国団体の支部をつくったり、外国人の名前をつけた団体づくりが大得意だ。ほかはともかく、この団体の設立はいい考えだと思う。

早稲田大学を通りすぎて大久保に位置するこの協会を探すのは、それほど難しくなかった。大通りに面した2棟の建物で構成されていて、一方には海外盲人交流事業事務局があり、もう一方には東京ヘレン・ケラー協会とヘレン・ケラー学院が入っていた。

案内を受けて、すぐに協会の堀込藤一理事長に会った。彼は毎日新聞社の社長室長をしていたそうだが、いわれてみると協会自体、事実上は毎日新聞社の付設団体だった。

1950年に毎日新聞社がヘレン・ケラーを招請し（彼女は、すでに1937年と1948年にも日本を訪問している）、それを機に協会をつくることになったそうだ。

ヘレン・ケラーはその後も何度か日本を訪れ、この協会の名誉総裁となっている。戦争の敗北と疲弊から脱しきれず、絶望状態に置かれていた日本人は、絶望を克服した象徴としてヘレン・ケラーを受け入れた。したがって、この協会の創設には「日本人に絶望を克服するだけの意志をもたせる」という趣旨が込められていたという。

日本を訪問したヘレン・ケラーは、日本人の熱狂的な歓迎を受け、全国各地を遊説しながら身体障害者福祉法制定の原動力となり、日本政府から勲章を受けたりもした。その当時、協会は全国的な募金運動を展開し、会館を建てたそうだ。

この協会はひとことでいって、盲人たちのための総合的な福祉機関だ。つまり、盲人に関する多様かつ専門的な全業務を遂行している。とりわけ「中途失明者」に対して多くを配慮しているという。

先天性の視覚障害者も大問題だが、実際、普通の暮らしを送っていた人が事故や傷害などによって視覚を失う場合、そのショックから立ち直るのはいっそう難しいだろう。

協会は、こうした視覚障害者を単に支援するだけでなく、教育を通じて自立更生しうる道を開くことに主眼をおいていて、マッサージ師を養成するためのヘレン・ケラー学院、点字出版社、点字図書館、盲人用具センターなども運営している。その他、毎年開催される全日本盲学生音楽コンクールも大切なイベントだ。

わたしが落選運動に参加したと知るや、会長は、自分たちの運営する事業中のひとつは選挙と関係があるといって紹介してくれた。１９６８年から視覚障害者たちのために発行している選挙広報がそれだ。

とくに、国政選挙では候補者たちの身上と政策、人柄などを紹介して、視覚障害者もほかの人と同じく、有権者としての権利を十分に行使できるよう支援しているという。本当にすばらしいことだ。

「新聞社があらゆるキャンペーンをしつくしてしまったら、市民団体の出る幕がない」という議論が韓国にはある。事情は日本でも同じだ。

マスコミには、単なる報道以外に、こうした啓蒙的な機能も果たしたがる欲望が普遍的にあるようだ。しかし、野球チームをもつ「読売」よりは、このような福祉事業に取り組む「毎日」のほうがましだ。

「実際、毎日は、福祉という概念すらなかった１９１０年代に、早くも社会事業団をつくって貧民救済事業や災害救護事業、とくに眼科治療運動などを展開させてきた」と、堀込会長は誇らし気だ。

視覚障害者のための『点字毎日』を週刊紙にする際も、毎日本社の印刷工や印刷設備が大きな力となったそうだから、マスコミの取り組む事業もこういうときはたたえてしかるべきではないか。

市民運動の進むべき道は……

講義と会議への参加がてら東京に来ていたパク・ソンジュン（朴聖焌）先生が、神戸で青年センターを運営しているいい人を紹介してくれるというので、夕食の約束をした。飛田先生のことだった。

彼は、神戸大の在学中に学生運動に関わって卒業が遅れ、これまで神戸地域で青年センターを運営しながら、社会運動に邁進してきた人だ。

「神戸一帯の市民団体は、自分が責任をもって紹介しよう」といっていたから、11月の地方旅行における頼もしいコネクションができたわけだ。

われわれは彼の名字を韓国式に読んで、「ビジョン（英語のvisonにも通じる）先生」と呼ぶことにした。彼は在日韓国人の人権のことなら先頭に立ってきていたし、青年センターが設立されて以来ずっと韓国語講座を開いている。彼自身もそれなりの韓国語を話し、最近は、済州島で起きた「4・3事件」のゆかりの地を見てまわったそうだから、まさに韓国通である。

夕食をともにしながら韓日の市民運動に関してあれこれ話をし、ビジョン先生は帰っていった。

そこから10分ちょっとのところに、パク・ソンジュン先生が2年半も滞在した富坂キリスト教センターがあるというので、そこで休憩することにした。

この一帯の土地は、ドイツの宣教団体が任務を終えて帰国する際に、日本キリスト教界に寄贈したそうだ。周辺の空き地を駐車場にして得ている収入に加え、近隣住宅の賃貸料、そして、一部の土地を売って用意した基金の利子だけで、現在10以上の研究会をまかなっているという。

この寮も一部は早稲田大学と契約を交わして留学生に貸し出し、残る一部をゲストハウスとして運用している。基金を用意して会館をもつことが、けっしてぜいたくだとはかぎらないことがわかる。

神戸青年センターも米国の宣教師たちが残していったものを独立財団としたもので、神戸における進歩的運動の中心となっているそうだ。この青年センターは、ユースホステル経営をも兼ねることで活動財源を確保しているそうだが、われわれもこうした多様な収益活動の拠点をつくりたいものだ。

現在、参与連帯が展開している保険事業やカフェ事業などは、永続的な収入を保障できないだけでなく、収益も微々たるものだ。カフェ事業では、営業実績をごまかして税金を払わないのが主な収入源となるそうだけれど、まじめに税金を払っていたのでほとんど何も残らなかった。

わたしのほうでも今後は何かの基金を用意し、その基金を投資して、より永続的な収入源をつくろうとあらためて思った。

昨年の市民運動紀行中は、ペンドルヒルに滞在していたパク・ソンジュン先生と会っても、十分に話を聞けなかったが、今日あらためてチャンスにめぐり合えた。

短い時間だったが、10年をはるかに超える長期の監獄暮らしと2年半の日本、そして2年の米国暮らしをしつつ、練り上げてきたというさまざまな考えをまとめて聞くことができてよかった。とりわけ、パク先生の瞑想と思惟《しい》、苦悩のエッセンスを聞いたような気がした。

東京で韓国の市民運動の未来についていっしょに考えるというのは不思議な気もしたけれど、彼の話は、最近のわたしが悩んでいた部分でもあったので、大いに共感した。

率直にいえば、感動した。そんな感想をもらすと、「自分は単に井戸水を汲み上げるため、ポンプに注ぐ迎え水の役割をしただけだ」とパク先生はいう。

彼の話をわたしなりに消化し、想像力を働かせてまとめてみると、次のようになる。この話はわたしがたずさわっている参与連帯のことでもあるので、ちょっとした飛躍や歪曲《わいきょく》があったとしてもパク先生は理解してくださることだろう。

「市民運動にも思想と哲学が必要」

もちろん、これまでの市民運動にもそれなりの論理と哲学がなかったとはいえない。しかし、韓国社会を総体的に変化させるにあたり、われわれの接近方法はあまりにも政治的かつ社会的すぎたのではないか。はたして市民運動にたずさわっている人々は、こういう社会をつくるのだという明確なビジョンをもっているのだろうか。われわれの暮らしや生き方はどう変わるべきなのか、もう少し哲学的に悩むべきではないか。

ペンドルヒルに滞在中、クエーカー教徒のシンプルな暮らしに深い感銘を受けた。自分の個人的な生き方と、運動によって変えようとする社会の間には一致したところがあるべきだ。

「真理への渇望を、われらは失っている」

かつてマルクスの著作や古典を一行一行読みながら覚えた感動を、われわれは失ってしまったのではないか。カミュの『ペスト』、ドストエフスキーの『カラマーゾフの兄弟』などの本を読みながら、人生を深く考える機会が必要ではないか。

たとえば、参与連帯会員の必読書リストをつくってはどうか。毎年おすすめの10冊を発表して価値観の共有がなされれば、われわれの活動は大きな力を生み出すことになるだろう。かつては正義のためにたくさんの人が命をかけたではないか。

「語り合い、分かち合う」

それだけでなく、参与連帯の会員同士がたがいに人生を語って共有する必要がある。こうした小さな集まりが数かぎりなくつくられるべきだ。

会員はたがいにすべてを分かち合える精神的な友となる。宗教団体や企業ではすでに行なわれているることだ。しかし、彼らには真摯《しんし》な献身と愛情が欠けている。市民団体にも黙想は必要だ。いっしょに瞑想のための呼吸をしたり、料理をつくってパンを分かち合う場を設けることが必要だ。

数日間をともにし、たがいに関することを語り合って深く付き合ううちに、参与連帯のめざす世直しについても共有できるようになるだろう。

「ジャーナリング（journaling）」

単におたがいが語り合うだけでなく、瞑想し、読書し、その結果を感想などのような形で書き出すことができなければならない。クエーカーの人々は、これを「ジャーナリング」と呼ぶ。みずからの日々を必ず記録する。このことがのちに多くの人たちへ美しい表現力をもたらすのだ。

ジョージ・フォックスやジョン・ウルマンなどのジャーナルは、こうして有名になった。フォックスのものは出版され、数十編のジャーナルが古典となった。

たがいに語り、瞑想したことを書きとどめ、分かち合い、集めて出版することによって、参加できなかった人とも意見を分かち合える。

「お祭り、フェスティバル、そして歌」

かといって、市民運動というものが謹厳かつ厳粛すぎて、市民の近寄りがたいものとなっては困る。そこには、お祭りやフェスティバルがあるべきなのだ。フェスティバルは簡単だ。各自が少しずつ飲食物をもち寄って、できる楽器をたずさえて、さもなければ歌の1曲を用意すればいい。子連れで数人が寄り集まって、パントマイムや下手な劇でも演じればいいのだ。

1年に1回からはじめて、頻繁に開催するほどいい。参与連帯のオリジナルソングが10曲くらいあればなおいい。独唱や合唱、四重唱があって、会合のあるたびにハーモニーをしたりいっしょに歌えたら、心も開かれるのではないか。

「パソコンに各自の記念碑をたてる」

1件のよいことのために1000円を出すのはたやすいことだ。しかし、そのことにどれほど共感するかが運動の明暗を分ける。

最近の韓国では、パソコンの中に御先祖様を追悼する空間ができ、石碑のようなものをこしらえたり、追悼文を記したりしている。これを参考にして、寄付した人全員の名前と感謝のメッセージをパソコン上に記念碑として残すこともできるだろう。

かつて韓国のキリスト教には、「ソンミ（誠米）」というものがあって、炊飯時にスプーン1杯の米を袋などにとっておき、飢えている人々に分け与えていた。また、昔から韓国では、旅人のためのサランバン［舎廊房。客間のこと］を設け、柿の木にはカササギのためのエサがおかれていた。

クエーカーの人々も、数日前に見てまわった生協組織（地球の木）も、食べずに集めた1食分を第三世界の支援に活用している。財政的に見ても、われわれにできぬ理由はない。

「1年に1カ月は空けておこう」

参与連帯のメンバーは有名になりすぎ、忙しくなりすぎたのではないか。ひとつひとつのことがらをおろそかにする傾向におちいりやすい。

パク先生は、1年に1カ月は空けておこうと努力している。そして読めなかった本を読み、旅もする。大学教授や教師にも長期休暇がある。参与連帯の専従者も、いくつかのグループに分かれて順番に休んではどうか。充電してから戻ってくればいいのだ。

ビジョン先生のいる神戸青年センターやこの富坂キリスト教センターのような、外国の数多い市民団体や宗教団体とのネットワークを構築すれば、経費も節約しながら外国を旅することができる。

各自の泉が今は枯渇し、汚れている。これからはその泉にきれいな水を取り戻そう。

われわれは覚えている、水俣フォーラム

9月22日、金曜日。渋谷にあるビルの7階に上がった。下を地下鉄が通っている、古びたビルだ。「水俣フォーラム」の事務所を訪ねたのである。明日は九州の水俣を訪ねるのだが、事前に知識を備えるために、水俣問題を研究しているここに立ち寄った。この団体の事務局長である実川悠太さんは、特異な経歴のもち主だった。

彼は18歳の高校生のころからすでに水俣病患者の支援をはじめたのだが、それほど水俣病は当時の日本全体に衝撃を与えた。しばらく道草をしたけれども、壮年の47歳にいたる現在まで、水俣問題にかかわりつづけている。なぜ彼はこの問題から離れられずにいるのだろう。

水俣病の原因であるチッソの東京本社で、患者たちが座り込みをしている場面を目撃した実川さん。彼は、生涯この光景を忘れられないという。

当時の労働運動や学生運動も活発だったが、それらとは異なる体験だったのだ。非常にみすぼらしく貧しい彼らに対して同情心がわき起こり、自分も何かをしなければと思うようになった。

編集プロダクションでの仕事も、水俣病患者たちの救護活動にたいへん役立った。彼が編集に参加

実川愁太プロフィール

1954年…………東京都生まれ
1972年…………水俣病患者の支援運動に参加
1976年…………編集・製作プロダクションに入社
1977年…………不知火海総合学術調査団に参加
1979年…………朝日新聞、日本評論社などのフリー編集者
1982年…………東京水俣病研究会・研究委員
1986年…………水俣病認定業務不作為国家賠償請求事件弁護団事務局
1988年…………水俣病博物館展示製作スタッフ
1994年…………水俣東京展実行委員会事務局長
1997年…………水俣フォーラム事務局長

した本だけでも数冊にはなる。『水俣病自主交渉裁判資料集』『水俣病の現在』『証言水俣病』などがそれである。１９９６年に開催された「水俣展」は、現在も全国を巡回中だ。こうして自分の信念のために働けるのは大きな幸せと彼はいう。

わたしの学んだところでは、水俣病はとっくの昔に終わったできごとだ。しかし、彼の説明を聞くうち、水俣病はまだまだ進行中の問題であることが浮き彫りにされた。

水俣病の真実

１９５６年4月21日、生後5年11カ月ほどになる女児が、歩行障害、言語障害、脳症状を訴えてチッソ水俣工場付属病院の小児科で診察を受けた。その患者は、2日後に入院した。まさにその日、彼女の妹（2歳11カ月）も同じ症状で病院に運ばれた。その母親の話により、隣家の子どもにも同じ症状がある事実を知って

驚いた医者たちが、村を訪ね歩いて調査した結果、多数の患者を発見した。そうして8人の患者を入院させた。病院の細川院長は、その年の5月1日に「原因不明の中枢神経疾患が多発している」と、水俣保健所に正式に届け出た。この日がまさに水俣病の正式な発見日である。

こうして水俣病は、はじめて世に知らされた。しかし最初はまだ、奇病または風土病と思われていた。一部では伝染病と誤解されもした。

伝染病ではなく何らかの毒物中毒によるものと明らかにされたのは、その年の秋ごろだ。１９５９年に熊本大学医学部が、水俣病の原因物質は魚介類の中に含まれる有機水銀ではないかという所見を明らかにしたのだ。また、その重金属の排出源として、ほかならぬ、水俣市の税収において50％を占めるほど強大な経済力を誇り、市面積のほぼ20％を占める最大の工場であったチッソを名指しした。有機水銀は、アセトアルデヒドをつくる過程で生じるものであることも明らかになった。

しかし、チッソはもちろんのこと、市や県、政府はいちように公害病としての水俣病を否定した。そして、大勢の人々が病にかかって死んでいった。何の罪もない幼児が胎児性水俣病に苦しめられた。人だけではない。人間の疾病が報告されるよりずっと以前から、この地域のほかの生物たちは死んでいった。１９４０年代から海藻はやせ細り、死んだ魚が海に浮かんでいた。１９５０年にはカモメが飛べず、１９５３年からはネコたちが死んでいった。

のちに確認されたところによれば、チッソが不知火海《しらぬいかい》に垂れ流した水銀の量は４００トン、そのうち水俣病の原因になった有機水銀は5トンにものぼる。この水銀は、たった20～25ミリグラムで腕や足が麻痺《まひ》しはじめ、体内に１００ミリグラム蓄積されると視野が狭くなる。いわゆる視野狭窄症《きょうさくしょう》となるのだ。２００グラムは致死量だ。このように計算すると、不知火海に流れ込んだ有機水銀は２５０0万人を殺害、もしくは2億人以上に水俣病を発症させうる量なのだ。

にもかかわらず、1957年に熊本県知事が厚生省の公衆衛生局に水俣湾内の漁獲を禁止する措置を請求した際、厚生省では「すべての魚が汚染されているとみる証拠はなく、漁獲禁止措置を許可しかねる」と回答した。

そうした状況のもと、不知火海沿岸の漁民たちが排水放出中断を要求して、チッソ工場に乱入する事態が発生した。彼らは、その後もチッソ工場と東京にある本社前での座り込みを継続的に行なった。

こうした中、石牟礼道子の水俣病に関する本『苦海浄土―わが水俣病』が出版され、多くの人々に影響を与えた。そして、全国的に「水俣病を告発する会」が発足し、患者家族の一部は正式に損害賠償請求訴訟を起こした。

しかしながら、患者の側で分裂が起こり、一部の人々は政府の斡旋によって一時金として80万円から200万円を受け取った。被害事実が認められたのは少数の人々にすぎず、1971年10月からはいわゆる「自主交渉闘争」が展開された。その後、補償協定書が取り交わされたものの未認定の患者は多く、まだ紛争は終わっていない。

1982年には、国家を相手とする賠償請求（いわゆる「関西訴訟」）も提起されたが、1994年に、国家や県の責任は認めず、チッソのみの責任を認める判決が下された。

1995年に社会党の村山連立内閣が成立するにともなって一大転機が訪れ、1996年ついにすべての裁判と告訴の取り下げを条件に、260万円の一時金と医療費を支給することで、この地域の振興策を含む和解協定が合意された。

こうして、1万人以上が救済対象になった。しかし、いわゆる関西訴訟の当事者たちは和解を拒否し、今日まで裁判を続けている。この病気で死亡した人だけでも1200人以上というのだから、人災にしては深刻すぎるといわざるをえない。

第3章　アジアとつながる市民

政府や企業の金銭的援助を受けない唯一（?）の団体、グリーンピース

9月28日、木曜日。JR代々木駅で降りてからこの団体の事務所を探すのにかなり時間がかかった。それなりの知名度があってかなり規模の大きい団体なので、立派な建物を想像していたのだ。ところが実際は、駅前にある一番古いビルだった。

入ってみると、ビルの内部も古びている。写真を撮ろうとするとしきりに止められた。ボロすぎるというのだ。事実、日本の大部分の市民団体は、職員同士のお尻がぶつかるほどに事務所が狭く、備品などもいたって質素だ。

誤解を恐れずにいえば、ひどくみすぼらしい。もしわたしが米国の市民団体より先に日本の市民団体を見ていたら、参与連帯の事務所をあれだけ立派なものにはしなかっただろう。帰国したら日本風につくり直そうかな。

出迎えてくれたのは、グリーンピース・ジャパン事務局長の志田早苗さん。グリーンピース・ジャパンは1989年に創立されたが、「アジア初だった」と誇らし気だ。日本は外国のものを受け入れるのが得意であることが、ここでも確認できたわけだ。

グリーンピース・ジャパンは、その活動や財政、人員のどの面においてもグリーンピースから独立しているとはいうが、実際には、戦略と戦術、財政、訓練などの支援を受けざるをえない。

しかし、志田事務局長は、日本の特殊な状況を何度も強調した。グリーンピースといえば、原爆の実験場にボートを浮かべて阻止するとか、高層ビルによじ登ってパフォーマンスをするとか、何かしらの過激な行動主義を連想するのだが、こういうやり方が日本では通じないというのだ。

こうした「直接的な行動」戦術を日本でも試してみたが、当局から厳重に処罰されただけでなく、日本の一般的な市民もそういうやり方にはあまり好意的でなかったそうだ。たとえば、PVCを使用した玩具会社に対する抗議として、どこかの公共建物に登って大きな横断幕を垂らしたが、このせいで2人が11日間も拘留され、100万円もの罰金を払わねばならなかったらしい。

韓国の市民運動家なら、拘留どころか1年や10年の拘束をものともせず、必要とあらば行動で突破するだろうに、それがままならないらしい。やっぱり、日韓の気質のちがいかもしれない。

この団体が収めた最近の成果としてあげられたのは、先のPVC玩具をつくった玩具会社のトミーやバンダイ（韓国でも子どもたちの間で旋風を巻き起こした「たまごっち」をつくった玩具会社）を相手に、有害物質を含有する製品の生産中止運動を展開し、成功させたことだ。

つい先ごろ、グリーンピースは、日本のプルトニウムの海上運送阻止を訴えたことがある。また、日本は、原子力発電への依存度が非常に高いことで知られている。これに関してはどのような活動をしているのかたずねてみた。

フランスからプルトニウムが運ばれてきたときは、グリーンピースとともに海上で反対デモを行ない、現在は福島地域における原子力発電所の建設に関連して、ほかの団体とともに建設差し止め請求を提訴中であるという。

これまで山口県の上関地域の原発に対する反対運動を展開し、これに関連する情報公開運動、専門家を招いてその問題点を日本国民に知らせる運動などと、多様に取り組んできたものの、政策を変えることはできなかった。この部分になると、彼女の語尾は消え入りがちだ。

韓国のような環境運動専属の弁護士はほとんどおらず、日弁連の環境委員会と手をたずさえて、ときおりいっしょに活動するという。

最近になって日弁連は原子力発電の廃止を決議したのだが、日本の弁護士全体で構成された日弁連がこのように決議するというのはたいへんなことといわざるをえない。

収入構造は意外だった。これまで見てまわった日本の市民団体は、参加会員の数も収入も少なすぎて、政府や財団からの補助金や支援金に絶対的に依存する傾向があった。

しかし、グリーンピース・ジャパンはちがった。まず、会費の依存度が高い。日本のほかの団体同様に年会費が主で、6000円以上だという。

ここでも自動交替は強調された。会員は5000人程度で、彼らのうちの20〜30%は毎年有名無実化して消えていく。ニュースレターが会員を確保する唯一の手段だ。

DMやTMなどの会社にも頼んでみたが、日本経済が悪くなってこのかた、たいした成果はないという。とくに日本では郵便料金が高く、そうしたことができるほどのきちんとしたリストもないうえ、銀行は印鑑を要求するし、信用カードの使用は難しいのでたいへんなのだそうだ。

本当に、米国のようにチェックと署名だけで簡単に送れたらどれほどいいことかとこぼす。日本の市民団体は概してインターネットの活用度が低いようで、ウェブページがあるにしても、それを通じて会員加入するケースはあまりないという。

ともあれ、このように収入は会費に依存し、自分たちの発行する冊子には広告すら掲載しない。徹頭徹尾の独立なのだ。

志田さんによれば、グリーンピースは、彼女の知るかぎり政府や企業から一銭ももらわない唯一の団体だという。

しかし実際には、政府や企業の側で最初から支援するつもりのないところも多いし、もらう気などさらさらない団体も少なくない。おそらく彼女が唯一といっているのは、それなりの規模を誇る周囲の団体の中でということだろう。

グリーンピース・ジャパンの年間収入

（単位：円）

収 入 項 目	収 入 金 額	比率（%）
会 費	71,551,409	76.6
寄 付	15,635,305	16.7
物 品 販 売	3,041,701	3.3
原稿料・写真使用料	809,247	
講 演 料	889,104	
そ の 他	1,493,054	3.4
合 計	93,419,820	

グリーンピースの年間収入構造を見てみよう。

表中の寄付とは、まったくの個人からの寄付のことだ。とくに、その中には原子力発電問題や玩具問題などの主要課題についてのキャンペーンによるものも含まれている。ごくまれではあるけれど、個人的な大口の寄付として１００万円ほど出す人もいるそうだ。

原稿料や講演料は個人的な収入なのではないかとたずねると、それもグリーンピースと関連して業務時間を割いて出かけるのだから、団体収入とみなすそうだ。公私の区別が徹底している。

ところが、個人の月給がまた意外だった。事務局長である彼女の月給は約40万円。一般の専従者は現在10人あまりいるのだが、平均して27万円を受け取っているという。

もちろん、この金額は、ボーナスなどその他の手当はないことが前提ではあるけれど、それにしても韓国の水準からすれば、たいへんな高給だ。実際、日本のほかの団体とくらべても、高い水準であるそうだ。働きに見合う報酬を、報酬に見合う働きをという主義らしい。

志田事務局長は、長い間教師をしていたが、環境運動の重要性に目覚めてボランティアとして参加しはじめ、１９９０年から専従となって現在にいたる。

財政の困難さがつねにいちばんのストレスだけれど、自分の視野を広げ、少しでも環境改善の役に立つところに生きがいを感じるそうだ。

彼女の後方にある、「虹の戦士」というキャッチコピーのついたグリーンピース・ジャパンの大きなボートの写真が、わたしの視野いっぱいに広がっていた。

66歳の女戦士、松井やより

今度は、もうひとりの戦士、松井やよりさんに会う。彼女は１９６１年朝日新聞社に入社し、94年に定年退職してからこれまで、「アジア女性資料センター」を運営しながら、日本はもちろんのこと、アジア全域で起こる女性問題に取り組むため東奔西走してきた熱血運動家だ。

韓国と関連した活動も多いので、韓国の女性運動家にも広く知られている。わたしも従軍慰安婦問題に関連し、彼女に何度か会っている。

彼女は自分のことを、「日本では完全にマークされている人間」だと表現した。そして、「朝日新聞で30年以上も勤めたのに、自分にはものを書く機会さえくれない」と語る。だから結局、２０００部にしかならない自分たちの機関紙を発行するほかないらしい。

だが、こうした団体にお金を出す人も自然とかぎられてくる。全国各地にいる９００人の会員が毎年８０００円ずつ納めてくれるお金がすべてだ。

そのお金で専従２人の給料と事務所の運営費をまかなう。当然、自分の月給はない。月給はおろか、

アジア女性情報センターの松井やよりさん。センターにはアジアの女性に関する資料が並んでいる。

自分の退職金まで注ぎ込んだ。生計は活動の合間に書く原稿料とそれを集めて出版した本の印税でまかなっているそうだ。「ひとりだからいいようなものの、そうでなければ生活はたいへんだろう」という。

松井さんが女性運動にかかわりはじめたのは1970年代、日本の買春ツアーが盛んだったころだ。彼女は韓国の教会団体といっしょにセックスツアーを暴露し、阻止することに力を注いだ。

1980年に光州事件が起こったときは、韓国の民主化運動を支援することに力を尽くした。そのあとは、日本に働きに来ては主に盛り場で搾取され、買春に利用される外国人女性たちのための活動に没頭した。

記者として「アジアの女たちの会」に加わって取り組むうちに活動の限界を感じ、幹事をおく必要もあったので、退職後すぐの1995年に「アジア女性資料センター」を正式に設立した。彼女の関心は一から十まで女性の人権に集中している。

なかでも、彼女の関心はだんぜん売春する女性の側に向けられている。「フレンズ・オブ・タイ・

ウーマン」「フィリピン女性支援センター」「男性と買春を考える会」は、松井さんとアジア女性資料センターが運営するネットワークの集いだ。

タイの女性は主に強制的に拉致され、ほとんど性的奴隷として暮らすケースが多いという。それにくらべて、フィリピンの女性は主に労働者として入国し、日本の男性と出会って子どもまで産んでから捨てられるケースが多いそうだ。

しばらく前に、某出版社が日本男性のタイでのセックスツアー体験を集めて本にしたことがある。そこにはあらゆる種類のセックス産業と風俗店、値段、楽しむ方法などが赤裸々な写真とともに掲載されていた。彼女が放っておくわけはない。

50人の女性を集めて原告とし、東京地方裁判所に名誉毀損として裁判を起こし、200万円の賠償金を勝ち取ったという。

従軍慰安婦問題の刑事的責任を問うための「女性国際戦犯法廷2000」の実際的な責任者も松井さんだ。この問題について考える日本の数多くの団体を集めて「VOWW-NET」という組織を立ち上げ、2000年12月に予定されている法廷の準備に余念がない。

ラッセル法廷のように法律的な拘束力はないが、世界中の人々の良心に訴えて日本政府に圧力をかけ、この問題を解決しようというものだ。

事実、日本でこうした問題に取り組むことは容易ではない。天皇までも被告席に座らせることになるような、こうした活動に協力する日本人は少数とならざるをえないからだ。

少ないのはともかく、あるいはテロに遭うかも知れず、そのほうが気がかりだ。日本の右翼勢力は、従軍慰安婦を一種の娼婦として印象づけることに成功し、最近改定されることになった教科書においても従軍慰安婦問題はほとんど無視された。

こうした挫折こそは、まさに国際戦犯法廷を成功させねばならない理由ではないか、と反問する彼女の様子からは頼もしさが感じられた。

彼女の目に映る日本の女性は、床の間に飾られた花瓶なのだそうだ。家の中のことだけをし、受動的で自信もない。もう少し国際的な視野をもち、世の中の変化とともにあるべきだ。だから、最近は女性教育のための教材とマニュアルをつくり、第三世界を正しく知るツアーなどもはじめた。

彼女が絶望するのは日本の女性に対してだけではない。１９７０年以後の労働運動や学生運動、平和運動……。このすべてが活力を失い、政治はほぼ再起不能の状態におちいったと診断している。

１９９９年には国歌や国旗に関する法律だけでなく、10以上の右翼的な法案が一気に国会を通過し、戦時は米軍が地方自治体や病院、言論など、日本のあらゆる資源や人員を動員することのできる防衛指針もつくられた。

平和憲法を改定し、自衛隊の保有を合法化するのも時間の問題だ。しかし、ほかのどれよりも大きな問題は、日本人が政治に対して完全に背を向けていることだが、韓国や台湾のダイナミックな政治的発展にはたいへんな感動を受けたという。「参加しなければ何も変わるはずがないじゃないか」と彼女は反問する。

批判の矢は、韓国の運動にも向けられた。もちろん、率直に話してほしいとわたしが何度も頼んだ末のことだ。

彼女の見るところ、韓国の女性運動は中央集権化しすぎ、地方組織が少なすぎるそうだ。自分たちは日本全国の数百団体を集めてＶＯＷＷ-ＮＥＴを組織して会議をし、募金もしている。ところが韓国は、挺身隊対策協議会以外に、大邱にもうひとつの団体があるだけではないかと。

まったくその通りだ。韓国の大衆運動は弱すぎる。従軍慰安婦問題だけをとってみても、日本では２０００円を出す1万人を集めるという「２０００・1万運動」を展開している。ところが韓国は、参加費用の20万ドルを用意するために、政府や企業の力を借りずには立ち行かない状況におちいっている。

韓国のある女性指導者は、彼女にこういったそうだ。「どうして日本には何々を考える会というのがあんなに多いのか。考えるばかりで、なぜ行動しないのか」と。

たしかに日本の女性運動や市民運動は派手ではない。しかし、全国津々浦々で小さな集いが開かれ、ささやかなことでも熱心に活動している。そこで、彼女は反問する。「なぜ韓国では、この問題は大切だと思ったら、ひとりひとりが自分の故郷に戻って、その運動に取り組まないのか」と。

また、彼女は韓国の強烈すぎるナショナリズムについても一撃を加えた。自分は加害者側国家の国民として非常に気をつかうのだが、何かの問題に対していっしょに取り組むうち、どうしようもなく感じることがあるという。

あるシンポジウムで中国出身の元慰安婦が発表した際、話がまとまらずに予定していたもち時間を超えた。すると、韓国の代表たちから、どうしてあんなに長いのかという不満の声が上がった。「他人を支援することに無関心な韓国人活動家のこうした態度にはときどき失望させられる。もう少し思いやりをもってほしい」と話す。

もうひとつのエピソードがある。韓国の代表的な市民運動家のひとりが、「日本の市民運動の指導者はだれか」と彼女にしつこくたずねたそうだ。「各自の分野で一生懸命に活動している多様な市民団体にひとりやふたりの指導者しかいないなんてありえない」というのが彼女の答えだ。

事務所から駅までの道すがら、彼女はいった。「このどうしようもない世の中で、わたしがマイノリティーでないわけがない」と。彼女は生まれつきの「マイノリティー」で、「反骨精神のもち主」なのにちがいない。

学校を超えて、ひとつの共同体をめざすアジア学院。建物の壁面がおもしろい。

ともに生きるために——アジア学院

9月29日、金曜日。今日は、昨年のフェローだった大橋正明教授が、アジアの農村指導者たちを教育している「アジア学院」で講義をするので行こうと誘ってくれた。ほかのフェローたちもいっしょだ。

朝早く起きて東京駅へ向かった。アジア学院は、新幹線で1時間半あまりかかる、栃木県の那須にあった。

駅まで出迎えにきてくれた女性の運転するワゴン車に乗り、学校へ向かった。助手席に座ったわたしは、例のインタビュー魂を発揮して、迎えの女性にあれこれたずねた。

彼女は仙台の大学を卒業したあと、国際活動にたずさわりたかったので、アジア学院にやってきてボランティアをしているそうだ。ここにはさまざまな国の人々が来ているので、おたがいにたくさんのことを学び合えるという。今年も、アジアやアフリカの諸国から29人の研修生が訪れている。

いつの間にか「ここが学院です」といわれたのだが、入り口には木製の表札がかかっている。さらにしばらく進むと、学院の建物がいくつも現れた。

本館は2階建てで、正面にはここで生産された品物を展示、販売する小さな小屋がちょこんと建っている。ほかにも、食堂や男女別の寮、畜舎などがところどころに見えた。本館に描かれている壁画からして、普通の学校とは異なっていた。ここは学校を超えたひとつの共同体であることが一目でわかった。

建物の入り口に立てかけられた看板には、「ともに生きるために」と書かれていた。

アシュラムの感動、大橋教授の場合

ここで9カ月間研修を受けている29人の学生たちといっしょに、われわれもまずは大橋教授の講義を聴くことにした。「東アジアにおけるNGOの発展」というタイトルの講義だ。自分の体験を語ることから、講義ははじまった。

彼は21歳でインドを訪れ、ガンジーのアシュラム（共同農場）を知って非常に感動したという。それからバングラデシュで3年間の国際赤十字活動をしたあと、ベンガル語で「蓮《はす》の家《いえ》」という意味をもつ名称の支援団体をつくって、これまで7年間の活動を続けている。3年前からは恵泉女学園大学で開発学について教鞭《きょうべん》をとっている。

1971年に大学に入学したが、そのころはまだ、学生運動が最後の命脈を保っていた。そうした影響で、彼はこのような活動に身を投じることとなった。

東アジアのNGO数

国　家	バングラデシュ	インド	ネパール	スリランカ	パキスタン
NGO数	1,163	30,000	8,414	3,000	不明
各国の人口（単位：百万）	124	961	18	137	
NGO1団体あたりの人口	106,621	32,033	2,743	6,000	不明

彼は東南アジアでのさまざまな経験にもとづき、NGOの発生と組織、動向と活動、問題点などを非常にわかりやすく説明していった。東南アジアでも、NGOは雨後のタケノコのごとく盛況だ。

単に多いだけでなく役割もまた増大しているらしい。単純なモニタリングの役割を越えて、開発の主体となって活動しているという。彼が各種の資料を分析してつくった上の表は、この地域でどれほど多くのNGOが誕生しているのかを如実に示してくれている。

彼はとくによい例としてネパールをあげた。ネパールでは、2軒に1軒はNGOの看板がかかっているほどの盛況ぶりだという。議員や高位公職者はひとつやふたつのNGOを従えているというが、これは何を意味するのだろう。

これほどのNGOが誕生するわけは、おおよそこの国に入ってくる開発援助の執行過程に参加できるからであり、おこぼれにありつこうとする団体が多いということだ。

こうした開発関連団体の活動家の月給は、公務員や企業の社員よりも高額であるという。場合によっては、世界銀行から出される2％台の低利資金が地元の住民に届くころにはすでに、15％の高利となり、この過程で浮く利子をＮＧＯ活動の費用にあてるケースも多いそうだ。ひどすぎる！

質疑応答のとき、第一世界のＮＧＯは結局、「帝国主義の手先」になり下がっているのではないかという質問が出された。

政府の援助を受けて第三世界の開発を支援していると、そうなる可能性が高いと大橋教授は率直に答えた。政府から財政的な支援を受けた上で、その団体が制度化されれば政府の一部分となりうるというのだ。そうした状況に置かれている例は日本のＮＧＯの中にもたしかにあるが、大部分は独自の目標や方式をもって活動しているという。

日本政府のＯＤＡを監視しているのはまさにＮＧＯであるけれど、まだ経験が十分に蓄積されていないので、正しい支援はできていないというのが彼の答えだ。

循環型社会、そして三浦博士と高見先生

アジア学院の食堂でみんなと昼食をともにした。つつましい食事だったけれど、味はよかった。雰囲気によるところが大きいのだろう。

午後は、ここの副所長である三浦博士の案内で、農場を見てまわった。この人も米国では社会学博士だったのだが、この共同体に魅了されて、腰を落ち着けてしまったという。

敷地の面積は田畑や森を含めて約6ヘクタールで、米をはじめとする大部分を自給自足しているそうだ。木酢液《もくさくえき》をつくる小さな炭窯が目についた。ここでつくられる炭は燃料として使用し、木酢液は健康や美容、また、下痢止めや皮膚病などさまざまな用途の薬剤として用いられる。ここで飼育され

アジア学院の豚舎におもしろい絵が描かれている。わたしたちを案内してくれた三浦さんが入り口に立つ。

ている家畜の飼料にも混ぜるが、そうすると家畜の疾病が減るのだそうだ。

木工所や鉄工所もあり、おおよその資材や機械は自分たちで製作・修理している。ここで使用されている農業機械の多くは、那須地域にある農業高等学校の生徒数が減るにともなって不用になったものを寄付してもらったものだ。

豚や牛、鶏、ウサギなど、たいていの家畜を飼育している。いちばんおもしろかったのは、いわゆる「バイオガス・システム」だ。ここで飼っている動物の排泄物を集めておくとガスが発生するのだが、それを炊事などに必要な熱エネルギーとして用いるのだ。

最終的には、乾燥した分泌物を田んぼの堆肥にしたり、クロレラとして池の魚の飼料とする。この地域の学生たちの給食から出る生ゴミも集めて飼料にしている。生ゴミを大きな容器の中に入れておくと発酵し、相当の期間は腐らないので、家畜の飼料として持続的に用いているそうだ。こうして費用を節約している。

このようなシステムは、韓国のチョ・ハンギュさんから教わったという。韓国の有機農法も相当な水準であるというのが、三浦博士の評価だ。

ここに来ている研修生は、アジアから18人、アフリカから5人、日本から6人の合計29人だ。外国からやってきた研修生の大部分には奨学金が支給されるが、日本の研修生は学費を払わねばならない。研修生は9カ月間にわたって各種の実習や学習、現場体験を経て修了するが、期間の3分の1程度は、農作業に取り組む。今回の研修生のうち、ネパールからやって来たふたりはお金を稼ぐ目的のために脱出してしまった。研修生は厳格に選抜しているつもりだが、どうにもしようがないらしい。

かつては韓国の研修生もかなりいたのだが、学費の半分を自己負担にしてからは減りつづけ、2000年はひとりも来ていない。ただ、パク・ミエ（朴美愛）さんという人が宣教師としてやって来ていて、7年目の常勤だという。これまで研修を受けた人は合計892人に達し、彼らは地元に帰って有機農法や村の組織、意識改革など、ここで学んだことを実践しているそうだ。

東京に戻る直前、この学院の創立者である高見敏弘先生に会うことができた。体に麻痺《まひ》症状があるので、歩行や言語には支障があったけれど、こちらが聞き取れないほどではなかった。

この学院は、キリスト教の「エキュメニカル運動」の一環として、1960年代に東京の「鶴川学院農村伝道神学校」に付設された「東南アジア農村指導者養成所」が起点だ。

1973年から現在の場所に移転し、学校法人として正式に認可された。高見先生は、韓国のウォン・キョンソン（元敬善）先生やハム・ソクホン（咸錫憲）先生と同じように、生命の価値と人間の共生に関して深い理解をもち、この実践に生涯を捧げてきた人だ。高見先生の哲学は、その自叙伝の冒頭に記される次のような一節が代弁している。

アジア学院は、神の愛にもとづいて現在と未来の命を守り、それらすべてとともに生きるために、いま自分にできることを通して、毎日毎日実践することによって学ぶところです。

長谷ゆり子元衆議院議員と、彼女の飲み屋「飛翔」

われわれと同行した国際文化会館のスタッフである丸山さんの妻の実家が近くにあるというので、立ち寄ることにした。実家が食堂を営んでいるおかげで、夕食もごちそうになった。

韓国ほどではないかもしれないが、夫の友だちが訪ねてきたというので、心づくしの夕食を用意してくれた。東京に戻ってみると、夜の8時。遊び好きの大橋教授に誘われるまま新宿の路地裏を歩き、ある飲み屋にたどり着いた。

ここは、一時期衆議院議員をしていた長谷ゆり子さんの経営する店、「飛翔」。いつだったか、日本人の別の教授に連れられて来た店であることを思い出した。

長谷さんは１９９０年の当時、「日本の政治を変えなくては、日本社会の未来もない」といって衆議院選挙に出馬して当選し、いわゆる「マドンナ旋風」を巻き起こした張本人。しかし、いざ入党してみると、ひとりの力でできることはほとんどなかったという。

日本の政治家はいちように裏でものごとを決めるのを好み、何ごとも日本特有のほどほどの妥協で終えるケースが多いので、政治改革が求められるのだという。

現在支持政党なしとする世論は50%にも達するほど政党への不信感は高いのだが、実際に選挙で闘うとなれば、無党派よりは政党に所属しているほうが有利なので、政党改革を期待することは難しい。

長谷さんは細川元首相や小沢一郎などと新党運動も展開したが、１９９３年の選挙で落選し、いまではいっさいの希望を捨ててしまったと語る。

「飛翔」から出て、大橋さんの案内で見てまわった夜の新宿は、それこそ見ものだった。「ソドムとゴモラ」もかたなしだ。

人波や騒音、パチンコ、買売春、堕落、欲望、浪費、物乞い、ホームレス、これらのすべてがそこにある。一方には娼婦が、もう一方にはホストバーがあった。東洋、西洋の女たちが総出動し、超ミニスカートをはいた若い女性たちの誘惑は露骨だ。

そのかたわらで、交番の警官はそれらをぼんやり眺めている。韓国の誇るキム・カンジャ（金康子）警察署長を輸入してこなくてはいけないかな。

NGOの連合体、ジャニック

・国際協力に参加している市民団体のネットワーキングと協力を増進する。
・NGOの制度上の力を強化する。
・世界の開発地域の人々の生活条件と生活様式に関する情報や知識を普及する。
・NGOの役割について一般市民にきちんと知らせ、NGO活動への参加をうながす。

10月2日、月曜日の朝。今日われわれは前述のような目的によって設立された、ジャニック（特定非営利活動法人国際協力NGOセンター）を訪問することになった。１９８７年に設立されたこの団体は、当時国際協力を主要課題とする11団体の連合体として出帆した。

われわれを出迎えたこのネットワーク組織の事務局長であり常任理事の伊藤道雄さんは、まずNGOの概念について説明した。

韓国とはちがい、日本で「NGO」といえば、主に国際協力団体を意味する。国連社会経済理事会の概念規定にしたがって用いられはじめたからであるという。なお、普通の市民団体のことを日本では「ＮＰＯ」という。

ジャニックが設立された当初、伊藤さんはひとりで、日本国際ボランティアセンター（ＪＶＣ）の事務所の倉庫の片隅に小さな机を置かせてもらっていたという。知り合いが寄付してくれた50万円を経費にあてていたが、いい人たちが理事長を引き受けてくれ、運動は軌道に乗った。

アジア学院の創立者であり牧師でもある高見敏弘先生が初代理事長として多大に貢献し、2代目の理事長である有馬実成住職もまた献身的に活動している。有馬住職は、眠るための数時間を除くほかの時間はすべて、日本全国を飛びまわって募金活動に捧げているという。

そのおかげで、現在は８６００万円の財政と十数人の幹事、数十人のボランティアを率いる一大ネットワーク組織に成長している。

ジャニックは外務省の支援を受けて発行される『ＮＧＯ　ディレクトリー』の発刊と、ＮＧＯフォーラム開催を主な活動として定着させてきた。１９９１年には、ＮＧＯ活動家たちの能力強化のための国際ワークショップを開催したり、ＮＧＯ活動家のための海外訓練斡旋などを手がけてきた。また、情報の共有という設立目的を達成するため、１９８９年にトヨタ財団の支援によって、市民情報資料センターを開いた。一瞥《いちべつ》しただけでも相当に立派な図書館だ。あらゆる団体の活動状況を盛り込んだパンフレットやニュースレター、イベント案内、ＮＧＯ関連冊子、ＮＧＯ幹事の募集資料など、ここへ来ればＮＧＯに関するあらゆる資料が手に入る。

しかし、この資料室を運営するのに必要な費用は年間賃貸料の２５０万円に２～３人の幹事の活動費までを合わせると相当な金額になるので、経済的にはきびしいという。

資料室の利用料は５００円。セミナー空間としての貸出料は１０００円。それに、資料集や本を売っても大した金額にはならない。政府の支援や助成金もない。ゆえに、資料も関連団体や著者が贈呈する場合がほとんどだ。

ジャニックは、一種のネットワーク組織であるにもかかわらず、自前の会員もいる。年間12万円ほどの会費を納める会員は約900人程度だが、労組の幹部や政治家も含まれる。

現在このネットワークに入っている正式メンバーのNGOは61で、残る30あまりの団体は、オブザーバー団体として参加している。

このジャニック以外にも、それぞれの地域ごとに独自のネットワーク組織がある。現在、「関西NGOカウンシル」「名古屋NGOセンター」「京都NGOカウンシル」など、15のネットワーク組織があり、相互の交流や対話、協力関係について模索中だ。

しかし、これも簡単ではないという。たとえば、実用的な東京のNGOにくらべて、関西地域のNGOはいっそうイデオロギー的で、アドボカシー機能を重視するため、東京地域のNGOに対して敵対的な立場を見せることが多いそうだ。ネットワーク団体そのものがしだいに独立した個別団体となっていくというケースについては、韓国とさほどちがわないようだ。

伊藤さんは、日本の市民団体と活動家を次のように分類した。

「宗教的な団体」

キリスト教、仏教、神道にもとづく団体。日本のキリスト教徒は1%にしかならないが、市民運動に対する貢献度は大きいほうだ。仏教も市民運動の領域で熱心に活動しており、神道の団体は主に平和運動に邁進している。

「青年中心の団体」

情熱ある青年層が主導していく団体で、JVCもここに属す。彼らはあふれんばかりのエネルギーをもち、その分だけ献身的だ。

「時間とお金があり余る人々の主導する団体」

定年退職者や主婦たちがリードする団体。「ジャパン・シルバー・ボランティア」は定年退職者がリードするもの。主婦の場合、出産後会社に復帰することが簡単ではないので、子育てを終えたあと市民運動に邁進するケースが増えている。

「専門家の参加者が多い団体」

専門職の従事者が社会に貢献するため参加する団体。「アジアン・メディカル・ドクターズ・アソシエーション」は数多くの医者が参加している組織で、ほかに、弁護士も環境や人権団体に大勢参加しているという。

「地域社会に奉仕する人々」

「町づくり」に献身する人々。外国で学んできた人々の中にも、こうした人は多い。

「会社員」

会社の仕事では満たされない人々が、退社後や休日に大挙して市民団体に押しかけていって活動する。彼らは専門的な知識があるので頼りにされている。

定年退職した人や主婦、専門家や会社員の参加が多いというのだから、職業的な活動家の多い韓国にくらべれば、それだけ裾野が広いといえる。

日本には、政府に対抗的な大規模のＮＧＯ組織よりも、社会福祉や教育、環境、共同体運動などの、多様で小さな団体が多い理由もこの辺にありそうだ。

しかし伊藤さんは、もともと日本人は感性的に繊細なところがあるので国家に挑戦するようなアドボカシーには不向きだと説明する。そうして、日本では依然として市民の参加や支持が少ないと嘆き、実際、ＮＧＯは危機に直面していると分析した。

不景気がつづいて募金もかんばしくなく、財団の後援も減ったうえに、政府の構造調整によって政府支援も削減されたからだ。それだけではない。政府や財団の委託事業が増えるにつれ、その分だけ政府や財団の監督がきびしくなり、市民団体の主導権を奪われる心配も増大した。

しかしながら、ＮＧＯ同士も競争すべきであり、したがって企業家精神をもたねばならないのであるから、別の見地からすれば、今こそはＮＧＯ発展の契機ともなりうると予測する。

２０００年に、ジャニックが２３８の国際協力団体を対象に調査した結果、日本における国際協力団体の現状は次のとおりだ。日本のＮＧＯ国際活動の規模と関与度がうかがえる。

ちなみに、調査対象の団体としては、2年以上の活動経験を有し、組織の運営においては民主的であること、開発協力型の団体は支出の実績が３００万円以上、教育団体および提言型団体は１００万円以上、ネットワーク型団体は50万円以上の団体を選択した。

「活動の対象分野」

対象は非常に多様だが、開発や環境、人権、平和の4大分野に大きく分けられる。開発は主に農村や都市のスラム地域における地域開発、農村指導、保健医療活動、住居環境の改善、教育の普及、職業訓練、小規模産業の育成である。

環境分野では、植林や熱帯雨林の保護、砂漠化の防止、その他、生態系の保全運動を推し進めており、人権分野は、難民や女性、児童、障害者、被災者、原住民、少数民族、被拘禁者、日本国内の外国人労働者の人権擁護を主な対象とする。

平和分野では、軍備撤廃や地雷除去、平和教育に取り組んでいる。

「海外の活動地域」

世界中の100以上の国々に対して支援や協力が行なわれているが、なかでもアジアを支援するNGOがもっとも多く、ついでアフリカ、中南米、オセアニア、旧ソ連、東欧圏の順だ。国の数別に見ると、アジア28、アフリカ36、中南米16、オセアニアはパプアニューギニアなど8、旧ソ連と東欧圏は11カ国だ。

「法人の認可」

国際協力NGOのうち、法人認可を受けた団体は53(22%)であり、残る185団体(78%)は任意の団体。前者のうち特定非営利活動法人26、財団法人14、社団法人8、社会福祉法人3、準学校法人1、公益信託1だ。残りの任意団体も、法人認可の取得を準備しており、法人の認可団体は増える見込みだ。

「財政の現状」

238団体における1998年度の総収入は、236億3000万円(この規模は、1996年度の217団体の総収入196億円にくらべればたいへんな増大)。約42%の団体が、おおよそ2000万円以下の規模で活動した。

財源は寄付金や会費、事業収入などの自己財源が61・8%、政府の補助金と委託金は10・4%(国際ボランティア貯金の配分金3・3％含む）、民間財団の支援金が3・7％、国連委託金が4・9％、前年度の繰り越し金が13・8％、その他5・4％の順だ。郵政省の国際ボランティア貯金の配分を受けた団体は全体の約45％に該当する106団体であり、規模の小さな団体にとっては貴重な財源となっている。

「幹事と後援者」

238団体のうち172団体において、1447人の有給専従が活動している。海外で活動しているスタッフは344人、日本国内で活動しているスタッフは1103人だ。純粋なボランティアは3200人にのぼる。彼らの活動は約36万人の一般会員と後援会員に支援されている。また、企業や労働組合などの合計1万6600団体が、会員団体として国際協力NGOを支援している。

日本国際ボランティアセンター（JVC）、「みどり1本」募金

時間に追われたわれわれは、JVCが用意してくれた弁当で昼食をすませたが、職員の大部分は弁当を持参してきていた。彼らはおしなべて英語が流暢《りゅうちょう》であることが印象的だった。

JVCは日本のもっとも代表的な市民団体のうちのひとつ。2000年の9月10・11日に開催された「自然はだれのものなのか」というテーマの会議を主催した団体だ。

彼らの活発な活動は、前方のブースにおかれたチラシなどを見るだけで一目瞭然だ。「日本国際ボランティアセンター（JVC）連続講座・2000―地球の課題とNGO、そしてあなた」。このテーマで月に2回、全部で9回の講座が開かれている。

『トライアル・アンド・エラー』は、ここで出している公式の月刊紙だ。『地球人として生きる』『NGOの挑戦』『カンボジア最前線』などの単行本と、『市民として関わるカンボジア』『市民として関わるベトナム』『タイ・村が変わる・農業が変わる』『私たちの未来は私たちが決める』『壊れた籠――カンボジアの再生に賭ける』などのパンフレットが出され、各種のビデオや「地球市民学習教材」シリーズも展示されている。

「環境破壊を呼ぶ環境保存プロジェクト―ADBと日本の詐欺的な支援に対して高まりつつある批判」という多少挑発的な論文、「多者間開発銀行に関するガイド：活動家のためのキット」もあった。とくに目を奪われたのはカレンダーだ。アジア諸国の人々の暮らし――市場の風景、子どもたちの晴れやかな笑顔、花や野菜、果物などのみずみずしい農産物を撮った写真が満載されたカレンダーなのだ。これを集中的に販売して、相当な収入を上げているそうだ。

もうひとつ。「毎月1000円――27日は、わたしの国際協力の日」。このような題名のついた小さなリーフレットは、JVCの活動のため毎月27日に1000円の自動振り込みを呼びかけている。「月1000円。これがアジアやアフリカの人々にとって大きな力となります。協力してください」。ここには、JVCの会員規約と支援の内訳が簡略に紹介されており、自動振り込みの申し込み書が添付してある。それを切り取って郵送するだけでいいのだ。

JVCの財政規模は、年間4億円。その内訳をのぞいてみよう。

まず、会費の収入は3%内外で、韓国にくらべ健全とはいえない。それだけ外部の支援金に頼っているということになるが、とりわけ日本政府からの補助金は相当なものだ。

外国への支援ではさほどの摩擦も起こらないかもしれないが、政府の支援方針をめぐっては、相互間に緊張関係が生まれるのではないか。職員は、日本人40人と外国人20人を合わせた60人。会員数は約1750人。そのうち正会員は300人で、賛助会員は1450人だ。

ＪＶＣは、大きく分けて海外活動部署と政策活動支援部署、行政支援部署の3部署で構成されている。海外活動部署には、カンボジアやタイ、ベトナムなどの7地域に連絡事務所がある。また、東京の事務所には、アジアセクション、アフリカセクションがあり、もともとあった南米セクションでは、最近になってグァテマラとボリビアでの活動を引き上げたという。

北朝鮮の子ども支援は、比較的最近はじめられた事業のうちのひとつだ。職員のうちの45人が海外で活動している。事務所は20人の有給常勤と3人のフルタイム・ボランティア活動家によって運営されている。

次は、昼休みの間にわれわれの一行と話したＪＶＣの専従5人。自分の取り組みについて話してもらった。

「ユウコさん」

１９８８年からＪＶＣで働いてきた女性幹事。元教師だが志すところあって転職した。カンボジア難民キャンプに2年間勤務し、日本国民への国際教育も担当した。現在の役職は、東京カンボジア・デスク。

「ヒデアキさん」

タイ・プロジェクト・デスク。有機農法と住民の組織、地元の市場問題に力を注ぎ、インターンシップも担当している。

「タカシさん」

政策研究および諮問を担当しているが、特定の領域について持続的に研究するというよりは、そのときそのときの課題に応じて、調査や研究をする。目下、カナダからインスピレーションを得た「新たなコンセプト」について悩んでいる。この仕事は緊急支援にばかりこだわるのではなく、紛争前の状況にさかのぼって分析することによって、どのように紛争を解決し、総合かつ効果的に復旧するのかということに対して総合的なプログラムをつくり出す作業だ。

「ナカノさん」

大手保険会社の社員から転職した女性。4年ほど働いていて、昨年からはパレスチナを担当している。昨日パレスチナから帰国したばかりだが、現在イスラエル軍との衝突によって5人が死亡し、数千人が負傷するなど状況は深刻だけれども、JVCの運営するエルサレムの学校は無事だったと話す。その学校では、平和教育を主として、子どもたちのための小さな図書館も付設されているという。

「ヨネクラさん」

女性幹事で、「オックスファム・インターナショナル（注参照）」のリアソン・コンサルタント。現在JVCとのパートナーシップや日本にオックスファムを紹介する仕事を担当していて、「批判とともに対案の用意」を運動の原則としている。

専従者は、おもにボランティアをはじめとして、この団体に相当な期間かかわってきた人の中から選ぶ。おたがいによく知っているので、あまり失敗しなくてすむからだ。日本の若者は国際活動に高

Oxfam International。もともとオックスファムは英国ではじまった救護団体。世界中の先進国十数カ国に組織を有し、とくにメコン河流域の5～6国家に対して集中的に100以上のプロジェクトを推し進め、これまで20年あまり支援してきている。1999年の秋、世界中にある6つのオックスファムは2004年までにメコン河流域を集中支援するための戦略会議を開いたとされる。こうした持続的で戦略的な手法は好ましいばかりだ。

JVC北朝鮮子どもキャンペーンデスクの筒井さんと寺西さん。ふたりで机はひとつ。韓国の市民団体のほうが裕福？

い関心をもっているので競争も熾烈《しれつ》だけれど、運よく応募者が少なくて簡単に採用されるというケースもないわけではない。

近ごろは、修士や博士などの高学歴者が参加を希望するケースも多いが、学歴はそれほど重大な考慮事項ではないという。

また、育児や疾病などの特殊な事情でもないかぎり長期勤務の傾向が高い。彼らの受け取る月給で派手な暮らしはできないようだが、それなりに暮らしていけるそうだ。

くわしくたずねてみると、年齢や扶養家族の人数によって差はあるものの、30歳程度で約24万円ほどの月給をもらうらしい。「大金だ！」とわれわれの一行が嘆声を上げたけれど、東京の物価や生活費を聞くや、黙りこくってしまった。ある人はその月給ではとても都内では暮らしていけないので、1時間30分ほどかかるところから出勤しているが、1カ月の家賃だけでも13万円ほどなのだそうだ。

われわれに話してくれたこの人はましなほうで、妻がほかのNGOで働いているから何とかやりくりしていけるという。このような状況であるにもかかわらず、教師や保険会社のような実入りのいい職場を辞めて来るのだから、NGOブームは日本でも起こっているのにちがいない。

特別に時間を割いて、北朝鮮の子どもを支援するデスクのふたりに会ってみた。ひとりは寺西澄子さん、もうひとりは筒井由紀子さんだ。

寺西さんは2000年の3月に東京女子大を卒業したばかりの新人で、同年6月の北朝鮮の子どもを支援する国際会議の際、ボランティア活動をしたことが縁となって運よく職員になったそうだ。とはいえ、パートタイムとして採用されたため、残りの時間は図書館でアルバイトをしている。2年間の交換留学生としてソウルの誠信女子大に通ったため、韓国語もかなり使いこなしていたのだが、これが採用時に有利に作用したようだ。

筒井さんのほうは、ふたりの子ども（そのうちのひとりはすでに中学生）をもつ30代後半の主婦で、1996年に北朝鮮の子どもを支援するデスクがつくられたときから責任を担ってきたボランティアだ。ほとんどフルタイムで働いているが、夫が大手菓子メーカーに勤めていて、生活に支障はないのでボランティアとして勤務できるそうだ。神奈川の生活クラブ生協の会員として、10年の間「地球の木」で理事を務めたこともある。

北朝鮮の子どもを支援するデスクは、おもに「地球の木」「アジア宗教者平和会議」「カリタス・ジャパン」、「アーユス仏教国際協力ネットワーク」「ピースボート」などといっしょに、「コリア子どもキャンペーン」という組織を結成し、活動してきた。

1996年に行なった61トンの米の支援を皮切りに、1997年には4万ドル分の食用油、500万円分の食料、500万円分の小麦を支援し、そのほかにも、文房具やビタミン、お菓子類や現金も支援した。

北朝鮮のミサイル発射騒動や日本人拉致問題などが大々的に報じられて、一時は募金をするのに苦労したけれど、現在は直接的な支援よりも、農業発展のような間接的支援に集中する計画だという。日本のほかの市民団体もそうだが、この事務所もまたすし詰め状態だ。北朝鮮の子どもを支援するデスクも、ふたりでひとつの机を使用するほどなのだ。壁際に並んで働く様子は、電話の交換台を彷彿とさせる。

別の一角にある部署をのぞくと、カレンダー販売のために、関係者へ郵便物の発送準備をしている最中だった。川合千穂さんという若い女性は、募金などの財政業務を担当していた。自分たちの支援しているアジア諸国の風景を盛り込んだこのカレンダーで、今年1年間に800万円の収入を上げた。もちろん、写真はプロのカメラマンが撮ったものだ。12月初めにはコンサートを予定しているが、昨年は1400万円の収入があったという。

日本では一般的にボーナスが1年に2回支給されるが、この時期を狙ってこれまでの寄付者やカレンダー購入者を対象にダイレクトメールを発送し、カンパをつのる。

おもしろいのは、「みどり1本」募金だ。これは、日本の有名な作家である犬養道子（彼女の父親は首相を務めた有名な家系）のベストセラー『人間の大地』に感動した読者が参加する基金だ。この募金のメッセージは「少ない金額でも毎日出せば、地球を緑色にすることができる」というもの。このような彼女の志に同調して、毎月後援金を出す読者は1000人に達し、昨年1年間だけでも750万円が集まった。彼女のように影響力があって心のきれいな作家が、韓国にもいないだろうか。

ピープルズ・フォーラム2001

JVCのあるビルの3階には、3団体が同居している。「再生可能エネルギー推進市民フォーラム」

と「地域の国際協力推進会議」、そして「ピープルズ・フォーラム２００１ジャパン」。たった2～3人の職員が切り盛りしている、日本の典型的な市民団体だ。

これらの3団体は仕切りのない一室を共用しているので、何も知らない人が見たら、同一団体と勘ちがいするにちがいない。彼らは、会議室や備品などの共有はもちろんのこと、似通った業務による便宜を図ったり、刺激し合ったりしている。

ピープルズ・フォーラム２００１は、おもに環境と開発に関心をもつ団体だ。貿易と投資の自由化による環境および社会的な効果に関するプロジェクトや、それが与える影響についての冊子の発刊、国際化に関する研究と討論、地球温暖化に関するプロジェクト、アジアＮＧＯ間の合意を導き出すためのワークショップが主な活動の内容だ。

高度の研究調査というよりも、国際社会で成しとげられている発展と認識を日本国内に広く知らせ、問題意識を高めて活動を促進させるところに焦点を合わせているのだが、それは日本人が国際社会の発展に追いつくことは容易ではないからだそうだ。

この団体は１９９2年にブラジルのリオデジャネイロで開かれた地球サミットでの合意案件と約束を追跡するための環境ＮＧＯとして、１９９3年に誕生した。ひとつの大事件やイベントがあったあとは、必ずこうしたＮＧＯが誕生するところが、いかにも日本らしい。そうして当該事件やイベントの意義を反すうし、それを実現するのだ。

たった数百人の会員（この団体の会員は４５０人）で何ができるのかというなかれ。このように小さな団体がそれぞれ少しずつのちがいをもってコツコツと活動していけば、蓄積された力はいくつかの大規模団体に引けをとらないことだろう。

これこそ財閥体制と中小企業体制のちがい、また、まさに韓国と日本のちがいなのではないだろうか。

原子力資料情報室がめざす核のない世界

10月3日、火曜日。原子力資料情報室が、今朝の訪問先だ。はじめてＪＲ総武《そうぶ》線に乗った。これまでもっぱら都心のクモの巣状の地下鉄や山手線を利用してきた。もう、乗り物のことに関してはかなりの自信がついたので下調べもせずに出かけたのだが、とんでもない。迷ってしまって、少し苦労した。自信過剰は、つねに禁物だ。駅前のビルを見落として見当ちがいの場所を探しまわったため、約束の時間に20分も遅れてしまった。

事務所の入り口では、郵便物の発送準備に余念がない。ボランティアと専従がいっしょになって発送をするという。案内文は、次のように書かれていた。

公開セミナー：アジア各国におけるエネルギー節約の実践（10月14日）
公開討論会：放射性廃棄物の地層処分を考える（10月21日）
第41回公開研究会：事故は終わったとはいえない――ＪＣＯ臨界事故を検証する（2回、11月9日）
新刊書籍案内：ＪＣＯ臨界事故と日本の原子力行政―安全政策への提言
原子力資料情報室通信第３１６号（9月30日発行）

あらゆる種類のセミナーや討論会、研究会がつづけられている。研究会だけでも、すでに41回目になる。

「資料情報室」という名にふさわしく、事務所の半分以上はあらゆる冊子や新聞のスクラップなどでいっぱいだ。国際部門で働くという藤野聡さんに、「研究」ばかりで「行動」はしないのかとたずねてみた。抗議デモや署名運動などの行動を伴わないわけではないが、主な活動はやはり資料収集や研究、対案の提示、出版、講演などであるという。

反核関連の団体だけでも日本には100以上もあるというのだから、相互間には一定の役割分担と連帯活動が必要となるはずだ。これらの団体は北海道に7、青森県に6などというように分布していて、同じ反核団体といってもその性格は団体の数だけ多様だ。

たとえば、新潟県を含む複数の地域には、「原子力発電反対同盟」のような過激な名称をもつ団体もあれば、「東京電力とともに脱原発をめざす会」「チェルノブイリ子ども基金」「核物質輸送の事前公開を求める会」などのように、具体的なイッシューを有する団体、「核燃サイクル阻止1万人訴訟原告団」「東海第2原発訴訟原告団」「女川《おながわ》原発訴訟支援連絡会議」のように、訴訟を目的にした集団もある。

さらに、「市民エネルギー研究所」のような、代替エネルギーの開発と普及を目的とする団体、福島県の「ストップ・プルトニウム! キャンペーン」や札幌の「決定するのはわれら――泊《とまり》原発三号機の住民投票を求める会」、「放射能汚染からふるさとの自然と子どもたちのいのちを守る会」のようにおもしろく長い名前をもつ団体もある。

原子力反対運動だけをとってみても、これだけ豊富で多様な団体を全国的に有しているのが、まさに日本の市民運動の底力なのだ。

1993年6月9日。日比谷公会堂。

心配していた雨は降らなかった。午前10時。東京電力第69回定期株主総会が開かれた。今年は、昨年末からプルトニウムの海上輸送がはじめられたこともあり、日本のプルトニウム利用政策が世界の注目を浴びている。ひと足先に完成された英国核燃料公社の再処理工場ソープは、まだ正式な運転許可が下りていない。また、ドイツも再処理を断念すると発表した。東京電力のプルトニウム政策を明確にするために多くの事前質問が追加され、英国のマンチェスター市からは、地方自治体の核政策を研究しているスチュアート・キャンプさんがこの総会に出席した。会議場で東京電力とソープとの関係を代表理事に堂々と問いただしたキャンプさんは、閉鎖的な日本の株主総会に小さな風穴を開けたといえるだろう。

このようにしてはじまった脱・原発東電株主運動は、現在もつづけられている。参与連帯が展開している株主運動の先輩なのだ。

もっとも、日本には水俣病の被害者代理となった弁護士たちが、チッソを相手に一株株主運動を行なった前例もある。

こうした少額株主運動は、すでに環境運動や消費者運動などに広く浸透し、応用かつ実践されているのだ。つい最近、韓国の環境運動連合のチェ・ヨル（崔冽）事務総長は、企業の社外理事になっていることであれこれいわれたばかりだ。社外理事になって企業を牽制《けんせい》するよりも、株主総会にさっそうと現れて、企業の反環境的な態度を一喝するほうが似つかわしいのではないか。

象牙の塔で行なわれる科学研究や教育に地球の未来をゆだねてもいいのだろうか。それは市民の名において市民のために用いられる科学ではないのではないか、という素朴な疑問を長い間もちつづけたわたしは、ライト・ライブリフッド賞の受賞という刺激を受けて「まさに、これだ」という思いから、「高木学校」という小さな船を漕ぎ出すことになった。たしかに話にもならない。学校とはいいつつ、校舎もなく生徒や先生もおらず、何を教えるのかさえ決めていなかった。……わたしのこうした考えの背景には、「地球の未来」に対する強い危機感があった。まちがいなく「奪われた未来」だ。そこでわたしは、「未来を取り戻そう」と人々に向かって叫び、危機意識を共有しながら、科学と市民、学問と社会活動をつなぐ新たな空間と集団をつくろうと思うのである。その夢の第一歩がまさに、「高木学校」だ。わたしは現在ガンと闘っているが、それよりもずっと重要な決意をこの学校に託している。

この悲壮な決意の主人公は、高木仁三郎（注参照）先生。東京大学理学部を卒業し、大学の原子核研究所を経て東京都立大の助教授になるなど、順風満帆だった彼は、１９７５年に原子力資料情報室の設立に参加し、１９８６年から１９９８年まで専従として反核運動に身を投じる。

１９３８年生まれでやっと60歳を超えたばかりなのに、ガンできびしい闘病生活を送っているというのだから、実に惜しいことだ。

岩波新書から出版された彼の著書のタイトルも、『市民科学者として生きる』である。タイトルが物語るように、彼は制度にくみする学問や象牙の塔での研究に対して強い疑問を抱き、市民とともにある科学者として生きてきたのだ。

どうか彼がもう少し長生きをしてこの学校が繁盛し、彼の夢見るオルタナティブな学問空間と集団がいっそう勢いづくことを願うばかりだ。

再び原子力資料情報室の話に戻ろう。この団体は、２００～３００人の会員からの会費と、W・オルトン・ジョーンズ財団などの外国の財団から受ける支援金で運営されている。

会費と財団支援金の比率は半々程度で、政府や企業の財団からは一銭も受け取らないのを原則とし

地方旅行中、ある団体の事務所で高木先生の訃報を知らされた。10月8日東京都内の病院で息を引き取った彼は、本人の願いどおり家族によって密葬され、のちになって死亡の事実が伝えられた。12月10日、日比谷公会堂で彼を追悼する集会が開かれた。

ている。それでも収入は6000万円にのぼる。

「政府のプルトニウム政策に反対して政府の原子力委員会の会議を傍聴し、たえず原子力の限界と危険性を提起している団体が、はたして政府や大企業と平和な関係を維持しうるだろうか」と、藤野さんは自問する。

ここの専従は10人あまり。共同代表3人のうちの2人は、専従者であることが異彩を放つ。エネルギー2人、原子炉安全1人、核廃棄物1人、放射能被曝1人などと、各部署に配置され、ほかには広報1人、財政1人、国際1人だ。ボランティアはわりと多いほうで、雑務などを処理してくれるそうだ。

藤野さんは京都大学を卒業し、3年前にこの団体の専従となった。実家が福井県の高浜原子力発電所からそれほど離れていない場所にあり、大学生のとき、原発事故に関する本を読んで大きな衝撃を受けた。

その後、反核デモやセミナーに参加するなどの活動をするうち、この団体の専従となった。両親は市民団体で働く息子のことを快く思ってはいないようだが、たまに新聞やテレビのインタビューなどに出ているのを見るうちに、少しは理解してくれるようになったという。

月給が20万円程度にしかならないので結婚相手がいるかどうかわからないが結婚もするつもりだし、この職業も手放す気はないそうだ。「自分は心の弱い人間だが、それでも核のない世の中を実現するための夢はあきらめない」という彼の言葉が頼もしく思えた。

日本フィランソロピー協会

日本フィランソロピー協会の役割は、市民のひとりひとりがボランティアや寄付を通じて社会に参加するための橋づくり、人材づくりです。

これを目標とした社団法人日本フィランソロピー協会の取り組みは、次のとおりだ。

「研修事業」
定例セミナー：毎月企業の社会貢献担当者、NPO職員、関心のある個人を対象とした勉強、討論会。
フィランソロピー基礎講座：寄付と募金の基本を学ぶ集中講座（全6回コース）。
人材育成講座：年1回ジャーナリスト志望者を対象とする、オピニオンリーダーの育成講座。

「助成事業」
NPOを応援しましょう──「がんばれ　NPO」プロジェクト：財団法人たばこ産業弘済会と共同で展開している事業。高齢者や障害者の福祉推進、環境保全、青少年の育成の3分野を対象に支援。
ワン・コイン・クラブ：1枚のコインでひとりひとりの善意を具体的な形で表現する、という新しい社会貢献システム。基金は、子ども支援活動や子どもボランティア活動に寄付。

「普及事業」

アニモネットワークサークル：富士通の子会社である「アニモ（ポルトガル語で「活力」の意）」と共同で展開している障害者支援運動。障害者とその家族、社会福祉関係者が自由に交流する広場。

イーボイス：週刊紙や情報誌に掲載されている日常生活に役立つ情報を肉声で録音し、視覚障害者や老齢者に提供する活動。これもアニモと共同で行なう。

アニモショップ：障害者がつくった商品、障害者や高齢者の暮らしを豊かにする介護医療用品や福祉関連用品、全国の名産品などを販売する一種のインターネット・ショッピングモール。

街角のフィランソロピスト賞：すごく偉大な人ではなく、街角のどこにでもいそうな平凡で、しかし意義のある寄付をした人に与える賞。２０００年現在で3回目だが、今回受賞した永瀬隆さんは、第2次世界大戦当時、タイで陸軍の通訳をしていた人で、連合軍とタイ人犠牲者のための寺院を現地に建てたり、タイ人の留学生支援や奨学金の支給、移動診療所、老人施設などを通じて個人的なレベルで戦後処理をした功労が認められた。

「出版事業」

機関紙『月刊フィランソロピー』発行。『フィランソロピー入門』『60歳からのいきいきボランティア――フィランソロピーの実践』などの冊子発刊。

非常に多様な活動だ。しかし、くわしく聞いてみると当初想像していたのとは少しちがう。協会なのだから当然のこととして、日本全域で行なわれている「フィランソロピー（寄付・募金）」を管掌しているとばかり思っていたのだが、実際はひとつの団体であることに変わりない。ひとつの募金団体であると同時に、助成法人でもあるわけだ。

設立された背景は、少々はっきりしない。１９６０年の日米安保闘争を起点に、民主主義の基本となる公的な政治討論の場が必要だと考えたジャーナリストが中心となって、１９６２年に国民政治研究会を設立した。

もちろん、自民党や共産党のどれとも関係がなかった。それから30年たった１９９０年、日本における民主主義は依然として未完成のままであり、したがって原点に立ち返り、民主主義には「フィランソロピー」が重要であると判断して、日本フィランソロピー協会に改称したという。

それにしても国民政治研究会が、日本フィランソロピー協会へと様変わりした過程というのが、どうにも曖昧《あいまい》模糊《もこ》としている。

この点について疑問を示すと、協会の常務理事であり事務局長の高橋陽子さんは、「１９９０年が日本のフィランソロピー元年であるという社会的な雰囲気を理解しなければならない」といった。

その年、経団連は１％の寄付運動をはじめ、大阪では初のコミュニティー・ファウンデーションが創立され、企業メセナ協会が設立されたのだという。

こうした時代的な背景のもと１９９１年に、この協会は「企業市民会議室」を傘下に設け、企業の社会的な貢献を強調する運動を本格的に展開しはじめた。

企業市民とは、その当時の日本で流行った言葉だ。企業そのものが社会的な法人として社会に貢献するだけでなく、その社員たちが市民としてボランティア活動を行なうなどして、地域社会に積極的に参加せねばならず、そうした活動に企業もまたインセンティブを提供すべきであるという概念だ。

１９９０年を起点として社会貢献における専門家が誕生し、彼らは企業に就職して、ちょっとした企業ではいちように社会貢献チームが編成された。

この協会は、こうした人々を対象として1カ月に1回ずつ会議を開き、企業市民活動を拡大させることに力を注いでいる。

しかし依然として、この協会が一般大衆を相手に募金するよりは、協賛や共同プロジェクトを通じて企業に接近しているという印象をぬぐいきれなかった。

この事業を知ったことによっていくつかのアイデアを得たのも事実だが、やはり募金や寄付文化を拡大させることには消極的すぎるのではないか。期待が大きいと、失望も大きいものなのか。

「お金、人、知識、何でも結構です」、女性のための避難所

10月4日、水曜日。午前中に訪問したのは「女性の家ヘルプ」。女性たちのための避難所だ。われわれを案内してくれたのは意外にも、ステファニーさんという米国人の若い女性。インディアナ大学を卒業したあと、千葉大大学院に通いながらボランティア活動をしているという。日本語も堪能だった。

ここでは、彼女のような数人のボランティアが、日本人はもちろんのことタイ人やフィリピン人の職員といっしょに働いている。彼女は、まずヘルプの設立背景と近況を紹介してくれた。

1970年代に日本人は、韓国や台湾などでいわゆる「セックス・ツアー」をして物議をかもし、それらの国々で反対運動が激しくなると、今度は女性たちを日本に輸入しはじめた。

まず、1980年代にフィリピン人の女性たちが日本の風俗産業や歓楽街を満たした。ところが彼女たちは一般的に観光ビザで入国するため、6カ月が過ぎると自然に不法滞在者となり、売春婦かつ犯罪者扱いを受ける。

犯罪者には保険も適用されず、一般人にくらべて滞在費用もかさむ。結局は、不法滞在者であるという弱味のせいで身動きが取れなくなって売春宿に閉じ込められたり、大きな負債を背負ったりし、事業主の手から逃れられなくなる。

彼女に対して日本政府は一貫して無策であった。そうした状況から彼女たちを救援するため、1986年に誕生したのがこのヘルプだ。

ヘルプにやってくる女性たちのためにもっとも急がれるのは、事業主や事業主と結びついているブローカー、そしてヤクザからとりあえず身をかくし、彼女たちに心理的な安定を提供することだ。

避難所の場所は徹底的に秘密にするが、たまに探知されることもある。彼女たちのうちの一部は当該国家の大使館職員との相談を通じて帰国するケースもあるが、たいていは日本に留まることを望む。

子どものいる場合はなおのことだが、とりわけ学校に通わなければならない子どもたちは、心理的にたいへん萎縮する。現在、ここに入所している外国人は、国籍別にみるとタイ人がもっとも多く、次いでフィリピン、コロンビア、中国の順だ。

ここでの滞在は原則的に2週間のみとしているが、実際には、3週間ほど留まる場合がほとんどだ。そのあとは、社会福祉法人や政府機関に引き渡される。

2000年現在、家庭内暴力の被害者を含む女性の避難所として、東京には政府運営の施設が4カ所、私設が2カ所、そして横浜にも2カ所の施設があり、たがいにネットワークをつくって協力している。

女性や少数者、外国人に対する差別のいちじるしい日本の社会が変わらないかぎり、根本的な問題解決は難しいとステファニーさんはいう。

最近日本では14人の女性議員が、韓国の国会でも通過した「家庭内暴力処罰法」の制定を推し進めているが、ヘルプではこのことをたいへんに鼓舞的な現象として受け止めていた。

一部の元被害者の中からも、問題が解決したり改善された人同士が集まって支援グループをつくり、この法の制定に励んでいる。入所した女性たちのために助言するグループもできて、大きな力となっている。

ここの運営費の大部分は、個人と宗教団体、学校などからの寄付金でまかなわれている。食品もほとんど寄付。自分で募金をもってくる学生もいる。実際にここで働く人々は、募金を集めようにも電話する暇さえないそうで、最近東京都のくれる支援金は大いに助かると話す。しかし相変わらずお金が足りない。

7人の専従と3人の半専従者がいるが、ここの女性たちにとって必要なセラピストやカウンセラーは不足しているし、子どもたちのためのカウンセラーも必要だ。われわれの質問に対して2時間ほどずっとせき込んで答えてくれたステファニーさんに、「いちばん切実なのは何か」とたずねると、こう答えてくれた。

「何でも結構です。お金、人、知識、協力、何でも要るんです。もちろん、世の中の変化も必要です」。

日本のNPOを育てる、日本NPOセンター

わたしが宿泊している六本木の国際文化会館から比較的近い、恵比寿駅付近の「日本NPOセンター」を訪ねた。今日通訳してくれることになった人は、ソ・ミョンジンさん。なんと、東亜日報のNGO担当、ソ・ヨンア記者の妹さんだそうではないか。

美しくて心やさしく、何を頼んでもすんなりと聞き入れてくれる。通訳能力も卓越している。東京大学の言語学博士課程に在学しているという。

日本NPOセンターは、ほかの団体とはちがって、事務所の前がきれいで看板がしゃれていた。よく片づいている事務所へ気分よく入っていった。

日本の市民団体は、どこも事務局長が常任理事を兼ねている。ここの山岡儀典さんもそうだ。彼は

もともと大学では建築を、大学院では都市計画を専攻し、大阪万国博覧会の会場計画にも参加した。つねに環境や社会問題に関心をもち、25年前のトヨタ財団の創立時はプログラム担当者として転職し、そこで福祉や環境などの市民活動を支援するうちに市民運動の重要性を知ることとなった。15年間勤務したあとの１９９２年に辞めて、１９９６年にこの団体を設立した。専攻分野は１００％変わってしまったが、今彼は、建物の代わりに市民団体を「建築」し、都市計画の代わりに市民社会を「計画」しているわけだ。

この団体は、何人もの志ある人々と活発な諸市民団体が相談して設立したものだが、当時無職状態だった彼は、誘惑（！）にまんまと引っかかって、専従の事務局長となった。

２００１年には還暦を迎えるのだから、もうこの仕事も後輩にゆずり渡して、静かに勉強したいとの希望を彼は披瀝《ひれき》した。はじめるときも自分の意思ではなかったのに、引き際は思いどおりになるだろうか。はて？

日本ＮＰＯセンターは、国際協力業務にたずさわる団体のネットワークであるジャニックとは異なり、日本国内の多様な業務にたずさわるＮＰＯをネットワーキングする団体だ。

東京から離れて日本全国のＮＰＯを糾合《きゅうごう》すべく努力しているのだが、これはネットワークを超えるような強力な凝集力をもつものではないそうだ。対等な関係でおたがいに情報交換し、協力しようとするものだからだ。

これが日本のＮＧＯの特性だ。そしてまたひょっとすると、それがＮＧＯ一般の属性なのではないだろうか。

以下は、日本ＮＰＯセンターの取り組みを記述したものだが、中心的なのはやはり情報の流通とＮＰＯに関する相談業務であるという。

「情報の収集と発信」

＜情報収集事業＞

・ＮＰＯ関連情報拠点に関する調査と関連資料の収集

・ＮＰＯ関連の各種ディレクトリー収集

・主要なＮＰＯ活動内容に関する情報の収集と分類

・各都道府県の法人認可申込関連資料などの収集

・当センターの会員ＮＰＯ、企業の情報収集と分類

＜情報発信事業＞

・ニュースレター『情報の広場』発行（２０００部）

・情報クリップ発行

・ホームページの開設と強化

・『ＮＰＯ基礎講座』全３巻発行

「コンサルティング＆コーディネーション」

＜一般相談事業＞

・随時、ＮＰＯ関係者や企業の社会貢献関係者、自治体の市民活動関係者などに対応

・とくに開発企業からの相談が増加していて、日本損害保険協会や安田火災環境財団などは受託事業にまでつながる。

＜「ＮＰＯ　何でも相談する日」の開催＞

・ＮＰＯ法人に関する相談窓口を開設し、集団面談による月２回の定期相談実施

情報の「発信」というネーミングが異彩を放っている。収集された情報を多くの市民団体に向けて配付するのだ。「情報クリップ」という名称も楽しい。これまでに製作された「情報クリップ」としては、『NPO基盤整備のための支援センター連絡先一覧』や『都道府県のNPO担当窓口一覧』などがある。関係者にとっては非常に有益な資料ばかりだ。『NPO　何でも相談する日』も興味深い。

1カ月間の相談件数は10件を超えず、ニュースレターの配布も2000部にしかならない。このように小規模ではあるけれど、くふうが光る。それに、たえまなく収集されて加工され、提供される情報は、数多い市民団体の誕生と成長の滋養分となっている。

「ネットワーキング」と「交流・研修」のプログラムを見てみよう。

「ネットワーキング」

＜訪問によるネットワーキング＞

・北海道、茨城、千葉、神奈川、長野など、各地の関係者のネットワーキングをうながすため、積極的に訪問し、説明。

＜NPOサロン開催＞

・数カ月間にわたる第4金曜日の夜、NPOに関する自由な懇談の場としての会員交流。

例：①日本文化とフィランソロピー

②『NPO基礎講座』3部作の著者と語る

＜各種委員会へのスタッフ派遣＞

・各地のNPOや自治体の各種委員会に事務局のスタッフを積極的に派遣。

＜NPOスタッフと企業の社会貢献担当者の名刺交換会＞

＜米国政府による招待＞

＜米国デラウェア大学による招待＞
・ＮＰＯ関係者17人訪問

「交流・研修」
＜聴くシリーズ＞
・企業の社会貢献担当者から聴くシリーズ
・ＮＰＯ創設者から聴くシリーズ
＜ＮＰＯ塾——実践講座＞
＜講師の派遣事業＞
＜ＮＰＯフォーラム99東北会議＞
＜地域巡回フォーラム＞
＜各地支援センタースタッフのための特別研修＞
＜国際交流基金・日米センタープロジェクト事業協力＞
＜共同主催・協力事業＞
・支援財団の歴史的評価を考える
・雇用対策とＮＰＯを考える意見交換会
・特別講演会：ＮＰＯの発展に必要な資金源は？
＜委託事業＞
・ＮＰＯ法人格取得のための連続学習講座（安田火災環境財団）
・ＮＰＯ法人格取得のための集中学習講座（右同）
・ボランティア体験セミナー（日本損害保険協会）

「聴くシリーズ」に招かれた企業

第１回	日産自動車の社会貢献活動
第２回	社員が投票で決める募金活動——朝日生命の事例
第３回	小銭で取り組む社会貢献——富士ゼロックスの事例
第４回	問題解決型の社会貢献——日本ＩＢＭの事例
第５回	さまざまな出会いをいかす社会交流——大成建設の事例
第６回	本業の延長線上における社会貢献——富士急行の事例
第７回	街づくりを通じた社会貢献——三菱地所の事例
第８回	ＮＰＯとの連帯を軸にした社会貢献——安田火災の事例
第９回	時代の動きと企業の社会貢献——アサヒビールの事例
第10回	社会参加の橋渡しをめざして——明治生命の事例

「ＮＰＯサロン」や「ＮＰＯ塾」は、ＮＰＯ関係者をいかに訓練し、その理解度を高めるかという問題意識の産物。「名刺交換会」もおもしろい発想だ。やってくる人を座して待つだけでなく、みずから地域をまわって情報を提供するというのも新鮮だと思う。

「聴くシリーズ」も、自己主張ばかりの世の中にとってよいことだ。企業関係者やＮＰＯ創設者の話を聴くことは、市民運動関係者にとってさまざまな面で役に立つことだろう。「聴くシリーズ」に招かれて発表した企業の例は上の表のとおりだ。

また彼らは、収集された資料と人的なネットワークを通じて得られた経験をいろいろな形に加工し、調査や研究したものを出版物として世に出している。そのうちの一部を紹介したい。

＜自主調査事業＞
・日本のＮＰＯ
＜委託による調査研究＞
・ボランティア・ガイドブックの作成（日本損害保険協会）

・世界遺産に関する企業の社会貢献（トヨタ自動車・環境部）
・市民公益活動ガイドの作成（千葉市市民局）
＜他団体の調査研究への協力＞

以上のことから、日本の大きな市民団体の大部分は、政府や企業と深くかかわり合っていることがわかる。政府や企業から資金の提供を受けて委託事業を運営するなど、日常的に支援を受けて、政府や企業とパートナーシップを形成しているのである。

来る日も来る日も政府や企業とケンカばかりしている韓国の市民団体からすれば、政府や企業とパートナーシップを結ぶなんて理解しがたい。けれど、韓国にもそんな日が来ればいいのに。

貧民街の聖者、渡辺牧師

「カラバオの会、人権賞の受賞を辞退」という新聞記事を読んだのは1996年12月20日のこと。横浜の弁護士が創設した人権賞の第1回受賞者に選ばれた「カラバオの会」が、選考委員のひとりである櫻井よし子の従軍慰安婦に関する発言（注①参照）を問題視したことが発端。……これまでの活動や一貫した主張と強い正義感から、直感的に「快挙」であると感じたのはわたしだけだろうか？

10月5日、木曜日。ある雑誌に載っていた記事の切り抜きを手に、本日の主人公である渡辺英俊牧師に会うため、早朝から横浜へ出かけた。かつて韓国でも、軍事独裁者に協力した人も含まれているという理由で、政府からの受勲を拒否したイ・ヒョジェ（李效再）教授の「爽快な」ニュースが報じられたことがある。横浜に向かう電車の中で渡辺牧師の記事を読み、わたしは同じようなすがすがしさを覚えた（注②参照）。

普通ならファックスで略図を送ってきそうなものだが、この人は「どうしても自分が駅まで迎えにいくので、着いたら電話をしなさい」といった。

電話をしてから7分ほどたっただろうか。小柄だが、がっしりした外見の渡辺牧師が現れた。すでに写真を見ていたので、すぐわかった。事務所へ向かう途中、彼は町を案内してくれた。彼が働いているのは寿町《ことぶきちょう》というところだ。

大阪の尼崎《あまがさき》、東京の山谷《さんや》についで日本で3番目に大きい日雇労働市場。横浜スタジアムと中華街に近い、約250平方メートルの区域に90カ所以上の簡易宿泊所が密集し、日雇労働者をはじめとする約6万5000人が暮らしている。毎朝取り交わされる「求人」と「求職」の契約によって港湾や建築現場で働くが、高齢者や病人、労働災害による後遺症のため、働けない人も少なくない。

なるほど、そのとおりだ。あるチラシに書かれたこの説明は、むしろおとなしいほうだ。すでに午前10時を過ぎたというのに、道端やビルの入り口のあちこちで眠っている人、店先で酔っぱらっている人がたくさんいた。捨てられたままの錆《さ》びた自動車、一部屋きりとおぼしき蜂の巣のような住居が

①櫻井よし子は日本の右翼を代弁する代表的なジャーナリスト。問題の発言とは、慰安婦は日本国家によって強制的に連行されたのではなく、みずから売春婦となったというものだが、これは日本軍慰安婦の名誉をいちじるしく踏みにじるものであると、渡辺牧師のグループは反発した。
②彼は後日わたしに、自分がまごまごしていると、いっしょに働いている若い友人たちから「そんな賞をもらってはいけない」と言われて決断したのだと謙遜した。しかし、そんなよき友人をそばにおくだけでなく、彼らの助言を聞き入れたのは本人ではないか！

横浜の寿町の路地には、殺人事件の犯人を捜す立て看板があり、寒々しい雰囲気。

連なっている。

道路の脇には、数日前に起きた「殺人事件の犯人を探している」という警察署長の貼り紙がそこここにある。「写真撮影お断り」という注意書きもあった。

ひとことでいって、完全に見捨てられた町だ。みすぼらしくがさつな様子は、ここが別世界であることを物語っている。繁栄と華やかさ、清潔なことで定評のある日本に、こんなところもあるということが信じられないくらいだった。

渡辺牧師の事務所は、まさにそんな地域のど真ん中にあった。まるで砂漠のオアシスのごとく。彼が市当局と交渉した結果、さまざまな福祉関連の団体も同じ建物に入居している。

2階はアルコール中毒者治療所、3階は精神疾患者の宿舎、6階はカナン教会、そして7階がカラバオの会の事務所だ。

渡辺牧師が運営している「カラバオの会」は、フィリピンをはじめとする世界各国の労働者の人権を保護するために設立された団体。「カラバオ」は、フィリピンのタガログ語で「水牛」を意味する。外国人労働者問題が表面化する前の１９８７年に団体がつくられたのだから、問題の深刻さをすでに予見していたわけだ。

月給をピンハネされたり搾取されたりした労働者、傷害を負いながらも補償は受けられず保険もない労働者、不法滞在者のレッテルを貼られて行き場のない労働者……。そんな気の毒な労働者たちの権利のために、この団体を立ち上げて以来、彼は駆けずりまわっている。

日本にいる外国人は１９９９年現在１８０万人に迫っているが、永住権の保障された「特別永住者」は減少する一方で、外国人労働者は増えつづけている。移住労働者のために活動している団体は日本全国で90あまり。彼らは全国連絡会議を組織し、効率的に対処している。

カラバオの活動を地元の会員３００人が支援しているが、それでやっと幹事ひとりの給料と活動費を捻出できる程度で、渡辺牧師は無報酬だ。信徒が20人にすぎない教会からの収益も望めない。現在67歳の本人は、老齢年金でやりくりしているのだ。

渡辺牧師は老齢年金をもらっているとはいえ、気持ちはいつも熱血青年だ。若いころは安保闘争にも熱心に参加し、一時は共産党員として活動したこともある。しかし、暴力に傾く共産党に幻滅し、神学へと方向転換した。

ところが一般の教会活動では相変わらず何の希望も見つけられなかったので、今度は民衆神学を受け入れた。日本の教会はたいていが住宅地にあって中流層を対象としていて、彼らの個人的な悩みを聞く役割を担うだけで、社会問題には大した関心をもたない。だからこそ、日本でもっとも絶望的な場所であるここに定着する決心をした渡辺牧師は特殊な例に属す。

他方で彼は、在日韓国・朝鮮人問題に対して、積極的な支援を惜しまなかった。彼の父親が日本帝国主義時代に韓国の光州で特高警察をしていたことへの責任感から、在日を支援するようになったという。父親の生前、この点に関して謝罪させられなかったことを今でも残念がっている。

いつも日本社会の最先端に立って世の中の正義や公平さのために闘ってきた人、絶望のただ中で希望を生み出す彼は、「横浜の聖者」であるような気がした。

大いなるバックアップ、かながわ県民センター

次の約束までに2~3時間の余裕があったので、かながわ県民センターに立ち寄るチャンスにありつけた。横浜駅から300メートルしか離れていない、巨大なビルの全体が市民の活動空間だった。専用面積の合計は、3540平方メートル。想像してみてほしい。このすべてが市民の活動を支援し、市民団体への便宜を提供するためにあると。

市民団体にとっては、それこそ天国だ。膨大な情報資料はいうまでもなく、会議空間、コンピュータ作業空間、そしてこれらを支援するための公務員によるサービスシステムが徹底的に備えられている。専用の事務所をもたずとも、ここで会議を開いて討論したり備品を使用するなど何でもできる。驚くばかりだ。これで市民運動がうまくいかなかったら、ここの活動家はしかられてもしかたない。

早川英治さんという主事の案内で、1階から見てまわった。正面の扉を入ると、受付の真上に大きな案内表示があり、各階別における機構の編制と役割はもちろんのこと、会議場の会議テーマなどについて詳細に説明されている。

入り口には共同募金の案内板が備え付けてあり、ここが行政とはほど遠い場所であることを想起させてくれる。右側は、「ともしび商品コーナー」という売店。ここでは、地元の障害者たちがつくった各種の芸術品や品物が売られている。

その横にある食堂の名前も「ともしび喫茶店」。収益の全額が障害者のために使われるそうだ。こ

のような店舗が神奈川県にはさらに4カ所あり、たくさんのコンビニや公共機関には募金箱が備えつけられているという。

ここではみんな障害者を従業員として採用し、障害者の雇用効果も上げている。すべての売上は「ともしび基金」におさめられ、この基金で多様な障害者支援事業を展開している。たいへんいい考えだ。ここで遅めの昼食をとった。

2階には県民の声と相談室、そして横浜市広報課の事務所が設置されていて、苦情や相談などに対応している。3階から5階までは全部会議室として利用されるが、満室にならないかぎり、だれでも事前に連絡をすれば夜遅くまで使用できる。ここには会議室だけでなく、周囲には飲み水やコピー機などの設備も整っている。とくに5階には、生涯学習情報センターもある。

6階から11階までは、県民活動サポートセンター。6階と7階は、小さな会議室で構成されている。また、6階には中央消費生活センターがあり、消費者問題に関する資料が備えられていて、消費者団体の活動が行なわれている。8階は、支援業務に取り組むための公務員たちの実務空間。運営サービス課（6人）、交流サポート課（9人）、情報サポート課（6人）に分けられ、所長と副所長、部長を含めて25人の公務員がここで働く。

この県民センターは、年中無休で夜の10時まですべての設備を利用できる。年中無休であるゆえ、公務員は3交替で勤務する。市民の便宜のためにたいへんな苦労だ。

早川さんも「ここで働くことになってから、市民団体関係者の方々の献身や情熱に感動し、自分の人生も豊かになるようでいいのだけれど、日曜日も出てこなければならないことが多いのでちょっとたいへんだ」と白状した。

9階へ上がろう。足を踏み入れてみたところ500坪はありそうだったが、中央に受付があって右側には資料室、左側には会議室や多目的室、コピー室などがある。各種団体のパンフレットやニュー

かながわ県民センターのボランティアコーナー。各種のボランティア情報であふれている。

スレター、イベント案内のチラシなどの資料が、それこそ山積みされている。1枚ずつ全部もち帰りたかったけれど、そうするにはトラックの1台も借りねばなるまい。

コピー機の使用は、用紙さえ持参すれば無料だという。もちろん、市民活動に関するものに限定される。そのほかにも、印刷用紙の裁断機や大型ホチキス、ファックスなどの設備や文具が用意されている。自分の所持品を保管することのできるロッカールームもあった。ソファやテーブルが適切に配置されていて、どこでも話し合いや文書関連の作業が可能だ。

10階は「ボランティアサロン」という自由空間。だれでも、どんな目的でも使用可能だ。会議もできれば作業室にもなる。ボランティア活動に関する各種の案内や情報も提供される。一方の資料掲示板には、先ごろの地震で島民が避難生活をしている三宅島に関するボランティア活動の案内チラシがびっしりと貼られていた。

11階は情報相談コーナーで、ここでは市民団体を経験した人たちが、市民団体の組織や住民活動の方法、情報検索などに関する専門的な助言をしてくれる。もちろん、この人たちもボランティアだ。12階から15階までは「神奈川県福祉プラザ」だが、神奈川県社会福祉協議会が委託を受けて運営している。全体的な運営費用と一般的な業務領域の範囲内ではあるけれど、具体的なサービスや運営は独自に行なう。

ここではボランティアに関する相談、障害者団体やそれらを支援する地元団体の組織と運営、プログラムに関する相談、福祉用具、住宅の改造相談、福祉用具の常設展示場と福祉用具工場の運営に関する相談、福祉用具の地域展示会開催、各種情報の提供を担っている。

わたしを出迎えてくれた高橋元央さんという若い社会福祉士が、自分の業務について親切に説明してくれた。大学で彼が専攻したのは社会福祉ではなかったが、勉強し直して試験に合格したのだそうだ。

県庁で働く社会福祉士は合計90人ほどであり、このプラザで働く人は9人。月給は、県庁から支払われる。横浜市を含めてほかの市にも社会福祉士は多く、これらの機関との間では人事異動などがあるそうだ。

「自分たちは行政機関に勤めているので、どうしても独立性の面では限界があり、民間の組織がその隙間を埋める形で、おたがいにこの社会の福祉を増進させている」と率直に語った。

ここに来てみると、たしかに日本の市民運動はすでに少数の市民運動家だけの固有領域ではないことがわかる。だれもが小さな組織をつくり、参加し、ボランティア活動をすることが日常化している。あらゆる種類の数えきれない団体がつくられて活動しているのだ。

たくさんのイベントや集い、会議が毎日毎日開かれている。ボランティア・フェスティバルが開かれているかと思えば、市民活動フェアが開催される。そうして、あれだけの情報が生産されるのだ。

このすべてを可能にしてくれるのが、このような施設やプログラムだ。日本の市民運動はすでに巨大なインフラを形成している。あちこちでヒヨコが誕生する巨大な孵化《ふか》場を見てまわった思いだ。

トヨタ財団、時代の変化をつくる

新宿の巨大なビル群をかき分けるようにして訪ねて行った先は新宿三井ビル。入り口からして芸術だった。中に入ると、その建築様式で受けた数々の賞の記念碑が壁面に飾られている。37階のトヨタ財団。常任理事兼事務局長の黒川千万喜さん。すでにアジア・リーダーシップ・フェローの歓迎パーティーで一度会っているから、おたがいの自己紹介は不要だった。

パク：いったい、どれくらいの資産をおもちですか？

黒川：1974年にこの財団を創立した当時、トヨタ自動車が寄付した30億円、1980年に追加寄付した40億円、そしてまた1995年に50億円、1998年に50億円、1999年に30億円ですが、それに利子と収益が加わって、現在の総資産は、310億5000万円ほどになります。

パク：お金を出したのはトヨタ自動車ですか、それともオーナーのほうですか？

黒川：自動車のほうです。

パク：韓国では相続税を免れるために公益財団をつくって寄付するケースが多々ありますが、そうした余地はなかったのですか？

黒川：個人が出したということではなく、会社収益の一部を寄付したわけですから、そういうことではありません。

パク：財団に対し、企業は影響力を行使するのでは？

黒川：もちろん、トヨタ自動車の寄付した財団ですから、まったく影響力を行使しないとはいえないでしょう。会長もやはり、創立者一族の身内（豊田達郎）ですから。しかし、99%は独自に動いていると申し上げられます。

この財団をつくる際、大きく寄与した前会長が、20年間の在任中に、財団には絶対に手を出させないようにした影響もありますし、また、トヨタ自動車そのものにも社会貢献チームができて、そこでさまざまな支援事業を展開しておりますので、あえて財団に要請するようなことはほとんどないのです。それに、わたしどもには、強力な理事陣や各界の著名人の方々で構成された選考委員会がありますので、独立性の伝統を確保してきたと信じております。

パク：どんな方々が理事を？

黒川：かつて日本弁護士連合会長や東京大学教授だった木村尚三郎先生が理事長を、理事もほとんど大学教授で構成されています。ちなみに、日本NPOセンターの代表理事にも、わたしどもの理事をお願いしています。

パク：トヨタ自動車からは？

黒川：現在のところは、トヨタ自動車の相談役と名誉会長、顧問の3人が入っていますが、ほぼ名誉職として考えております。

パク：それでも、どうしても影響力が及ぶのでは？

黒川：この財団は30年ほど活動してきましたので、すでに支援の領域と原則は確立されていますし、第三者的な選考委員会で支援決定がなされますので、事実上、独立していると申し上げることができます。

パク：どんな分野を支援してこられましたか？

黒川：トヨタ財団は、大きく分けて3つの分野に集中しております。研究支援と市民活動支援、そして東南アジア関連のプログラムです。主力分野はやはり研究支援ですが、「多元的価値社会の創造」という旗印のもと、多様な文化の相互理解、新たな市民社会の構築、市民社会時代の科学と技術に関する学術研究を支援することです。

市民活動分野については、実際にどなたも市民セクターの重要性を発見できずにいた20年以上も前から支援をはじめてまいりました。今年は市民活動の支援に２０００万円、市民社会プロジェクトとして市民団体や専門家たちの研究活動には、今年だけでも１５００万円を使う予定です。また、東南アジア・プログラムは、その地域で活動中の地元団体への支援と研究交流支援、インドネシアの若手学者支援、翻訳出版支援などに細分化されております。アジアの中でももっとも脆弱《ぜいじゃく》な東南アジアに持続的な支援をしているのです。

パク：そのように支援した金額はどれほどになりますか？

黒川：１９９９年に支援した金額は、３０１件で42億円ほどになります。その1年前の１９９８年には２９６件で43億円ほど、97年には２６３件に対し、やはり43億円ほどになります。増えていないのは、景気の沈滞で利率が低いためですが、経済が少しよくなりましたら、支援金も増加するものと思われます。

パク：東南アジアへの支援は、現地のＮＧＯに直接支援するのですか、それとも日本のＮＧＯを通じて支援するのですか？

黒川：わたしは、日本のＮＧＯに対していまだ十分な信頼を寄せてはいません。運営や募金の面で、まだ十分に成熟していないとみているのです。ですから、わたしどもが直接、東南アジアのＮＧＯから申し込みを受け、選考しております。

パク：信頼を寄せない特別な理由があるのですか？

黒川：ジャニックやＪＶＣには、自分だけがまともな国際協力ができるという自信過剰な面が見受けられます。最近、ＮＧＯと政府、財界の３者が共同で運営する緊急人道支援組織である「ジャパンフォーラム」というものが誕生しましたが、ＪＶＣはこれに反対しました。政府や財界の支援に対して身構えすぎる傾向があるようです。

パク：日本では「企業市民」という言葉がはやり、それに関する本も見かけますが、これはどういう意味ですか？

黒川：企業は膨大な数の従業員を雇用していますが、彼らは市民でもあります。企業が彼らのボランティア活動を支援したり、自分たちで基金を集めて市民社会に寄付するといった傾向は高まりつつあります。これをさして「企業市民」と称するようです。現在日本のある程度の企業では、おしなべて社会貢献部署が誕生しております。企業の連合団体である経団連も「１％クラブ」というものをつくり、企業が収益の１％を社会に寄付するのを奨励することによって、こうした時代的な流れをあと押ししているのです。

パク：黒川事務局長も、トヨタ自動車で長年勤務されたあとに、こちらへ移られたとか？

黒川：はい。トヨタ自動車に32年間勤めたあと、こちらへ移ってきました。７年目になりますが、はじめのころは実際、適応するのがたいへんでした。ビジネスの第一線で猛烈に生きてきた立場からすると、財団の業務はたいしたことがないような気がしましたし、ましてや研究している方々のことが一向に気に入りませんでしたので。ところが、こちらへ来てみて、ようやく研究されている方々の役割に対する理解も深まりました。とりわけ民間領域、市民運動における今後の歴史を動かすものであるという事実を知ることとなったのです。同化したわけです。今では、大いに生きがいを感じております。

話を聞いていて、いくら独立した財団といえども、やはり企業の立場を堅持しているのだなと思った。何より、自律性を強調する市民団体に対して多少否定的な考えをもっていた。

本当に完全に独立している米国のフォードやカーネギーなどの財団とくらべて、完全に系列化された状態となっている韓国の例をわたしが挙げると、彼は「それじゃ、トヨタ財団はその中間くらいになるでしょう」といった。

それにしても、彼は市民団体のイベントにはこまめに足を運ぶ人だ。韓国では、大企業の財団関係者が市民団体に姿を現すケースなどめったにない。成熟した市民社会というのは、企業にとってもたいへん重要な環境の変化だ。

韓国の企業も、消極的に引きずられていくより、そうした時代的な変化に能動的な対応をしようとする日本の事例を参照し、少しは学習すべきではないか。

ある師弟、東京市民オンブズマンを導くふたりの弁護士

四谷にある高橋弁護士の事務所を訪ねた。そこで高橋利明弁護士と谷合周三弁護士に会うことになっていた。

このふたりは先日参与連帯を訪ねて来たし、また彼らの市民オンブズマン運動の年次総会では、参与連帯のハ・スンス弁護士とホン・イルピョ幹事が発表を行なうなど、すでに交流はあった。

高橋さんは60代の熟年弁護士、谷合さんは30代半ばの若手弁護士だ。この日わかったことだが、谷合弁護士は、高橋弁護士事務所の事務員として勤務中に、司法試験に合格して弁護士となった。弁護士になってからも、高橋弁護士に影のごとく付き添いつつともに活動していて、師匠と弟子の姿を連想させる。人が縁をつくり、その縁を大切にする姿はいつも美しい。

東京市民オンブズマンをリードするふたり。右が高橋弁護士、左が谷合弁護士。

彼らはそれぞれ、「東京市民オンブズマン」の会長と事務局長を担当している。事務局長である谷合弁護士の事務所は「東京市民オンブズマン」の事務所も兼ねている。「全国市民オンブズマン連絡会議」も組織されているが、その本部は名古屋にある。本部とはいうものの、これもまた弁護士事務所にある。

「市民オンブズマン運動」は、10年以上も前に仙台ではじまったが、もっともパワフルなのは大阪だ。２００人以上の会員がいるところもあれば、２～３人で取り組んでいる地域もある。名称も、「市民オンブズマン」で統一されているわけではない。

だから、見方によってはかなりルーズでもある。しかしながら、全国各地の事情に合わせて組織され、たがいにネットワークをつくって役割を分担しつつ活動する様子は、まるでアリの世界のようだ。

高橋弁護士も谷合弁護士も、その経歴を見れば特別なことはない。学生時代に学生運動の先頭に立ったというわけでもない。高橋弁護士の場合、弁護士になったあとの1960年代に、洪水訴訟を担当して公益事件を経験したという。その当時、洪水というのは天災か自然災害とばかり考えられていたので、国家に責任を問うのはおかしなことのように思われた。

70年代は、オイルショック以降に原油価格が急騰すると石油会社は価格の談合を行なったが、これら16社を相手に損害賠償を請求した。

第一勧業銀行を相手に代表訴訟を提起したこともある。総会屋を利用した見返りに不当な融資をしたとして会長を相手に訴訟を起こし、1億円ほどの賠償金を勝ち取り、そのうちの800万円程度を成功報酬として受け取ったそうだ。

ここで興味深いのは日本の商法だ。株主代理となった弁護士が会社を代表する経営陣を相手取って、会社の損害を回復するために提訴するのが「代表訴訟」だ。この訴訟で勝訴し、ある一定の比率で会社の被害が回復する場合、弁護士には相当の費用を支給することになっている。

相当の費用とは、弁護士会の規則で定めている弁護士の報酬規定をさすが、回復金額が多い場合、それは並み大抵のものではない。このような高額の弁護士報酬が市民運動の貴重な財源となる事実は、米国でもすでに確認したしだいだ。

それだけでなく、日本の地方自治法には、住民たちが行政機関の腐敗や浪費などで不正に支出された金額を返還請求できるようになっているのだが、その際も、勝訴して返還される場合は、相当の金額を弁護士費用として支払うことになっている。

もちろん、日本の地方自治法にも問題はある。違法な支出のあった日から1年以内に請求をすることとなっているのだ。公職者がいちようにかくしたがることを、住民は1年以内に察知して請求しろだなんて話にならないという不満が噴出するのもうなずける。

加えて、「法的解釈」によって、その可能性すらいっそう狭めてしまう判事たちがいる。高橋弁護士の表現をそのまま借りれば、「殴ってやりたい」のだそうだ。それでも、こうした制度のあること自体、公職者の腐敗や浪費を防ぐのにたいへんな威力を発揮していることはいうまでもない。

1、被告株式会社タクマは、東京都に対して金138億4914万250円と、これに対する1994年7月1日から完済するまで、年5分の比率による金員を支給すること。

2、被告日立造船株式会社は、東京都に対して金68億8509万6750円と、これに対する1998年4月1日から完済するまで、年5分の比率による金員を支給すること。

3、被告三菱重工業株式会社は、東京都に対して金70億5678万500円とこれに対する1995年3月10日から完済するまで、年5分の比率による金員を支給すること。

4、被告日立造船株式会社は、東京23区清掃一部事務組合に対して金29億9013万7500円と、これに対する1998年4月1日から完済するまで、年5分の利率による金員を支給すること。

これは、記載の被告企業らが談合して、焼却炉工事を進める過程で東京都に及ぼした財政上の損害賠償を求めて、最近ふたりの弁護士が、東京の一部住民を代表して起こした住民訴訟だ。

これらの金額には、弁護士報酬の15億円ほども含まれている。韓国の通貨に換算すると150億ウォンにはなるのだから、莫大である。成功報酬を受け取ったら財団をつくって、少しは参与連帯も支援してくださいよとおどけていったら、当然そうするつもりだという。

しかし、それより先にまずは「市民オンブズマン財団」をつくりたいそうだ。彼らの勝訴を祈らなければ。

「市民オンブズマンは、われわれの敵である。しかし、必要な敵だ」——浅野史郎宮城県知事
「市民オンブズマンは平成の自由民権運動だ」——佐高信

1998年に開かれた第3回市民オンブズマン全国大会のスローガンは、「日本を洗濯する」というものだった。これをタイトルにして出版された本の帯には、上記のような推薦文が掲載されている。市民オンブズマン運動は、情報公開という武器にもとづき、これまで日本の行政機関で慣行とされてきた官官接待やカラ出張の費用、公共工事の談合などを暴露し、是正を要求してきた。

こうした運動は、日本列島に大きな反響を呼び起こし、全国各地で運動組織がつくられた。全国の市民オンブズマン組織は1年に1度の全国大会を開催し、全国地方自治体の情報公開の度合いをランクづけして公表している。

全国の自治体にとっては名誉にかかわる問題なのだから、たいへんな圧力とならざるをえないだろう。

民族の離散、悲劇の中の希望の糸口

わたしの家族が外国を旅行するとき、わたしたちは特別な経験をしなければならない。わたしの妻と娘は日本国籍で、わたしと息子は韓国国籍であるからだ。出国または入国審査台を通過するたび、担当公務員は納得しかねるようだ。どうして一家の国籍がちがうのかと首をかしげる。実のところ、他人ばかりでなく、わたしたち自身も理解できない。しかし、それが現実だ。

カン・サンジュン（姜尚中）教授。韓国からの移民二世として熊本県に生まれ、早稲田大学を卒業し、現在は東京大学の教授をしている。日本で最高の名門国立大学の教授として有名になったが、それ以前から、つねに少数民族としてのアイデンティティーに関する苦悩に満ちた文を発表して著名であった。

10月6日、金曜日。本日フェローたちのために招かれた講師は、このカン教授だ。講義は冒頭に引用した彼の個人的な苦悩の話からはじまった。同じ立場に置かれなくては、容易に理解できるたぐいのものではない。

日本の社会は差別と排除の閉じられた社会であるというのが、彼の分析だ。性別によって女性を差別し、民族によって在日朝鮮人とアイヌを差別し、身分によって部落民を差別してきた。ひとつの国家、ひとつの民族を強調することによって国家のアイデンティティーを確立する政策だったのだ。

戦後も、このような政策は本質的には変わらなかった。在日朝鮮人たちは相変わらず差別と同化というふたつの圧力と苦しみにさらされねばならず、戦後の日本における活発な社会運動も、こうした差別の構造には取り組まなかった。

在日朝鮮人は、まさにこのような巨大な差別構造との闘いによって、みずからのアイデンティティーを確立できた。皮肉な話だが、アイデンティティーを確認させてくれた構造でもあったわけだ。

しかし、カン教授の分析によると、持続的な国際化とともに日本の社会も変わりつつある。もはや単一の国家と民族であることを強調する国家主義はだんだん弱体化してきているだけでなく、境界が取り払われた情報の流れは、これ以上、閉じられた差別の社会を維持させてはくれないからだ。

もちろん、国際化によるこのような日本の国家主義的アイデンティティーの危機は、右翼の再登場をもたらす原因ともなる。

彼の講義が示唆する点は、分断された国家、中国やソ連などの各地に散らばった民族、国籍や言語、文化の面で多様性を備えるようになった韓・朝鮮民族の特別な役割だ。

植民地時代に中国とソ連に移住した朝鮮人たちと、極東ロシアからさらに強制移住させられてユーラシア大陸の少数民族となって苦難を強いられた「カレイスキー」を冷戦後に発見したことで、カン教授は大いなるインスピレーションを受けたようだ。

講義中に彼は、「離散」という言葉を多用した。在外韓国・朝鮮人は、少数民族に特有の歴史的な経験から、地域社会を普遍性のある開放的な社会に築き上げるための触媒となりうると考えていた。それは「民族大団結」という通俗的な結合ではなく、単一民族の幻想にもとづく東アジア社会の緊張と対立をほぐす重要な役割をさす。19世紀と20世紀を風靡《ふうび》した国家主義的なパラダイムからの脱皮を意味するものでもある。

おもしろい発想だと思った。実際、在日朝鮮人という存在は、日本の社会が開かれた多民族社会について考えるようになる原点だといえる。

アジア太平洋資料センター、日本の進歩的な知識人のアジア前進基地

夕方には、大橋教授とともにアジア太平洋資料センター（PARC）を訪問した。この団体は韓国の知識人たちにも広く知られており、日本の進歩的な知識人の多くが参加している。団体の英文機関誌『AMPO』も有名だ。

事務所に入ると、ひとりの女性職員がなつかしそうに話しかけてきたが、さっぱり思い出せない。わたしにインタビューをしたと彼女が差し出した雑誌を見ると、わたしの記事が大きく載っていた。

ようやく思い出した。彼女に会ってインタビューを受けたあと、何度か電子メールの交換もしたことがあったのだ。前田美穂さんという方だった。わたしの記憶力はこんなにもあてにならない。

アジア太平洋資料センターは1973年に誕生したのだから、NGOとしては歴史が長いほうに属する。現在、市民運動家やジャーナリスト、教授など、おもに知識人たちで構成された700人あまりの会員が全国的に分布している。

彼らは南北（先進国と後進国）問題の根本的な変化と、民族間の平和や連帯をめざしている。とくに日本を含む先進国の政府と企業によって、暮らしと環境が破壊されている開発途上国の人々とのつながりに焦点を合わせている。また、それは日本の「民主化」を通して可能であるとする前提のもと、日本人の意識化も主要な活動領域としている。これが、あの自由学校を運営させることになった動機だ。自由学校について、こう描写している。

自由学校は人をつなぐ学校です。縦割りの社会に新しい横の関係をつくる、いきいきとした人間の学校です。出会い、体験し、またおたがいの経験から学び合いながら自分を変えていくところです。ここにオルタナティブな社会をつくり出す原動力があります。

これならだれだって来たくなるにちがいない。『PARC自由学校2000』という冊子には、2000年の講義内容が全部入っている。年間の講義日程がすべて決まっているということは、それだけ準備が徹底しているということだ。

PARC自由学校の内容は非常に多様でたくさんあり、まるで韓国の高級デパートやマスコミなどが開催するカルチャースクールのようでもある。しかし、それらの観点とはまったく次元の異なるものであることは、次を見ればわかる。

「コミュニケーションのための英語」

1・2　カインの初級英会話（朝・夕方）

3　テレサの英語ワークショップ（平和と正義）

4・5　海外NGO資料を読む（朝・夕方）

6　NGO活動のための英会話

7・8　翻訳教室——英語から日本語へ、日本語から英語へ

「アジアの言語入門講座」

9・10・11　インドネシア語、タイ語、韓国語

「表現する、コミュニケートする、人生を豊かにする」

12　現代短歌を読む、朗読する

13　シルクロードの響き——胡弓《こきゅう》教室

14　沖縄八重山《やえやま》のしらべ——島唄、三線

15　開発教育ワークショップ——グローバリゼーションを読む

16　みんなでつくる演劇ワークショップ

17　自由の歌——「ゴスペル」ワークショップ

「市民がグローバリゼーションを包囲する」

18　グローバリゼーションもナショナリズムも飛び越える——グローバルな社会運動をめざして

19　平和をつくり出すために――戦争論
20　危機をチャンスに――ともに暮らし働く場、経済のオルタナティブを提案する
21　国際ＮＧＯ活動入門講座――平和をめざすグローバル・アクション

「しっかり学ぶ、考える、議論する」
22　環境問題序論――21世紀、問題をどのように終わらせるか
23　セミナー――北沢洋子の国際ＮＧＯ論
24　セミナー――「もう一つ」の社会をめざす市民の戦略
25　セミナー――英文精読――武藤一羊とベネディクト・アンダーソンを読む
26　セミナー――テマリオ・リベラと英語で学ぶ東南アジア
27　セミナー――入門・検証　日本のＯＤＡ
28　映像で訪ねる現代史――ご存知ですか？

「地域を学ぶ」
29　アジアの新時代――アジアの中の日本の進路を考える
30　インドネシア――不安定な国インドネシアの現在
31　グローバリゼーションと米国
32　変化する朝鮮半島――歴史と現在　わたしたちはどのようにかかわっているか

「技術を身につけましょう」
33　読みたい本をつくりたい！――編集者のための実践講座

34　初心者のためのホームページ作成講座
35　書くことを鍛錬する――ジャーナリスト入門講座
36・37　腕を磨く――写真教室（初級編・中級編）

「歩く、見る、聞く、発見する」
38　現場から考える日本
39　「身土不二」を食べる――海・山・畑の料理の達人を訪問する旅
40　子どもたちと森林体験！――森を見る、歩く、触れる
41　山や谷に暮らす人々と地域を訪問
42　東京で農業を

これは一覧表にすぎない。この42の講座は、さらに5から10の講義に細分化される。また、2～3カ月の講義もあれば、1年中続く講義もある。市民団体の講義としては手がたいほうだろう。

しかし、アジア太平洋資料センターのよりいっそう重要な事業は、英語でつくられる機関誌『ＡＭＰＯ』の発刊だ。アジア太平洋資料センターの創立以前、１９６９年からすでに存在してきたこの雑誌は、民衆的な観点から、アジア・太平洋地域の流動的な様子をよくとらえてきた。

さらに、アジア太平洋資料センターは、多くの資料を収集して展示し、供給している。これには数十種類のビデオ資料も含まれる。

ちょうど今日は、アジア太平洋資料センターの理事会が開かれる日だった。おたがいに自己紹介を交わしたのだが、いちように好感のもてる人々だ。つねにオルタナティブを考えつつ、数十年間の活動をしてきた彼らの粘り強さと人間的なおもざしが、人と事務所にしみ込んでいた。

国際協力団体はみんな集まれ

耳を傾け、聞いてごらん
目を開け、見てごらん
「レンコ」（日本ラテンアメリカ協力ネットワーク）に入ってきてごらん

10月7日、土曜日。日比谷公園では、こうしたスローガンが人々を引きつけていた。日比谷公園はテントで覆われたかのように見える。数百を超えるブースが設置されていたのだ。「官」も「民」も入り交じっている。

「官」の側の主催は、日本の外務省をはじめ、事実上政府機関ともいえる日本国際協力銀行、国際協力推進協会、青年海外協力協会、国際協力事業団。「民」の側の主催はジャニックと開発教育協議会。民官合作のイベントというわけだ。

国連広報センターを含む国連機関だけでも10以上は参加していた。日本の国力の現状を見る思いだ。

すべてのブースがあらゆる手だてを動員して人々を呼び込んでいた。リーフレットや案内のチラシは当然のこと、募金箱や貯金箱をしつらえて置き、即席募金も行なっている。くじ引きや競売などで、行き交う人々の関心を引いたりもする。ＮＧＯの活動対象となっていない国はないと思えるほどだ。100を超すＮＧＯのブースを全部見てまわったら、3～4時間はかかった。

ヨーロッパと北米を除いては、アジアからアフリカ、ラテンアメリカの大部分の国が含まれている。ほとんど例外なく、それぞれのＮＧＯが活動している国々の民俗工芸品などを陳列して売っている。

テントでいっぱいの日比谷公園、「国際フェスティバル2000」。

屋台の集まっている一角では、自分たちが支援している国の食べものなどを直接手づくりして売っていた。

　十数年前に「国際協力フェスティバル」がはじめられた当初は政府機関が主導し、市民団体は参加しなかったが、5～6年ほど前からNGOも参加しはじめたという。

　そこで会ったメコン・ウォッチという団体の、若い専従である福田健治さんがいうには、自分たちの場合は、2日間もブースで働けるスタッフがいなかったので参加できなかったそうだ。

　メジャーな団体はほとんど参加するけれど、参加しない団体は参加している団体よりも相変わらずずっと多いだろうと断言した。政府の主導するイベントには、参加したがらない団体が多いというのだ。そしてヤマハのブースを指さしながら、「ああいう会社も、国際協力に貢献するって参加しているんですから」と、皮肉っぽく笑った。

　午後2時ごろ、このイベントを主催しているジャニックの伊藤事務局長といっしょに、遅めの昼食をとった。「政府とNGOはつねに緊張した関係にあることは事実だが、いっしょに取り組むべきときはそっぽを向くわけにもいかないではないか」と、彼は抗弁した。

ジャニックのような団体は20年を超す長い歴史を誇っているけれども、いまだに会員数は数千人にすぎない。しかし郵政省の国際協力基金のようなものは、はじめの3カ月間で600万人、そしていまや2800万人が参加するほどになっているのだから、政府のイニシアチブを否定しえないという。「いまだに日本国民は市民団体よりも政府を信頼している」という現実を苦々しく思っているような表情だった。このイベントは、主に東京とその周辺で活動している団体が中心で、関西地域では年に1回別途開催されるそうだ。

こうしたイベントが一般の市民たちに地球的な視野をもたらし、国際社会のために活動するNGOを身近な存在にしてくれることはまちがいない。実際午前11時を過ぎるや、市場に様変わりした。子ども連れや散歩に出かけてきた夫婦、ぶらぶら歩くお年寄りたちも、みんなあちらこちらのブースをのぞき、ところどころで開かれているイベントにも参加していた。とくに、入り口に設置されたブースで国際協力に参加する方法について、若者たちの相談する姿が目立った。そして、市民団体の活動家同士も久しぶりに再会し、情報交換をしながら学び合ういい機会になりそうな様子だ。

東ティモールのための運動を展開している古沢希代子さんという方にも会った。大学教授となった現在も変わらず運動に参加している姿が好もしかった。また、アムネスティのブースでは、80年代にいっしょに活動した友、アムネスティ日本支部の岩井誠さんが司法試験に合格して、目下司法研修中であるという便りも聞くことができた。

一日中、このフェスティバルではいろいろなイベントが開催された。本部席のほうでは国際活動の体験紹介や緊急救難実習などが繰り広げられ、反対側のステージでは各国の民族衣装のファッションショーが開かれていた。ワークショップのテントでは、あらゆるテーマの討論がつづいている。

「国際協力フェスティバル」が開かれている日比谷公園の別の場所では、日章旗をひるがえした極右勢力が軍隊式演習のようなことをしていた。

明日までつづくこのイベントでは、子どもとお母さんがいっしょに楽しむクラス、民族楽器のミニコンサート、有名人たちによる「はじめましょう、国際協力」というテーマのトークショー、ワールドミュージック・ライブがそれぞれ催される予定になっている。

ひとことでいって、国際協力を中心とした団体のお祭りなのだ。

日本の市民団体は、同じ分野の団体同士でネットワークを構築して協力し合う。たとえば、インドネシア問題に取り組む数十団体は、「インドネシア民主化支援ネットワーク」を構築し、相互協力と活動調整を通じて運動の効果を高めている。インドネシアの民主化を支援する団体がいったい韓国にはいくつあるだろう。

とりわけ、日本の団体の持続力は評価に値する。ちなみに、先述した東ティモールの支援団体を運営している古沢さんに、今も活動しているのかとたずねた。東ティモールはすでに独立したけれども、困難にさらされている市民社会の建設のため支援を続けるつもりだ、と彼女は答えた。

第4章　息長く粘り強い人たち

企業と芸術活動のかけ橋、企業メセナ協議会

「メセナ」とは、芸術文化に対する支援を意味するフランス語である。語源は古代ローマ時代までさかのぼるが、マルクス・アウレリウス帝統治下で、芸術振興に熱心であったメセナという貴族の名前に由来する。

10月10日、火曜日。「社団法人企業メセナ協議会」を訪問した。日本のメセナ活動はすでに成熟段階に入ったといえよう。不況の沼から完全に抜け出せずにいるため、金額は前年度にくらべていくらか減ったものの、メセナ関連活動は増えつづけている。企業メセナ協議会が１９９９年、全国の成長企業と協議会会員企業２５１１社を対象として調査した結果、明らかとなったメセナ活動内容は以下のとおりである。

・該当企業４６４社中、実施企業は２６６社（今までの最高記録）
・１社あたりの平均メセナ活動件数は６・７件
・１社あたりの平均メセナ活動費は1億２２８万円
・50・４％の企業が、広報関連部署でメセナ活動を担当。文化・社会貢献を専門にする部署も増加
・42・７％の企業が、地域文化の発展と地域社会に対する寄与を会社のおもな使命として認識

日本はまさに「白書の天国」である。案にたがわず、この協議会の事務局長の角山紘一さんがもち

出してきた『メセナ白書』も必見に値する。

１９９１年から発刊されているこの白書は、「世界のメセナ（１９９５年）」「企業の文化的施設（１９９６年）」「企業による芸術賞と競演プログラム（１９９７年）」「地域別に多様化するメセナ（１９９８年）」「芸術家の観点から見た企業の芸術支援（１９９９年）」などを特集としている。

４００ページを超えるこの白書には、メセナと関連したそれこそあらゆる種類の情報がすべて含まれている。一般メセナ関連情報はいうまでもなく、個別企業のメセナ現状と世界各国の動向がこと細かに記されている。

日本の企業が特別にメセナに関心をもちつづけ、重要な役割を果たしてきたのには理由がある。１９８８年、日本とフランス政府の間でもたれた第3回文化会議を契機として、京都で文化庁と朝日新聞社主催による「企業と文化」というテーマの会合が開かれ、サントリーやワコール、資生堂などの有力企業とフランスの経済人たちが1カ所に集まった。このとき、日本の企業はフランスの企業が行なっている文化支援に深い印象を受けた。当時世界は日本に対して「経済しか知らない国」という批判の矛先《ほこさき》を向けていた時期であったのだ。

結局これが刺激となり、１９９０年2月、正式に企業メセナ協議会が組織され、今年で10周年を迎える。

企業が自社の営業基盤である地域社会で文化芸術活動を支援する場合、営業にも有利に作用するという認識が浸透し、それにともなってメセナも拡大していった。広報関連の部署がメセナを担当する会社が多いのはそのためである。

しかし、今は企業の利益と関係なく、定期的にメセナ活動をする企業が増えている。また、効果的に芸術を支援するために企業が共同で募金をし、そのお金をメセナ協議会に一種の指定寄託をすれば、メセナ協議会が個別の芸術団体や特定のプロジェクトに伝達する制度も導入された。この場合、免税対象にもなるため、この上なくよい制度である。

日本の財団の総本山、助成財団協会

午後1時。日本助成財団協会に入ると、浅村裕専務理事は、ぶっきらぼうなあいさつも早々に、日本政府に対する批判をはじめた。かなりお年を召した方であるが、官僚に対する不信がはなはだしかった。

かつて日本政府は、経済や安保、福祉、教育など、すべてをもっとも上手にこなしているという神話があった。ゆえに、これらすべてのことは日本政府に任せろという話もあったほどだ。実際、官僚は、東京大学をはじめとした一流大学を出た最高のエリートとして自負心をもち、ひどい腐敗もなく責務を果たしてきた。

しかし、不透明な政策、たえまなくつづくスキャンダル、経済政策の失敗があったことも事実である。いつしか政府にすべて任せるのは不可能であり、望ましくないことが明らかとなった。

そのひとつの例が老人に対する福祉問題である。日本の平均寿命は女性が85歳、男性が79歳で、高齢者層がだんだん増えつつある。政府の予算による支援ではとうていまかなうことはできない。息子や娘たちも仕事があるため、面倒を見ることができなくなる。

そこで最近は、地域社会がこれを受けもつ傾向が増えている。実際、一部の専門家とボランティアで構成されている社会福祉プログラムがつくられている。このような動きから、彼はこれからは第3セクターの役割がより大きくなると分析している。

日本の類型別非営利団体数（大蔵省、1996年）

類型	数
法人	26,312 (10.4%)
宗教団体	183,996 (72.4%)
社会福祉団体	14,832 (5.8%)
学校法人等	7,566 (3.0%)
その他生協、専門家団体など	21,422 (8.4%)
合計	254,128 (100%)

浅村さんはもともと日立製作所に長い間勤務したあと、85年に日立財団に移り、96年から財団協会で働きはじめたそうだ。中東やヨーロッパなどの支店長を歴任し、シンガポールの合弁会社の社長を最後に会社を辞めた。

外国での勤務経験は日本式経営や日本社会に対する反省、省察をうながすよい機会になった。彼が日本の官僚社会に対して批判的な見方をするようになった理由はここにあるのだ。

表中の財団協会の会員は、すべてがみずから基金をもち、特定の事業を支援する財団である。約40％程度が企業がもととなってできた財団であり、残りは個人財団である。彼は、非営利団体や財団に関連した英文の資料をこと細かに紹介してくれた。まず、日本の非営利団体の数を紹介しよう。

この中で、財団法人が98年現在、1万3553あり、中央で3178、地方で1万410が認可されている。韓国と同様に、財団の資格はなかなか認められない。財団協会が97年7月に実施した調査に応じた財団法人615の総資産は、1兆2700億円に達する。

韓国のお金で12兆ウォンほどになる。調査に応じていない財団がはるかに多いため、実際の資産は非常に大きいものであろう。もちろん、アメリカの上位20の財団の総資産が9兆9０００億円であるのにくらべれば、日本の上位20財団の総資産は４１００億円ほどであり、依然その規模は小さい。参考に、日本の上位10財団とアメリカの上位10財団を左ページに紹介する。

６１５の財団の89年度の支援規模は、約４９７億円ほどで、かなりの金額である。主にどこに使われたのかを見ると、もっとも多く支援を受けている分野は科学および技術分野であり、その次は教育分野であることがわかる。

いかに科学技術開発と人材養成に力を注いできたかがわかる。日本は資源がない国なので、原料と資材を輸入し、そこに科学と技術という付加価値をつけて輸出しなければならないため、科学と技術に集中的な投資をせざるをえないことを、浅村さんも強調した。

日本は国家だけでなく、このような財団の民間セクターまで国家発展という課題を確実に目標にしてきた。しかし相対的に、市民社会の課題はあまりにもおろそかにされてきたのではないかという疑問をもった。

もちろんトヨタ財団のように、市民団体の活動を支援する場合も少なくないが、そのような動きは年々増えつづけているものの、依然その割合は小さい。官僚中心社会は、官僚を批判するＮＧＯに対する支援がいずれにしても微妙なものにならざるをえないであろう。

80年代後半に雨後のタケノコのように現れた財団だが、91年以降は下降曲線をたどり、98年に入ってからはやっとひとつ創立されただけだ。持続する経済不況の影響が大きい。

財団の創立数だけが減少したのではない。既存の財団の運営も難しくなってきた。日本政府の低金利政策により現在の利子率はやっと年０・２％である。当然利益が減り、それによって年間支援が減少せざるをえない状況であるが、それでも多くの財団は、事務室の経費削減や財団基金拡充などを通

アメリカと日本の資産規模10位財団

	順位	財　団	総資産	支援金支出	創立年度
日　本	1	笹川平和財団	730.65	42.0	1986
	2	平和中島財団	518.32	3.09	1992
	3	稲盛財団	435.83	2.00	1984
	4	河川環境管理財団	279.85	4.33	1975
	5	トヨタ財団	270.16	4.38	1974
	6	石橋財団	163.28	1.14	1956
	7	住友財団	160.73	3.56	1991
	8	車両競技会公益資金記念財団	157.95	10.40	1975
	9	三菱財団	149.67	4.43	1969
	10	財団法人放送文化基金	133.77	1.71	1974
	合計		3.000.21	77.04	
	順位	財　団	総資産		会計年度
			単位：億円	単位：ドル	
アメリカ	1	リリー募金会	16,569	15,780	98/12
	2	フォード財団	10,368	9,655	98/09
	3	デイビット＆ルーシルフェガード財団	10,004	9,528	98/12
	4	J.フールゲティー財団	8,403	8,003	98/06
	5	ロバートウッドジョンソン財団	7,072	6,735	97/12
	6	W.Kケロッグ財団	5,826	5,549	98/08
	7	フューザソン財団	4,971	4,734	97/12
	8	ジョンD.＆ケドリンT.メガド財団	4,232	4,030	98/12
	9	ロバートW.ウッドロープ財団	3,861	3,677	98/12
	10	アンドリューW.メーロン財団	3,603	3,431	98/12
	合計		74,909	71,122	

単位：億円、1998年会計基準
出所：財団センターホームページ　アメリカの100大財団（1999年12月）
1ドル＝105円（1999年11月当時の為替レート基準）

じて、可能なかぎり支援額を維持していこうという姿勢である。

一方、財団の運営をいっそう困難にしているのは、日本政府の基金運営方式に関するはなはだしい制限である。日本政府は、いわゆる「公益法人の設立許可および指導監督基準の運用指針」というものをつくったが、その厳格さは並のものではない。

たとえば、危険性がある株式や客観的な評価が危ぶまれる美術品、骨董品などは、基金を絶対投資できないようにしている。これは財団の運営に対する不信のためであるが、財団協会はこの規定を改正するために努力をしている。

浅村さんは、韓国と相互協力が可能な財団関係者がいれば力を合わせたいというものの、韓国にはいまだこのような財団協会がひとつもないのが現状である。

浅村さんがわたしの手を引いて自分の机のほうに連れていき、ウェブサイトのさまざまな情報を見せてくれた。試しに「支援対象分野と期間」を入力すると、すぐに支援募集分野、支援期間、支援金額、支援申請手続などが次々と出てきた。うらやましいと思った。

反体制知識人北沢さんは希望を失わない

午後4時。またPARC。この団体の前代表である北沢洋子さんに会った。横浜国立大学を卒業後、まさにはじまったばかりの中国との交易をあと押しする「日中輸出入組合」の研究所に就職し、つねに中国の実情を事前に掌握してきた。

まもなく英語とフランス語に精通している点を認められ、2年の予定で「アジア・アフリカ人民連帯機構カイロ国際局」に派遣され、その後交代する人がおらず、引き続き10年ほど勤務した。

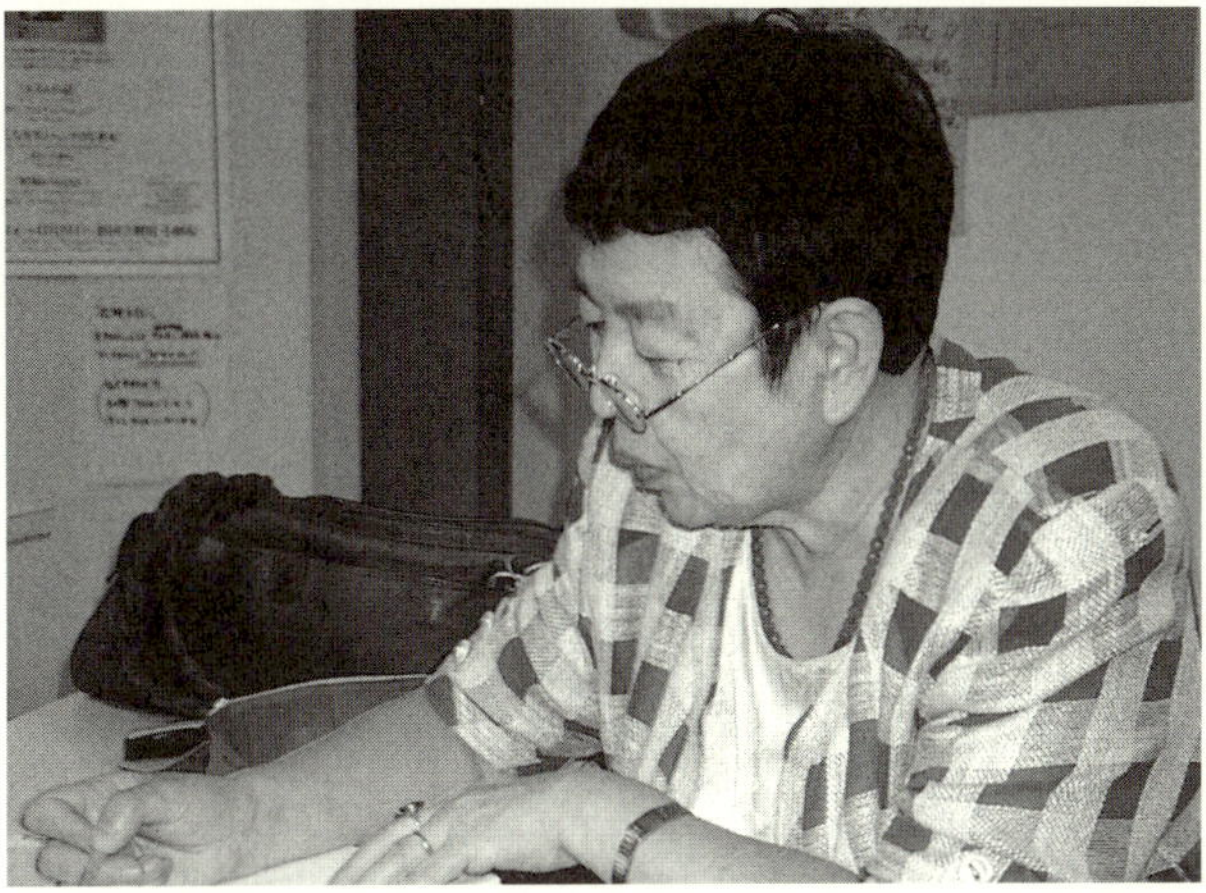

日本を代表する批判的知識人、北沢洋子さん。日本社会のあれやこれやを批判する彼女の声はきびしい。

69年に帰国したあとは、ベトナム反戦運動に参加して、『ＡＭＰＯ』を作りながら今日のＰＡＲＣを創立した。最近は、すでに70の国から参加のある国際的な債務帳消運動「ジュビリー２０００」に熱中している。

彼女は、わたしが座ったいすの上においてあったＪＡＮＩＣの分厚いＮＧＯのディレクトリーを見せながら、「これは何の役にも立たない」と愚痴をこぼした。「政府すらこばむことのできないテーマ」というのが批判の核心である。それほど、現政府に対して批判的であった。

日本の市民団体や市民社会は、韓国やフィリピン、台湾よりも20年は遅れていると嘆く。彼女は約2時間かけて日本社会の各分野の問題点をこと細かに指摘してくれた。

「政治」

北沢さんはわたしのノートを奪って、そこに日本政府の「歴史的系譜図」を描いてくれた。自民党と社会党、そして共産党にはじまる日本政府の構図と１９９０年の地殻変動、その後の状況、そして労働組合組織の政治的動向まで説明してくれた。

自民党は、55年にふたつの保守政党が統合されたあと、親米保守政党として現在まで政権を担ってきた。自民党は大蔵省や建設省などの有力な官僚と、地方議会、市町村長出身者が支配する政党である。90年代に政権をとられた一時期、内部の改革グループの離脱で危機を味わったが、それでも依然不動の第一党である。

だが、現在は過半数が得られず、公明党と連立政権を形成している。公明党は小さい政党であるが、キャスティングボードを握っているというのが韓国の自民連に似ている。創価学会を母体とした政党として、社会疎外階層など８００万人の支持者をもっている。ただし、創価学会の指導者、池田大作は野心家なため、党との関係がよくない。

社会党は、「平和」というあいまいなモットーのもと、労働組合幹部たちがかわるがわる議員となって政党を維持していたが、結局96年に分裂してしまった。おもに、自民党から抜け出てきた一部の改革グループと、労働組合の新しいナショナルセンター連合が連帯して民主党という新党をつくり、土井たか子を中心とした勢力が社会民主党となった。

民主党は第一野党になったものの、完全に寄り合い所帯である。民主党の鳩山党首はグローバリゼーションの信奉者である。民営化と規制緩和を主張し、グローバリゼーションの犠牲者は事後的に救済すればよいという発想である。

共産党は、中産層の中でも１００万人の支持者を確保しているが、声だけ大きい政党である。トップダウン方式の政党で、所得の１%を党費として出す。それでも足りない部分は、いろいろな資料を高い値段で売ることでまかなっている。現状維持は可能であるが、絶対に政権をとることはできない。名を変え政策を変えれば、連立政権に参与する道は開かれるであろう。

日本の政治に変化のきざしはほとんどない。

「労働組合」

数的には大きい。しかし、問題は質である。労働組合員は800万人に達するが、いわば連合は無力である。メンバーは右翼から左翼にいたるまでさまざまである。公務員の労働組合である「自治労」の一部は進歩的である。日教組は、韓国の全教組のような30万の労働組合員をもっているとは、なかなかの組織である。この組織の60％が女性である。共産党傘下の「全労連（全国労働組合総連合）」は100万人にもなる組織である。連合は民主党を支援しながらお金はよく出すが、理念もなく闘うこともなく、民営化やグローバリゼーションにも闘っていない。このような組織をどうして労働組合といえるだろうか。

「NGO」

日本の市民団体は大部分がボランティア組織である。阪神淡路大震災後に急激に増え、政府の無能ゆえに、これら市民組織が大きな力を発揮した。とくに障害者や高齢者など、社会福祉分野でその長所をしっかりと発揮している。だが、依然として政府機能の補充の役割にとどまっており、オルタナティブな勢力になっていない。

一般的に、市民団体の機能はサービスとアドボカシー、ネットワークの3つに分けられる。日本の場合、サービス機能はそれなりに充実しているが、問題はアドボカシー機能である。ただ声だけを上げたり、もしくは政府にしたがったりするのみである。

ネットワークの場合も、地域と全国レベルはまだしも、国際分野はまったく機能していない。言葉の壁も問題だが、日本が孤立した国だという点がより大きな問題である。政府がコネクションをもたないため、国民もそのようになってしまったわけだ。

国際開発協力NGOは、ただボランティアを派遣し、日本の国旗をひるがえして、写真をとってくればすべての仕事を果たしたものだと思い込んでいる。まったく戦略的マインドがない。「OXFAM」をはじめとしたヨーロッパ・アメリカのNGOとは、くらべものにならない。

西欧のNGO団体は、地域団体を助けながら長期的に自立と共同体づくりに取り組む。ところが日本の団体は、開発というものが何かということをまったく知らない。クリスチャンを中心にして生まれた「シャプラニール」がもっとも歴史のある団体だが、いつも1カ所しか活動をしないので、別の場所に広がっていかない。

規模が大きい団体として「OISKA（国際産業精神文化促進機構）」というところがある。神道にもとづきアジアのさまざまな国の農民に教えているというが、何を教えているのかよくわからない。フィリピンの反政府軍に拉致されたのもそうである。結局、彼らにとっては敵に映ったのではないのか。

「JVC」は悩んだ末にOXFAM支部を辞めたが、本当のところは熊岡さんに直接聞いてみてほしい。ほかの国の団体の支部になれば政府のお金をもらうことができない。日の丸を掲げてこそ、政府の支援を受けることができるのだ。

「学術学会」

学会も腐敗している。学者がデモをしろとまでいわないが、もっと知的な貢献をすべきではないのか。なにもしていないのが現状である。学会誌はよく出版されているが、すべて同じように外国の本を引用し、それにもまして外国の論文を翻訳しただけではないのかという感じを受ける論文もある。

日本平和学会は、日本国内でもっとも進歩的な学術団体だという評判があり、実際、なかなか立派な学者も多く所属している。しかし、実情は変わらない。独創性は見あたらず、ただ分析家や翻訳者にほかならないという感じを受ける。

かつてわたしは、大蔵省の外国為替等審議会の委員にNGOの代表としてなったこともある。けれども、委員20人の中の4分の3が多国籍企業の役員であり、4分の1が学者で、進歩的な人はひとりもいなかった。このような状態でどうして正しい政策が出てくるというのか。

「宗教」

残念ながら日本のキリスト教信者は1%にも満たない。1%といえば日本の人口1億2700万人のうちの100万人ほどであるが、本当に少数派である。

当然政治的影響力のようなものは期待できないが、それでも「日本カトリック正義と平和協議会」や「日本キリスト教協議会（NCCJ）」の「アジアキリスト教資料センター」のような団体は、よい評価を与えることができる。彼らは、日本の軍国主義復活の動きに敏感に反応し、神経をとがらせている。

仏教の場合、日本が伝統的に仏教国家とはいわれるものの、実際は慣習のみで真の信仰や礼拝のレベルで論じることが困難である。「創価学会」は、困っている人たちを基盤として平和運動を行なっており、相対的になかなかいい宗教集団であるが、リーダーシップが問題である。

仏教団体のひとつに信者が300万人ほどいる「立正佼正会」があり、宗教と平和に関する世界会議を開いている。ところで、その会議の議長はカトリックの枢機卿《すうききょう》であった。概して日本の宗教に問題が多いので、「オウム真理教」のようなサイバー宗教団体が勢力を伸ばすのであろう。

「女性団体」

日本の女性団体は、大きく3つの部類に分けられる。まず、名前からしておかしな「五一団体」というものがある。当然フルネームがあるのだが、フルネームで呼ばずいつも「五一団体」である。75年にできたが、伝統的、右翼的傾向を帯びており、高齢者中心と見ればよい。政府からパートナーとしての認定を受けており、自民党の婦人部から共産党の女性組織まですべてを包括していて、主に50代以上の婦人たちが関与している。

ふたつ目は、95年北京女性会議以後組織されたネットワーク組織であるが、北京で合意した事項の実践を点検するために毎年集まり、政府に向けてあれこれと要求したり宣言も出している。アドボカシー機能もうまく遂行しているといえるが、その重要な業績のひとつが、「女性基本法」の通過である。「北京ＪＡＣ」と呼ばれ、各県にもできている。

みっつ目は以上の2種類の団体より規模は小さいが、活動内容は大きな団体である。松井やよりが中心になった「アジア女性資料センター」がそれである。十分だとはいえないものの、このような団体を通じて日本の女性運動は面目を保っているようだ。

日本の良心、石田先生

10月11日、水曜日。今日の招聘講師は石田雄先生。

彼がどんな人物なのかは以下の文章を見ただけでもすぐにおわかりであろう。

「正直なところ、わたしは今日のテーマである『21世紀―アジアの世紀？』からして気に入らない。21世紀というのはキリスト教による世紀区分である。イスラムによると、今年は１４０５年だから15世紀である。仏教式なら２５２８年、タイの人々にとっては２５２８年である」。

このきまじめな先生の今日の講義のテーマは「アジアの中の日本―記憶、責任、そして未来」。

第2次世界大戦で日本が敗戦した当時、22歳の軍人であった彼は、とくに国粋主義者や軍国主義者ではなかったものの、日本の国民として自分も戦争に責任があると信じている。そして、戦後の新しい世の中で、日本がなぜそのような軍国主義、帝国主義におちいったのかを研究するために社会科学を専攻し、市民運動にも関与しはじめた。1960年代には、ベトナム反戦運動に参加した。

数年前に、東京大学を含めた数十年間の教授生活を引退して、今は日本の戦争責任問題を次の世代にまで引きずらないために、市民運動に没頭している。強制連行や「従軍慰安婦」問題を解決するためには、立法府の改革が必要であると考え、議会を変えることに熱心である（だから、東京の文京区議を当選させるのに成功したが、いまだ国会議員を当選させるにまでいたっていない）。

彼が特別に重視する単語のひとつが、講義のテーマにも入っている「記憶」である。85年の終戦40周年記念式場で、当時ドイツの大統領であったワイツゼッカーが用いた言葉であるが、彼はその言葉が「自分の人生の一部」になっているとまで表現している。

「記憶」は「責任」という言葉とともに、過去の過ちを繰り返さないものとなり、よって「未来」とも直結する。彼が講義の題名をなぜそのように決めたのかが理解できた。

彼の話によれば、日本は「記憶」と「責任」を共有も実践もできずにいる。だからいつも同じような過ちを繰り返している。何よりも日本は、急速な成長主義の過ちにおちいっている。これは、明治維新後に北海道と沖縄を征服し、さらに台湾と朝鮮を植民地化する原動力になった。

水俣病の原因をつくったチッソは、韓国で新興財閥としてのし上がった。植民地の労働者を人間として考えなかった反省なき態度が、結局、おそろしい水俣病を生んだ。にもかかわらず、いまだに反省をしない。このような公害産業は、再びアジアのさまざまな国に移転し、彼らの犠牲の上に日本経済は成長してきた。

戦争責任も同様である。不二越事件は韓国人強制労働に関する事件であったが、結局被害者に解決金を支給しただけで、責任は認めなかった。台湾で召集された軍人に対しても、数百万円の慰労金の支給で終わった。従軍慰安婦に対するアジア女性基金もやはり政府が基金への拠出を拒否し、法的責任はけっしてとらない。

「記憶」がなぜ重要なのかを証明するまたひとつの象徴的な事例がある。生体実験で有名な731部隊の事件は、東京裁判でもうやむやにされてしまった。しかし、まさにその関連者たちが製薬会社を設立して、HIVに汚染されたことを知りながらも血液製剤を売りさばいていたのである。

日本は現在右傾化の時代を歩んでいる。「日米新ガイドライン」がつくられ、国旗国歌法がいとも簡単に国会を通過し、一部歴史教科書からは「従軍慰安婦」と南京大虐殺問題が消えてしまった。「侵略」という単語は忌避《きひ》され、日露戦争の勝利が強調されている。99年12月の「南京大虐殺国際会議」では、右翼団体が乱入し騒ぎを起こした。

石原東京都知事はどうであろうか。経済沈滞の中で過去の高度経済成長時代の思い出にひたる一般の国民を利用している。彼は、反外国人感情を悪用する極右、国粋主義者、大衆扇動者、そして排外主義者である。

「どのようにして効率的に殺せるか」という軍国主義時代の亡霊が、「どのように効率的に生産できるか」という経済成長イデオロギーにつながっている。すべてのものを犠牲にして、経済成長を繰り返すことは不可能である。いつまで経済成長が可能であるのか。

「力と成長に対する確信」と「人間的価値の喪失」、これらを変えなければいけない。日本社会の変化の可能性は低いが、残された人生で最善を尽くそうという77歳の老学者の決意が、彼の話を聞く者たちを粛然とさせた。

ボランティアの心臓部、TVAC

2時、「東京ボランティア市民活動センター（TVAC）」。思ったよりもずっと大きい。200坪は優に超える空間に、ボランティアに関するすべての情報が収集され、整理、展示されていた。東京市内のさまざまな区分ごとにボランティアに関する情報が掲示されており、ボランティアに関する海外ツアーや講演、学校、募集案内なども別途に分類されていた。

先日訪問した神奈川県の支援センターほどではないが、それでもここに来れば東京都内のすべての市民活動とボランティア活動をひと目で知ることができる。若い女性とお年を召した方が多数、あちらこちらで資料を調べていた。

あつかっている事業を見てみると、情報から相談、調査、研究、研修、訓練、ネットワーク、普及、開発、活動支援、ボランティア保険、各種プロジェクトまで多種多様である。ここでわかったおもしろいことがふたつある。

ひとつは「ボラントピアス」というもので、東京都と契約を締結してある一地域を選定したあと、そこを住みやすい場所につくり変えるため、各種ボランティア活動を行なうことだ。とくに、その地域社会のボランティアセンターを新しくつくって活動をし、2年にわたって1120万円を支援する。もちろん、お金は東京都から出る。このお金は、主にその地域社会の需要に応じて、多様なボランティア活動プロジェクトを組織するコーディネーターを雇用するために使われる。いわば、ボランティアのモデル都市をつくるのである。

ふたつ目は、「学校ボランティアプロジェクト」である。これは、自発的に生徒、児童のボランティア精神を育てることを目的としている（日本の学校では、まだボランティア制度が強制的に行なわれたことはない。この問題は、文部省を中心として現在論議されている）。

これもやはり、小・中・高校の中で「ボランティア校」を決めて、ここに3年間10万円ずつ支援する。子どもたちに社会福祉やリサイクル、地域の道路掃除など、さまざまなボランティア活動を経験させながら、そこに適応していけるようにする。

現在80あまりの学校が参加しているが、たがいにネットワークを形成して情報と経験を共有している。そのほかにも、企業の支援活動プログラム、高齢者や災害、児童などに対する支援活動プログラムなどを開発し、支援している。

東京都には現在64の地域ボランティアセンターがある。ＴＶＡＣは、このような団体同士のネットワークを形成して、その設立と活動を支援し、情報提供や職員研修などを実施している。

この場合、ＴＶＡＣは直接支援活動をするというよりは、情報と政策、教育と訓練などを担当。住民および関連機関と直接接触し、ボランティア活動にたずさわる仕事は、地域ボランティアセンターが行なっている。

だから、ＴＶＡＣに来るボランティア活動希望者たちは、各々該当地域のボランティアセンターに案内される。それぞれ独立した団体であるが、協力と調整がうまくなされているほうである。

最近、東京都が直接運営するボランティアセンターがひとつできたが、だれが見ても活動が活発であるとはいえない。ボランティアは、政府の立場に反対したり批判する活動ばかりではないが、政府が運営すると、このような種類のボランティアは排除される限界をもっている。

ここの副所長の安藤雄太氏は、30年間社会福祉法人で活動してきた人物である。事実、ＴＶＡＣは、東京都社会福祉協議会がつくった団体であり、建物の賃貸料と常勤者9人の月給は、東京都の支援を受けている。

残りの行事と事業費用はセミナーなどの参加費や出版費などで解決し、足りない費用は、「日米財団」や「キリン財団」などからそのつど支援を受けている。先月5億円のボランティア基金も設けられた。さまざまな財団と市民の募金活動を通じてつくられたこの基金は、毎年創造的なボランティア活動を支援することになったそうだ。これだけのサポートがあれば日本はボランティア天国といえるだろう。

この人を見よ、須田春海

質問：市民運動をはじめたきっかけは？
応答：市民運動は異議を唱えるものだと思っています。どんな社会にも納得できないことがあります。声に出すことが運動のはじまりです。60年安保世代であるわたしは、当時毎日、国会の周辺にいました。数十万人の群衆の中で、どのようにすれば世の中の中心を変えることができるのか悩みました。そのとき、国を変えるためにはまず、近いところから変えていく必要があることに気づき、自治制度改革の仕事をはじめるようになりました。そこで、美濃部知事に会ったんです。
質問：市民運動はどのように受けとめられましたか？
応答：70～80年代は、市民運動イコール不法運動という見方が多かったのですが、90年代半ばからは、市民社会の指導的な役割が期待されるようになりました。社会の価値観が変わったのでしょう。何年か前、経済団体側から話を聞きたいと言ってきたことがあります。そのときが転換点ではなかったかと思います。

質問：まだ市民運動が嫌いな人も相当数いるでしょうね。

応答：市民運動は、80年代はじめまでに情報公開、夫婦別姓直接立法、生活改革など、多くの問題を提起していました。でも社会は、政治や経済とともにうしろを振り返らずに突っ走ってきて、その結果、生活レベルの課題は見すごされてきました。運動側も、国家観や階級対立に大きな影響を受けました。

質問：最近は、市民運動側でさまざまな危機感を感じていると聞いたのですが。

応答：これまでは政策提案型の市民運動を主張しましたが、反省すべき点が少なくありません。制度論が先行し、国家からの支援を受けてきてこそ強くなるという論法にすり変わってしまって。社会では、市民運動と関係のない人々が圧倒的多数です。ですが、市民団体を強くするのは普通の市民です。お金も仕事も知恵も市民が出したものを合わせて団体をつくり、運営しなければならないのが本来の姿勢です。

この程度読めば、彼の経歴とものの考え方をだいたい推測できるであろう。これは、99年11月17日付の『朝日新聞』に載った対談の一部分である。

靴を脱いで入っていき、床に座るようになっている彼の事務室は、いたるところが本と資料の山。食べものの匂いで充満しているのを見ると、食事もそこでそのまま食べているようである。

会ってみると、白髪の老人である。42年生まれだからほぼ60歳だ。63年以来、革新自治体の先導者であった美濃部東京都知事の企画を練った「財団法人都政調査会」の研究員として働いたあと、79年に退職した。

60年から70年にかけて、東京や横浜、川崎、京都、神戸、福岡、北九州に連なる革新自治体の流れが形成され、社会福祉や環境、行政の多くの部分が変化した。このようにして変わった地方自治体の政策が、中央政府に反映された側面もあるが、依然根本的な部分が変わったと判断することはできない。

一方、70年代において市民運動の大勢を占めたのは、いわゆる町づくり運動であった。この運動では、ゴミや水、住宅、健康、福祉などが主なイシューとなった。東京都を退職した彼は、ただちに気の合う友人らとともに古い家をひとつ借りて、「市民運動全国センター」をつくった。

80年代には、東京都の環境影響評価条例を再上程させる直接請求運動「生活・変えたい・連続行動」町宣言などの運動に力を注いだ。90年代には、日本ではじめて「地球の日」を開催した。

彼は、この市民運動全国センターの代表でありながら、「環境自治体会議」事務局長、「気候ネットワーク」副代表、「持続可能な開発に関する日本評議会」講師などを歴任し、「市民立法機構」という市民団体の共同事務局長も引き受けている。ひとりがあちこちとすべて引き受けなければならないことは、われわれとさして変わらない。

ただ、市民運動全国センターの運営方式がネットワークであるため、さまざまな役職につけるようになっているようだ。日本の市民運動は政策的対案をもち、政府を圧迫するアドボカシー機能が弱いほうであるが、そのような面で「市民立法機構」という団体に興味がわいた。

市民立法という言葉がいつからか普通に使われるようになった。もっとも大きな貢献をしたのは、もちろん小田実さんの被災者支援法活動である。

市民立法機構は96年初夏の集中討議を経て、96年秋に準備会を発足させ、97年5月に正式に発足した。目的は、設立趣旨に出ているとおりであるが、機構を発足させながらもっとも苦心した部分は、従来の市民運動とは異なり、経営者と市民がともに運動をするということであった。

株式会社という組織形態が社会的存在であることは知っていたが、このような営利団体を市民団体の一員として認識する考えが弱かった。その結果、企業悪にのみ焦点が集まり、その是正を政府に求め、体制変革に期待した。

このような行為は、政府の肥大化をうながす面もあり、当面の具体的な解決策を放棄することになる。一方、企業にも市民団体を敵対視する傾向が強かった。市民団体との接触を忌避してきたのである。……市民社会の団体が政府と企業、市民団体の3つのセクターからなり、補完と代替、牽制の相互関係にあるとする社会認識も普遍化した。

その中で、企業と市民団体が相互交流をつづければ、政府が実質的に立法機能を独占している現実を改革できるであろう。

このようにして、「市民立法機構」の運営委員に、経済同友会常務理事、経済広報センター、関西経済連合会、三菱化学顧問、経団連常務理事などが、市民団体幹部らとともに参加するようになったのである。

韓国では想像すらできないことである。市民団体と経済界が力を合わせて立法団体をつくり、ともに仕事をする？　政府を牽制するために、企業と市民団体が同盟を組む？　果たして満足な立法運動ができるであろうか。

会員もいない。会員が多くなれば、おたがいに意見が行きちがって混乱するからである。少なく稼いで少なく使って、そのかわり原則を守り、思いどおりに運動をするという心得である。本当に立派な発想である。

では、自分はどう食べていくのか。非常にうまい方式がある。「生活社」がそれである。市民運動を誓約した5人が、この古い家で印刷所を設けて時間を割いて仕事をし、そこで月給を受け取るのである。今、印刷所はやめ、代わりに編集の仕事を引き受けているという。

帰りがけに見てみると、ちょうど向かい側の事務室にその「生活社」があった。お金を稼いで生活をして残りの時間は運動をするという方式である。だれがお金なしで運動ができないというのか。この人の前では絶対そんなことはいえない。

信仰的良心を守るＪＮＣＣ

10月12日、木曜日。今日の午前は早稲田大学からそれほど遠くない「日本キリスト教協議会（ＪＮＣＣ）」を訪問することになっている。わたしを出迎えてくれた方は、こざっぱりとした感じの大津健一牧師。総会議長になった中島牧師の代わりに、新しく総務になった方である。

あちこちで職員をいちいち呼びとめてあいさつをさせたが、全部で５～６人であった。韓国のＮＣＣとはくらべものにならない。貧困と貧窮の匂いが漂っている。パンフレットを出してくれたが１９９６年度版であった。

現在日本のキリスト教信者はほんの１％に満たない。カトリックとプロテスタントを合わせて１００万人程度になるが、ほぼ半々と見ればよいそうだ。だが、カトリックは最近南米やフィリピンなどから来た外国人労働者たちが増えつづけていることもあって、新風が巻き起こっている。いろんな教会でスペイン語とタガログ語のミサが行なわれるが、参加者は全国で30万近いという。これにくらべて、プロテスタントの信者はおもに壮年層以上であり、彼らが年をとると同時にしだいに信者の数も減ってきていると話す。

若い層は教会に来ないのである。オウム真理教や統一教会などには関心が高まっているが、実際既存の制度的宗教には関心がないようだ。おそらく、彼らにメッセージを与えられないからであろう。

大津牧師は冗談交じりに、果たして日本のキリスト教が21世紀にも生き残っていけるのか心配であるといっていた。神道や仏教なら財産もかなりあるため、大丈夫であろうが。

わたしもそのことが心配になった。日本のキリスト教はすべての信者がそうではないものの、それでも日本の良心を代弁している。今、キリスト教が行なっているもっとも大きな活動は、やはり平和運動である。

ただ、平和運動と呼ばれるが、実際は反軍国主義運動である。彼らは日本の軍国主義復活と右翼化を鋭く監視しながら、これを阻止するために最善を尽くしている。「平和を実現するキリスト者ネットワーク」の組織と活動がまさにそれである。

彼らは教会と戦争責任、靖国神社参拝反対と天皇制問題を持続的に提起し、平和憲法を改正しようとする政府の試みを防ぐために、請願署名運動、議員会館内集会、緊急抗議声明、国会議員ロビーなど、あらゆる方法をすべて動員している。

もうひとつ力を注いでいる事業が、外国人住民たちの人権問題である。ここで出版している小さな本の中には、「これでもいいのだろうか？　差別大国日本？」「外国人が住みやすい社会が日本人にも住みやすい」「外国人住民が市長になるとき」などのスローガンが載っていた。

この運動で核心的な課題となっているのは、「外国人住民基本法」の制定である。しかし、原動力であるキリスト教徒の数が没落した状態であり、かなり困難であろうとのこと。それでも一般市民の教会指導者に対する尊敬とカトリックの助けを借りて、いろいろと努力をしているという。

わたしは信者ではないが、日本でキリスト教が盛んになることを切実に祈りながら、ＪＮＣＣの門を出た。

インターバンド、ウェブバンド?

午後4時半。首藤信彦衆議院議員に会うために、議員会館に向かった。政府中央官庁が集中している霞ヶ関には、日章旗と中国の五星紅旗がいたるところに並んでひるがえっていた。両国の首脳会談が開かれるようだ。正直いって複雑な感情がわいた。韓国をはさんで位置するこの両大国の間に、韓国の太極旗はいつはためくことができるのであろうか。

日本の議員会館は、韓国の議員会館よりももっと狭く見えた。少し早く着いたが、首藤議員はすぐにわたしを見つけて、中に案内してくれた。政治家はみなそうであるが、闊達で堂々としている。

首藤議員は慶應大学で経済学博士学位をとり、東海大学で教授生活を送り、96年に2度目の国会議員出馬で、ついに民主党候補として当選した。専攻が危機管理だというので、その危機がおもに国際危機を意味するのかどうか聞いてみると、すぐに危機管理学講義をはじめた。

危機管理学は、60年代に米ソ両国が一触即発の状況になった「キューバ危機」のときからはじまった。危機状況の政策決定は平常時とは異なるため、危機管理政策が必要だという背景から、この学問が誕生した。

アメリカでは「連邦危機管理機構（Federal Emergency Management）」が設置されているが、政府だけでなく企業の間にも広がり、重要な学問として登場したそうだ。

首藤氏もこのような問題意識をもって勉強をしてきたが、研究だけでは足りないので、自分の経験と知識を実践し活用するために、92年から「インターバンド」というものをつくり、自分なりに国際平和のために努力をしてきたという。

経済制裁調査や紛争予防・和解、国民再統合、地雷除去、選挙支援と民主化支援などが、この団体の活動内容である。そのような活動の一環として、首藤氏も会員とともにハイチやボスニア、イラン、北朝鮮、インドネシア、ルワンダ、カンボジア、東ティモールなどを訪れたそうだ。

同席したフリーライターの渡辺和雄さんも、数日前カンボジアを訪れたという。このようなところへは政府側の人たちも同行するようになっているが、そういった人たちは、現地では首藤さんのアドバイスに耳を傾けても、国内に戻ってくると必ずそのときとはちがった話をするらしい。政治家にならなければならないと決心し、国会議員に出馬したのはこのためであるという。

そこで、政府の政策が変わったのかどうかたずねてみると、「ようやくはじまったばかりだ」と答えた。ところで、なぜ名前が「バンド」なのかと聞いてみると、彼が破顔大笑した。「ジャズバンド」とかではなく、「オーケストラ」に対比する意味だという。

ピーター・ドラッガーの本に、「将来は大きな組織よりは小さな規模の団体が、水平的なネットワークを通じて力を結集するようになる」という内容が書いてあるのだが、それを読んで、自分もオーケストラよりは小さい「バンド」をひとつつくるという意味でそう名づけた。

「人類が最初につくった組織として、共通の目的をもって行動する小集団」が、まさに「インターバンド」であるという。いずれにせよ、名前も本当によくつけたものだ。インターバンドは、横浜に小さな事務所がひとつあり、今は、彼の秘書ひとりがその仕事を兼ねている。

はじめは政府や企業から支援を受けることも考えたが、結局自立した(self-supportive)ＮＧＯを宣言した。いつも感じることだが、日本人はこのように小さな団体を立ち上げるのが得意である。大きな団体にはとくに関心をもっていないように見えるが。

話題が長野県知事選挙に移った。首藤議員は、日本の政界は一定の周期で流れが変わると指摘する。すなわち、既成政治に嫌気がさすとタレントを含んだ無党派候補を選び、彼らの行動に失望するとまた専門政治家を選ぶということだ。

もともと、コメディアン出身で大阪府知事に選ばれた人もこのような流れに乗ったのだが、セクハラスキャンダルで結局辞職した。

しばらく前に、政府の秘書給与の流用をしたという容疑で拘束された民主党出身の山本議員（彼は若い民主党議員の中心的な役割をした人だという）の話が出て、民主党の政権獲得の可能性について聞いてみた。

彼は、民主党も複雑であるが自民党は事情がもっと複雑であり、5年以内に崩壊する可能性があると断言した。数十年の伝統をもつ自民党がいとも簡単に崩壊するのかどうかにわかには信じがたいが、政治家がそのような確信をもたないで政治に取り組むことはできないのかもしれない。

宝塚歌劇団、その神話

今あなたはパリにいます。亡命外科医師のラビックとイタリア人女優ジョアン・マジョとの切ない愛に浸ってください。パリにいなくても、パリの地図を机の上に広げて想像してみるのも難しくありません。アルマ橋、ふたりが出会った橋、激しい川の水が音もなく流れています。橋を渡ってマルソー大路に行きます。よく見ると、凱旋門が少し傾きながら立っているでしょう。

宝塚歌劇団の千日劇場。はじめは映画「千日の縁」のようなテーマからとった名前だと思った。あとで聞いてみると、この劇団の専用劇場は2001年1月1日開館予定で現在建築中であり、それまでの千日の間臨時で使用する劇場という意味だそうだ。

「臨時劇場」という名前よりもはるかに芸術的だ。日本文化を知るために、文化公演を一度見に行きたいというフェローたちの強い要望によって、招聘機関のほうで席を準備してくれたが、今夜の公演はそれこそ少しのすきまもない。

おもな観客は若い女性たちであり、上演作品はフランス作家レマルクの『凱旋門』をもとにしたミュージカルであった。軽快な音楽と歌が流れるたびに拍手が起こり、悲壮な音楽と舞台が広がったときは静かになった。およそ3時間の間、歌劇団は完全に観衆を魅了した。

休憩時間に外へ出てみると、今回の作品の主人公の写真と主題曲、この作品を素材とした各種キャラクター商品、宝塚歌劇団と関連した各種資料と本を販売している店があった。俳優たちの写真が飛ぶように売れている。化粧があまりにも濃くて、だれがだれだかわたしにはよくわからないが、この俳優たちが若い女性のアイドルになっていることにまちがいはない。

この歌劇団は、1911年に未婚女性のみを団員としてつくられた女性歌劇団である。歴史も歴史であるだけに、このような女性歌劇団が今日まで生き残り、専用劇場までもっているということが本当に不思議であった。しかも、有楽町のような地価の高い場所に。

これは阪急電鉄の創始者である小林一三という人が、宝塚という小さい村にこの歌劇団をつくって以来、現在に至るまで阪急が頼りになる後援者であったためである。数日前に行ってみた企業メセナの典型的な事例といえよう。やはりこのような後援者なしによい芸術は生まれにくいのである（注参照）。

日本の市民団体の立法運動の新紀元

午後2時、C's（「シーズ」と読む。正確な名称は「市民活動を支援する制度を作る会」）。松原明事務局長の話によると、この団体は奇妙な性格の団体である。さまざまな市民団体のネットワークでもなく、そうかといって完全に独立したひとつの団体でもない。正確にいうと、ふたつの性格を備えている。

2年前の当初、NPO法を制定するためにさまざまな団体が集まって一時的につくったので、プロジェクトの性格が強い。彼はこれを「大きな建物をつくるために、いろいろな建設会社が独立したひとつの会社をつくること」にたとえる。

当時、5年間の一時的組織として出発し、市民団体に対する法人格の付与、NPO自体の情報公開、税金減免制度などの導入を任務とした。彼らの任務のうち、先のふたつは解決されたが、3番目の課題はまだである。

よって、この課題さえ達成すれば、この団体は当然自動的に解散される。現在3人の専従がいて、年間予算は3000万円。600万円は団体分担金であり、本の発行で1000万円、海外制度研究プロジェクトとして受けた財団支援金500万～1000万円、自治体のNPO政策調査受託で300万～500万円、自分の講演料収入500万円などから、予算を調達しているそうだ。

のちに地方を旅行中神戸に寄って、神戸から1時間ほどの宝塚を訪問した。歌劇団があるだけに美しい都市であった。ところで、この美しい都市が、まさに強制連行された朝鮮人の血と汗が流れた場所であることを知ったとき、驚きをかくさずにはいられなかった。数多くの朝鮮人がこの場所に連れてこられ、河川敷や線路敷設など各種建設工事に動員され、ときには事故で死亡し、生意気だといって刃物で切りつけられたりした。日本のどこであれ、われわれの先祖の恨みが残っていないところはないであろうが、その事実を知ったあとに見る歌劇団の華麗な衣装とリズムは、わたし自身にまた別の戦慄を呼び起こした。くわしい内容は、鄭鴻永『歌劇の街のもうひとつの歴史・宝塚と朝鮮人』（神戸学生青年センター発行）を参照。

日本の市民立法運動の歴史は長い。しかし大きく見ると、90年を基点としてその流れが大きく変わった。以前は自民党の長期政権がつづいて、強力な官僚集団も存在し、すべての立法が彼らの思うままであった。

当時の市民団体も立法提案は行なったものの、それを実現させるために立法過程に深く介入したことはなかった。しかし、93年に自民党政権が連立政権に変わるとともに、イデオロギー対立に終止符が打たれ、官僚たちの腐敗事件が度重なる一方、市民団体は専門的知識をもって外国の事例から学び、立法過程に参加する道が開かれたのである。

80年代には、情報公開法制定運動が立法運動の核心的な位置を占めていたが、90年代に入って多くの市民運動と連携し、情報公開法を制定するのに成功した。90年代にはNPO法制定運動を中心とし、市民団体の主導で被災者支援法、自然エネルギー促進法などの骨組みが提起された。

国政レベルで行なわれたこのような立法運動は同時に自治体にも影響を与え、介護保険などが自治体の条例で規定され、その過程で一般市民や市民団体の提案が可能となった。この団体が主導したNPO法はもっとも成功した事例とされ、さまざまな市民団体から講演の依頼がたえなかった。

話を聞いてみると、NPO法が制定されるまでの過程はそれほど容易ではなかった。阪神淡路大震災以後、NPOに関する認識も変わり、支援法に対する必要性も認められたものの、官僚がなかなかNPOに法人格を与えようとしなかったからである。

「統制的民法」に代わって新しいレベルのNPO法をつくる過程は、実に困難な道のりであった。市民団体に税金減免特恵を与えるということに関しても、官僚は不満を抱いている。とくに大蔵官僚らがそうである。

しかし、アメリカ式に近い租税減免制度をつくろうという総論に対しては、ほぼ合意がなされている状態である。はじめての試みである「NPO議員連盟」もつくられており、現在各政党ごとにNP

NPO法許認可のシステムチャート

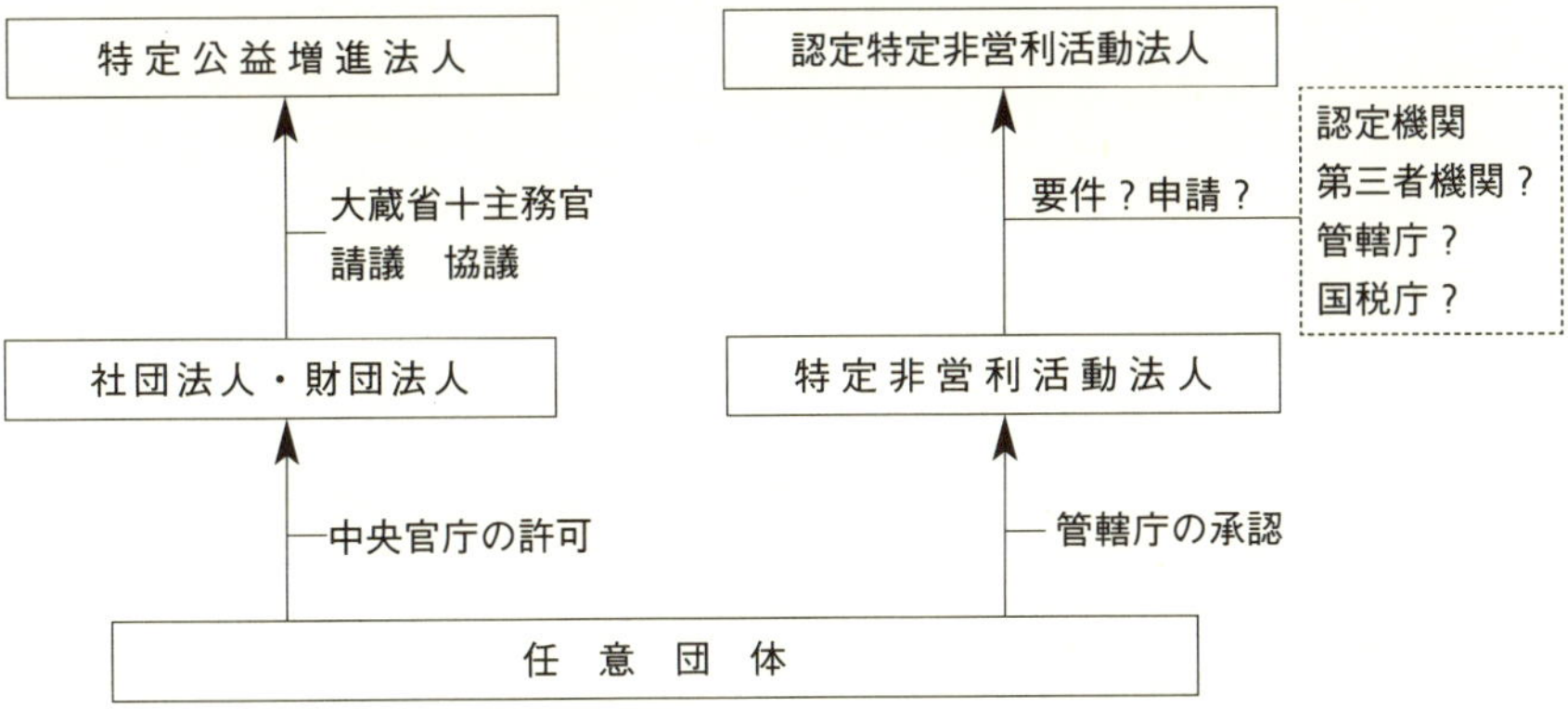

O財政支援に関する案が出されている。

　このような支援内容が確定されれば本当にすばらしいことである。事実、韓国の「非営利団体支援法」は十分な論議もなく制定された。よく調べてみると、そもそも非営利団体の概念からはじまって支援内容や支援方式、外国の事例などに関する十分な知識も論議もなかった。

　NPO法の制定のために、さまざまな市民団体が合同で専門的なネットワーク組織をつくり出し、そこで専門的な研究と対案提示、制定過程の点検、制定運動の総括および調整などをするということは学ぶべき点である。

　ここで発行される資料などは、そのような専門性を如実に表している。どんなに大きな声を上げても、それにふさわしい専門性と深さを備えていなければ、長期的には信頼される市民運動にはなりにくい。日本の既存民法やNPO法、そして新しいNPO支援制度を概念化してみると、上の図のようになる。

　松原事務局長は、もともと大きな企業で経営コンサルタントとして働いていた。一方で、大学時

—認定に対する再審査の手続きを保障する。

—認定の手続きだけでなく、認定後の事後チェックを重視する。

—独立した第三者機関が３年ごと（初回は２年）に再審査を行ない、このときは税務当局の意見を聴取する。

３．支援税制の内容

（１） 課税対象・税率

—法人税法上の受益事業に対して課税する。

—税率（現行30％、ただし800万円までは22％）は、公益法人と同じ22％にする。

（２） 寄付金の限度

①寄付の限度：ほかの寄付制とは別途に限度を認める。

②個人の寄付金の限度

—所得控除と税額控除の選択を認める。

—所得控除は所得の20％までとする。

—所得税額の25％、または12万円のうち、低い金額である税額控除は、寄付金の50％とする。

—全体の寄付金額の制限：総所得額の25％まで、１万円以下を切り捨てた金額にするという制限は廃止する。

③年末調整の対象—法人の寄付金

—損金算入限度額の50％範囲内で、一般的損金算入限度額とは別途にその寄付金を損金に算入することを認める。

④見なし寄付金控除

—法人税法上、収益事業の所得に関しては、その所得を非収益事業に支出した場合は、所得の40％までの支出額を見なし寄付金とし、収益事業の損金に算入可能なものとする。

４．その他

（１） インターネット・郵便など通信料金の割引、インターネットプロバイダーの設立支援を検討する。
（２） ＮＰＯ法人の評価、情報提供機関（日本版ＮＣＩＢ）の設立
（３） 法人の設立資金融資

<民主党ＮＰＯ税制支援措置（第2次案）>

1．税制支援が認められるＮＰＯ法人の要件

（1）法人格取得からの年数

—特定非営利活動法人（ＮＰＯ法人）の法人格を取得したあと、1年経過した団体〔1年未満の団体であっても仮認定制度を検討〕

（2）活動要件（支出・収入要件など）

① 支出要件

—特定非営利活動に対する支出が全支出の75%以上であること。

② 収入要件

—市民からの会費・寄付金・財団や基金からの助成金、政府・資金・自治体・国連などからの補助金、不特定多数を対象にした特定非営利活動による収入の合計が、全体の収入の3分の1以上であること。

③ 活動要件

—法人がその法人の役員など（社員、その親戚を含む）との間に、金銭の貸付、資産の譲渡、財産の運用、事業の運営などに対して特別な利益を与えないこと。

—資金源、資金募集プロジェクト、事業内容、有料サービスの料金体系、サービスの提供要件などが、団体の目的や不特定多数性に適合すること。

—別の団体の実質的な支配の下にある場合は、その支配関係が目的に符合すること（別の団体の隠された目的のための団体ではないこと）。

④ 情報公開

—役職員の給与（上位5名）の公開

—資金源、資金募集プロジェクト、事業内容、有料サービスの料金体系、サービスの提供要件など。

—民法34条による法人に関しても、上の条件が十分である場合はＮＰＯ法人のような税制上の特例処置が認定される。

2．税制支援の適正な審査機関

—独立した第三者機関を設置する。

—認定は過程を明確にし、ＮＰＯに対して説明の責任を課する。

代からアムネスティー・インターナショナルや東ティモールの集会でボランティアとして働き、とくに大阪地域で生活し、在日韓国人や部落問題に接しながら人権問題に目を向けるようになっていった。93年にウィーン世界人権大会に参加したとき、日本のNGOがあまりにも未熟であると感じ、会社を思いきって辞め、市民運動の道に入った。組織や資金の重要性をよく知っている経営コンサルタントとして働いた経験が、市民運動に寄与できる部分があると判断したからであるという。

しかし、実際にこの町に来てみると、市民団体は意見を提案するのみで、結果までコントロールするという考えが不足していたという。松原氏はこれを「政府依存型批判」と呼ぶ。

提案が政府によって受け入れられればそれは政府のものとなり、市民団体の成果とは無関係なものとなってしまう。発言権は少し大きくなったが、市民との関連は失われ、組織も弱くなる。一定の要求が政府によって受容されれば、いつのまにか関心は途絶え、その団体まで消滅してしまう結果が繰り返されてきたのである。

しかし、90年を基点として市民運動もある程度世代交代がなされ、既存の運動方式に対する反省の結果、C'sのような団体も登場するようになった。彼は多様化する日本の市民運動を次のように分類して説明してくれた。

「伝統的市民団体」

東京や大阪などで何か運動が登場すると、さまざまな地域で似たような性格と目的をもつ団体が登場する。エイズや薬害問題に関連した団体がその例である。彼らは問題を掘り下げようとするよりは、すでに提起された問題をそのまま課題とするケースが大部分である。

「固有目的型市民団体」

社会福祉や国際協力、教育など、特定の固有の目的をもって創立され、活動する団体である。主に80年代以降に登場し、しだいに大勢を占めつつある。

「サポートセンター型団体」

アメリカから輸入され、NPOという概念を普遍化させた団体である。とくに、右の2番目の市民団体を取り込んで組織された場合が多い。輸入された団体もあるため、地域NPOを十分に把握できていない場合もある。

「企業または高齢者主導の市民団体」

NPO法を契機として企業やその職員、引退した高齢者たちが市民運動に新しい可能性を発見し参入したケースである。彼らは会社をつくるのと同じように市民団体をつくり、頭でのみ理解するため、大衆的な参加や利用者がいないケースが多い。

松原事務局長の話にはわたしも知っている名前も登場した。とくに80年代に人権運動に参加しながら出会ったアムネスティー日本支部事務局長の岩井真さん、東ティモール支援運動をしていた古沢さんとは親しく付き合っていると話していた。

C'sで発行した出版物を1冊ずつ取り出しながら、自分が親しい人の知り合いだからということで無料でくれた。

公益増進のエンジン、公益法人協会

午後4時、公益法人協会。これ自体が財団法人である。わたしたちを迎えてくれた事務局長の森彬氏が、韓国語で「アンニョンハセヨ」とあいさつした。大学時代に韓国語を少し勉強したが、今はほとんど忘れてしまったと照れくさそうにいう。体格が大きく、純朴な雰囲気の方である。

森さんを含め、韓国語を話したり韓国と特別な縁をもっていたりする人といたるところで出会った。やはり日本は韓国と近い国だと実感した。

公益法人協会はさまざまな公益財団の責任者と税制問題専門家らをともなって、昨年、韓国の公益法人調査研修に行ってきたというのでいろいろと話を聞いてみた。

浦鉄奨学会、陸英財団、韓国租税研究院、峨山社会福祉事業財団、産学協同財団、三星福祉財団、韓国民主芸術文化団体総連合、アジア太平洋平和財団などを訪問したが、前もって質問事項をつくってそれを韓国語に翻訳しておくなど、さすが準備にぬかりがない。

この研修旅行で行なった調査結果は、そこで発行する月刊誌である『公益法人』にくわしく載っていた。韓国にはまだこのような協会がない。

「韓国を訪問したとき、あなた方に会って韓国にもこのようなものが必要だという人がいたか」とたずねてみると、そのようなことは聞かなかったそうだ。

公益法人協会創立25周年記念の『公益法人論文選』を見せてくれたが、本当にみずからをかえりみて情けなくなった。法人一般はもちろん、公益法人制度、公益法人税制、公益法人会計、判例研究、公益信託、支援財団、企業の社会貢献、経済学的研究、歴史研究、市民活動、海外レポートなどで成り立っているこの論文集は500ページを超えている。

森さんは、ふだん法人を訪ねてくる人たちのために準備しておくものとして、1枚ほどの要約資料をもってきて、まず全体的な公益法人の状況を簡単に説明してくれた。実際、わたしもすでに書店で『公益法人白書』はもちろんのこと、それを要約した『公益白書概要』という55ページほどのパンフレットも購入して読んでいた。

日本の公益法人は社団法人と財団法人を合わせたものであるが、98年末現在（今までに出た最新の統計資料である）、2万6280カ所ある。ここで雇用されている公益法人職員数は54万480人であり、日本全体の産業人口の0・9％を占める。

銀行の行員数が50万人であることを念頭に入れると、公益法人の雇用能力を推測することができる。社団法人の社員［構成員］数は、全部で1462万人であり、全国民の平均8・6人に1人の割合である。公益法人の年間支出規模は、97年現在20兆2772億円であり、国内総生産（GDP）の4・1％を占める。

現在、公益法人はそれほど増加しているわけではない。基本的には、最近の景気沈滞で、基金の利子収入を前提にする財団の設立にとくに魅力を感じないせいもあるが、更生保護法人に組織を変更したり、最近になって増大している公益信託への転換のせいもあるそうだ。

いずれにせよ、日本の公益法人が多いので、おのずと公益法人協会のする仕事も増えざるをえない。何よりも、全国から押し寄せる設立や運営相談、会計や税務相談の解決に苦心している。99年1年間の電話相談だけでも、約2200件に達しているという。

公益法人の実務者のための実務研修会も、継続的に開かれている。月刊誌『公益財団』はもちろんのこと、単行本として出版された『公益法人の設立・運営・監督マニュアル』『改訂　公益法人の設立・運営の基準』『新公益法人会計基準の解説』などの本は必読書である。

とくに、調査研究活動は特記に値する。総理府や大蔵省の委託を受けたり、独自に出した調査研究だけでも相当数ある。重要なものだけを列挙しておく。

1、公益信託制度
2、欧米の公益法人及び公益活動
3、公益法人の存在意義と今後の課題
4、公益法人の経営評価
5、社団法人制度
6、公益法人に関する判例
7、公益法人に関する各種文献目録の作成
8、財団法人の理事・幹事・評議員の役割
9、公益法人の財産の管理運用
10、慈善事業―税制の基本的課題
11、開花する慈善事業
12、民間公益活動の社会的役割に関する研究―福祉分野

やはり、公益法人の核心課題は税金問題である。どのように税制に取り組んでいくかによって、寄付や募金、基金運営の勝敗が決定される。公益法人協会でも「公益法人税制対策委員会」を設け、特別な関心を寄せている。

この委員会で調査・研究した結果を「２００１年税制改正に関する要望」というタイトルで政府に提出した。この中には、特定公益増進法人制度のさらなる拡大と緩和、個人の公益活動に対する寄付

金控除制度の確立、金融収益非課税の継続、見なし寄付金損金算入の限度額の引き上げ、収益事業の課税範囲改革および税率の引き上げ、不動産に対する非課税範囲の拡大、公益信託に対する税制の整備などが含まれている。

基本的に、日本の法人は公益性を前提にして許可されたものであるため、当然その活動に対して税金減免特典が与えられる。しかし、このような寄付に対する税金減免は、一定の場合にのみ限定される。すなわち、公益性が非常に高いと判断される場合にのみ「特定公益増進法人」として、寄付金のいわゆる「損金算入」を認定する。

現在、学校法人と社会福祉法人、更生保護法人を除けば、わずか925の団体のみがこのような地位を認められている。とくに、相続などを通じた不動産寄付の場合には、税金減免に該当しないなどの弱点が多い。現在、税法改正を主張しているところである。

韓国でも、法人に対する寄付金の税金減免を受けるのが現実的に非常に難しくなっている。このような状況で公益増進をはかるのは困難である。そのような意味で、これをめぐる論議さえほとんどなされない韓国の現実が、わたしの心をよりいっそう重くした。

日本の民主主義を守る弁護士たち

10月14日、土曜日。日本の市民社会を学ぼうと決心してきたので、これまでできるだけインタビューや講演は辞退してきた。しかし、市民オンブズマン運動に熱心である高橋弁護士の要請だけは断われなかった。それに、韓国にいるときすでに承諾していた話であった。

日本民主法律家協会の編集委員長である高橋弁護士が、この協会の季刊誌『法と民主主義』という雑誌に「参与連帯」の特集を組むので、わたしとのインタビューを必ず載せたいというのだ。

前に訪問した高橋弁護士の事務所から遠くない四谷に、日本民主法律家協会の事務所があった。この協会の事務局長である沢藤弁護士と自由法曹団の前事務局長、朝日新聞の記者も同席した。参与連帯の創立背景や活動内容、その間の成果、２０００年総選挙の落選運動、司法改革など、さまざまなテーマについて受け答えした。

彼らは、参与連帯を含んだ韓国の市民運動の活力に対して驚嘆した。日本にくらべれば、韓国の社会運動家たちがはるかに自信をもっているのは事実である。しかし、はたして驚嘆ばかりでよいのやら。

わたしに対するインタビューが終わると、今度はわたしのほうからのインタビューをはじめた。日本の弁護士と法律家たちの社会運動参与に対するブリーフィングを少ししてくれと頼むと、沢藤弁護士は次のように要約した。


「自由法曹団」

日本でもっとも活発で歴史の長い弁護士団体。１９２１年に創立し、韓国の国家保安法の前身といわれる治安維持法反対運動を行なったこともある。


「青年法律家協会」

青年法律家のグループであるが、おもに弁護士や学者から成り立っている。司法研修生たちの集まりも含まれており、彼らは司法修習後、ほかの団体に移動することもある。もともと日本民主法律家協会に団体加入していたが、裁判官の団体ができたことによって独立した。

「日本民主法律家協会」

形式的には日本最大の法律家団体で、弁護士だけでなく、学者や司法書士、裁判所と法務省の職員から成り立っている。60年安保闘争当時、法律家の主な活動舞台となった。自由法曹団、労働弁護団などが団体として加入している。


「自由人権協会」

唯一の社団法人。30～40年前には活発な活動を行なっていたが、最近は少し停滞状態である。これまでに情報公開法やセクハラ防止法などを理論的に後援したが、盗聴法反対運動などには参加しなかった。政治的問題に距離をおくことで、ほかの団体とは理念的なちがいを多少見せている。


「社会法律文化センター」

もともと社会党の法律委員会のような機関であったが、事実上社会党が崩壊したことで方向性を失い、今はほとんど活動を行なっていない。社会党と同じ建物を使ったこともある。


「国際民主法律家協会」

国際交流を主な目的としている法律家集団。主に海外の進歩的な弁護士などと交流している。


「労働弁護団」

主に労働事件を担当する弁護士の集まり。日本の労働運動が盛んだったときに組織され活躍したが、今はかなり衰退した。

これら団体の中心は、やはり中年の弁護士であり、大部分は60年安保闘争など学生運動に参加した世代がそのまま残り、社会変革の情熱を燃やしている。これに対して、若い弁護士は比較的理念や組織に関心が薄い。もちろん、だからといって運動が活発でないわけではない。

よく考えてみると、韓国の法律運動も「民弁」を除けば、何があるだろうか。こうした団体に所属している数多くの弁護士たちは、つねに積極的に社会改革や人権と関連した制度について討論を行ない、公益訴訟を提起しながら、この社会を底辺から変えるために必死で努力している。

天皇制に関しても、靖国公式参拝違憲訴訟（いわゆる愛媛訴訟では控訴審で勝訴した）、現在の天皇の即位費用支出を問題とする鹿児島大嘗祭事件、佐賀県献穀祭違憲訴訟などを提起している。

このような高度の政治的事件以外にも、さまざまな分野で市民たちの権益を守ることに懸命である。医療問題弁護団、先物取引被害弁護団、証券取引被害研究会、塵肺被害者弁護団、薬禍オンブズマンなどが、積極的に組織され活動している。

沢藤弁護士自身も、現在中国戦後補償訴訟弁護団で活動しており、731部隊や南京事件の中国人被害者の代理人として訴訟を行なっている。このような場合は、たいてい被害者から費用を受け取れないのはもちろんのこと、何度か中国に行き、原告に会って調査するのに数百万円にのぼる費用も負担しなければならない。

今日も、彼はその集会のあと中国で会議があり、すぐに行かなければならないという。これらの団体の人たちは、運動が活力を失った時代にもがんばって運動をしている人たちにちがいない。

195万部売れた『買ってはいけない』と関連書籍。日本の消費者の意識をかいまみることができる。

『買ってはいけない』VS『買ってはいけないを買ってはいけない』

午後、『週刊金曜日』を訪問した。編集長の松尾信之さんと編集部の山中登志子さんが迎えてくれた。

この出版社は、『買ってはいけない』という本で韓国でも有名になった。67の会社の89の製品を相手に、項目ごとに問題点を指摘した本である。出版されるやいなや、空前の大ヒット、実に195万部が売れた。まさに、「傾いた家に黄金の牛が入ってきた」というべきか。

『週刊金曜日』は、この本で得た収入に関して独自の基金をつくり、製品の安全性の検査や実験を行なったり、このテーマで本をさらにつくっていくなど、読者と消費者に役立てることを明らかにした。

一方で、自分たちが出した本も、実験と調査に問題がなかったわけではないと吐露した。そういえば、対抗して『買ってはいけないを買ってはいけない』という題名の本（この本も30万部売れた）が出版されたのをはじめ、ほかに『本当に買ってはいけない』など、関連の出版物が十種類ほどになった。

「該当企業から名誉毀損訴訟を受けはしなかったのか」とたずねてみると、この本が出版された直後、各社にアンケート調査を行ない、異議を唱えた会社に対しては反論を掲載したので、とくに問題はなかったそうだ。抗議はするが訴訟まではしないのが日本の謙虚さであると付け加えた。韓国だったらたくさんの訴訟が起きるであろうに……。

この本を出す前にも、『携帯電話天国、電磁波地獄』という電磁波問題を取りあつかった本を『週刊金曜日』の別冊として出版した。『買ってはいけない』の内容もすでに『週刊金曜日』に連載されていたが、読者からまとまった分量になったら出版してほしいという声が出て、単行本として出版したらしい。

『週刊金曜日』は、自己主張が明白な雑誌である。何より大企業の広告がひとつとして載っていない。彼らは次のように主張する。


電力会社の広告を掲載する新聞が、原子力発電問題を書けるのか？

化粧品業界の広告が出ている雑誌に、化粧品のよしあしについて書けるのか？

食品会社の広告があふれているテレビで、環境ホルモンを徹底的に分析する番組制作ができるのか？

『週刊金曜日』だったらこう書きます。

広告収入に依存せず、スポンサーから圧力を受けない自由な言論メディアとして企業・団体・個人・商品名を実名で発表し、具体的に真実を追求します。

人権・平和・護憲・環境・福祉・市民運動・報道・生活・政治・経済・国際をテーマとして5

人の編集委員を筆頭に、タブーに挑戦するメディアであります。

彼らの成功は、けっして偶然ではない。『週刊金曜日』が誕生したのは1993年11月。2000年で7年目を迎える。準備号を何号か出版したあと、本格的な週刊誌として出発した。

1992年当時、『朝日ジャーナル』という週刊誌が廃刊になり、そこで勤務していた何人かが、別の知識人とともに進歩的な立場の週刊誌を出そうという論議がなされた。そして、このような内容を新聞の広告に出して参加者をつのった。

この訴えに5人が呼応して自前で事務所を借り、職員も採用して出版社態勢を整えた。「ハンギョレ新聞社」誕生の過程と似ている。異なった点があるとすれば、ハンギョレ新聞とはちがい、賛同者が株主としてではなく、定期購読者として参与したことである。

実際、この週刊誌の定期購読者は、今も全体の購読部数4万のうちの7割程度を占めるほどだ。書店で販売される数はそれほど多くないものの、最近では全国の2000の書店で売られている。天皇制に反対し、南京大虐殺の隠蔽《いんぺい》を非難し、部落差別を批判し、自衛隊海外派遣を警戒するなどの雑誌が4万部売れるとはあまりにも不思議なので、秘訣は何であるのか聞いてみた。

日本では普通週刊誌は30万〜80万部売れ、『サピオ』という雑誌ですら10万〜13万部だから、10万程度を基準とすれば4万部は少ないほうだといった。

わたしがよく使う「進歩的」という表現が少し気にかかったのか、自分たちは特別に左派的だとか進歩的なのではなく、日本の正しい未来のために現実の多くの問題を批判的な視点から見ているだけだと付け加えた。

松尾編集長自身は安保闘争世代であるが、ここで働く大部分の編集陣はそれ以後の世代であり、学生運動とはとくに関係がないという。PARCの『AMPO』『オルタ』のような雑誌は運動する人たちが自分の主張を出すための雑誌であるが、『週刊金曜日』は一般知識人、大衆のための専門雑誌であるそうだ。

岩波の『世界』と同様、国際的なイシューを多く取りあつかっているが、アメリカや中国よりはアジアの小さな国の話題を多く取り上げているという。

この雑誌の傾向に関しては、自分たちの考えとは関係なく、左派的であると見られる傾向があることを認める。事実、このような認識も根拠がないわけではない。名前からしてそうである。「金曜日」という名前自体が、フランスの人民戦線から発行された『金曜日』という雑誌と、編集委員の中のひとりであった久野収が過去に出版した『週刊土曜日』から由来したものである。

この雑誌の成功要因は、編集長も主張しているように知名度が確実に高く、はっきりとした個性をもった編集委員にあるといっても過言ではないようだ。参考に、今の編集委員は以下のとおりである。


「佐高信」

1945年山形県生まれ。経済評論家。会社に支配されるサラリーマンに「社畜」から抜け出せないと叱咤《しった》する。日本の大企業のふるまいを指摘し、痛烈な批判を加えるきびしい評論を展開する。『男たちの流儀』などの著作がある。


「筑紫哲也」

1935年大分県生まれ。TBSテレビ「筑紫哲也NEWS23」キャスター。朝日新聞社時代に政治部記者、米軍統治下の沖縄特派員を経て、『朝日ジャーナル』の編集長・編集委員として勤務。最近では『日本23時　今ここにある危機』などの著作を出した。

「椎名誠」

1944年東京都生まれ。作家・映画監督。1976年『本の雑誌』を創刊。『犬の系譜』で吉川英治文学新人賞受賞。

「落合恵子」

1945年栃木県生まれ。作家。『Women's EYE』発行。女性問題、環境問題、新しい家族論など、少数派の声に焦点をあてた作品を継続して執筆中。

「本多勝一」

1931年長野県生まれ。薬剤師・新聞記者・探検家。すべての先入観を排除して事実を重視するが、支配される側の視点で書く。『大東亜戦争と五〇年戦争』『貧困なる青春日記』『愛国者と売国者』などの著作がある。

ほとんど50代から60代である。韓国ならばすでに元老として引退している人たちが、ものを書き論客として活躍している姿はすばらしい。彼らは商業メディアとちがって、思う存分鋭鋒を振るっている。

松尾編集長は、日本の言論はいわば「自己規制」というものがあり、大企業や政府に関連した事件について、企業や政府に気兼ねしてしまう場合が少なくないという。自分たちの主張をそのままもち続けながら、相当影響力のあるメディアを運営し言論活動ができるとは、どれほど幸運なことであろうか。

17メーターの鉄塔立てこもり

10月17日、火曜日。「シティユニオン」と記されている玄関に入るまで、ここが神奈川県の職員労働組合とばかり思っていた。あとで聞いてみると、神奈川県や市とは何の関係もなかった。

日本は韓国とちがって、職場を基盤とした労働組合だけがあるわけではない。おたがいに職場が異なっていても、一定の地域の労働者がふたり集まれば労働組合をつくることができる。シティユニオンは、川崎市を中心として、神奈川近辺のさまざまな労働者が集まって結成された労働組合である。ここに外国人労働者たちも加入している。形式的には、「全造船」が上部組合だそうだ。

朝10時半。約束時間に合わせて事務室に行ってみたが、会うはずの村山敏さんが来なかった。4〜5坪しかないだろう狭い事務室の片隅に男性3〜4人が話をしていたが、韓国語である。

村山さんを待ちがてら座って話を聞いてみると、彼らは3年から10年前に日本にお金を稼ぎに来た労働者たちであった。50過ぎに見える彼らに、「韓国でも生活は十分であろうに、なぜここまで来て苦労をしているのか」とたずねてみた。「稼ぎが1日1万2000円（韓国のお金では12万ウォン程度）になるし、何よりも韓国では自分ぐらいの歳では仕事を探すことができない」という答えが返ってきた。

そのうちのひとりは、あと2〜3年ほど仕事をして帰ろうとしていたところちょうど事故にあい、現在シティユニオンの助けを借りているとのことだ。このような人がいまだに日本に何万人もいることを聞き、韓国の経済成長の裏側を見るようであった。

少したって、60過ぎの女性が入ってきたが、シティユニオンの職員が「マリア・オモニ」だと紹介

かながわシティユニオンの村山敏書記長と韓国労働者の母、マリアさん。

してくれた。待っていた韓国人の労働者らの顔も明るくなった。みんながなぜこの人をそう呼ぶのか、あとでわかった。斉藤弘子さんという人が書いた一代記の一部分を紹介する。

在日韓国人や同僚の大部分は、「マリアさん」「マリア・オモニ」と呼んでおり、本名である平間正子よりカトリック洗礼名であるマリアの名前としてよく知られている。異郷の地で苦労している人々の力になることができればと、昼夜ジーパン姿で自転車に乗り、あちこち走り回っている。彼女のそんな姿を見ていると、民族と国を超越する存在としてのマリアという名がよく似合っている感じがした。わたしも彼女をマリアという名で呼びたい。

このマリア・オモニこと平間さんは、1965年済州島から密航して日本に来たあと、みずから逆境に立ち向かい、今は韓国人労働者を含めた外国人労働者のために全力を尽くして働いている人である。

よく聞いてみると、１９８９年のあの有名な韓国スミダ労働組合員が一方的に解雇されたあと、代表が日本の本社に出向き、抗議闘争を行なったときにも、この人が先頭に立って助けてくれたという。この問題が完全に解決したあとは、この労働者たちがみんな日本に来て、マリアさんの還暦祝いをしたそうだ。

１９９１年には、健康保険に加入できない外国人労働者のための医療支援組織をつくったりもした。「自分の活動が運命的に村山さんとつながっている」とマリアさんはいう。しばし村山さんについて話していたところ、当の村山さんが入ってきた。

村山さんもやはり立志伝中の人物であった。70年安保世代で、中央大学在学中は成田空港建設に反対する闘争に加わった。三里塚で４年間、住民とともに最後まで17メートルの高さの鉄塔に立てこもり、闘争をつづけた。

運動の拠点であるこの鉄塔は結局警察が壊してしまったが、その際、村山さんは歯が何本か折れる大けがをした。73年には、また別の現場である鶴見のＮＫＫの造船所に行った。自分が山形県の強い方言を使うのをいいことに、田舎から来た労働者を自称する「偽装就業」であった。

79年、産業合理化で大量解雇を行なった会社に抗議して、労働組合を結成したが、会社側は首謀者である彼を事務職に配転した。現場で労働組合が拡大するのを防ぐための会社の策略であった。彼は当然拒否したので、会社から解雇された。そして、長い法廷闘争がはじまった。

その期間中も、彼は別の労働現場を転々とした。いすゞの2年、日立製作所の1年半を含めて、全部で27の会社を移った。彼の闘争経歴が知られるようになり、いたるところで解雇を言い渡されたが、そのときの訴訟経験が今になって生きているわけだ。彼のあだ名は「歩く労働事典」である。

このような経験を土台として、84年5月に誕生したのがシティユニオンである。日本の労働組合組織率がわずか25%にすぎないという点に着眼し、職場で労働組合をつくることができない人たちを対象に、地域労働組合をつくったのである。

現在、シティユニオンの組合員は、韓国人が30%、日系外国人（ブラジルなどに移民した日本人の子孫が再び日本に働きに来た場合）が38%、日本人が24%。日本には、このような種類のコミュニティユニオンが全国に約70あり、約1万5０００人が加入している。

はじめはけし粒程度であったものが、今は鋼鉄のような組合になった。彼の行動力と指導力はこの地域社会ですでに評価を得ており、はじめは会うことさえ拒絶していた企業主らが、今や事務所までたずねてきて団体交渉をするほどである。

そんな彼も、昔の同士から歓迎を受けているわけではない。彼の知人の一部は、過去、よど号をハイジャックしたグループもあり、パレスチナ解放のため中東に行って生活している人たちもいる。

そう考えると、友人や先輩の墓参りでもするときには、まるで自分が異端者のように感じるときがあるそうだ。今の自分は「70年代のミイラまたは化石」であるという。化石はどこかの場で見つかってこそ再生できる。「自分はそれでも労働運動の渦中にあるから、生きている化石だと信じている」と語った。

心豊かな人たちが支える寿生活館

渡辺牧師の紹介でまた、「寿」を訪問した。今回はホームレスの救護活動を見るためである。相変わらずぼんやりとした表情の人々が道を徘徊していた。

教えてもらった略図に沿って探してみたが、「生活館」というところが全然見つからない。看板がなかったのである。

あとでわかったことだが、保育園と同じ建物の4階が生活館であった。4階には30～40人のホームレスが集まって、テレビを見たり寝転がったり、雑談を楽しんだりしていた。大きな銭湯が印象的であった。

わたしたちを迎えてくれた高沢幸男さんは、ここがほかの場所よりも比較的自由なので、ホームレスに人気があるという。好きなように出入りでき、施設利用や便宜提供に複雑な手続きがないためである。

会館は横浜市の所有であり、生活館の運営経費も市から出るお金でだいたいカバーされている。ただ、彼は公務員ではなく福祉財団所属の職員であり、財団が市の委託を受けて、生活館を運営しているという。

高沢さんがいくつかの資料を見せてくれた。貧困と疾病、アルコールと暴力、疎外と差別にあふれたこの町で、温かさと人間的な情を感じた。「寿交流会」が組織され、この地域を助けるために各界各層の人々が集まって学習会を開き、支援の方法に頭を悩ます。

「寿でスケッチする会」「寿の昔話を聞く会」「木曜パトロール（ホームレスの安全を守るため、近隣地域を巡回する）」などが組織され、多様な活動を行なっている。

とくに冬が来ると、これら支援グループはこの地域の住民の安全のため、官庁と交渉して支援金をもらったり、できるかぎりの支援対策を準備する。日本には、「里帰り」という慣習があるが、故郷がなかったり、故郷に帰れない人が大部分であるこの寿では、フェスティバルを開いたり、また故郷の味を味わえるようにと、全国の物品の寄贈を受けて販売したりもする。

ここで働く27歳の高沢さんも、大学時代先輩に紹介されてボランティアに来ているうちに、ここにきて保育園で働くようになり、さらに生活館の職員に横すべりしたそうだ。できればこれからもここでずっと働きたいという。

この殺伐としている町に、このような美しい心をもった人たちがいるおかげで、おだやかな気持ちで町を出てくることができた。

要求から参加へ、川崎市の「外国人市民代表者会議」

午後4時。川崎市役所でイ・インハ（李仁夏）牧師と約束があった。午前中に東京から出発したときは、京浜急行に乗って失敗した。というのも、韓国の昔の鈍行列車を想像させるこの列車は各駅に停車し、ある駅では10分ほど停車した。

早く出発したからよかったものの、少しでも遅かったらたいへんなことになっていた。二度とこんな失敗をしないために、今度はＪＲ京浜東北線に乗った。横浜の石川町から川崎まで10分あまりで到着。思ったより早く着いたようだったので、川崎市役所の1～2階をぶらぶらと見学した。

2階に市の情報を市民に公開する場所があった。条例や予算、機構などを含めて、ほかの地方自治団体の各種パンフレットと資料なども用意されており、自由に閲覧したり、コピーしたりできるようになっていた。

ちょうどいいと思い、川崎市の情報公開条例や市民オンブズマン条例、外部監査契約にもとづいた監査に関する条例、外国人市民代表者会議条例、市議会傍聴規則などをコピーした。一方の片隅に、川崎市が出資したさまざまな法人に対する情報公開のパンフレットもあった。

4時ちょうどに現れたイ・イナ牧師は、70代には見えないほどにかくしゃくとしていた。わたしを連れて3階の市民局に行ったが、そこの職員たちがみんな立ってあいさつをした。人々が彼に尊敬の念をもっていることがうかがえ、彼の役割の大きさを推しはかることができた。差別を受けているという印象はまったく受けなかった。

イ・イナ牧師が初代委員長をつとめたのが川崎市外国人市民代表者会議。その担当部署、市民局傘下の人権・男女共同参画室でこの会議に関する資料をひととおり見せてくれた。まず、イ・イナ牧師自身が『世界』10月号に書いたものを見てみよう。

「会議」設置への道程には30年ほどの時を要した。長い道程で加速度がつきはじめたのは、94年3月、川崎市主催の第7回「地方の新時代」市町村シンポジウムからだった。「地方政府」政策を語る第3分科会「外国人市民との共生まちづくり」で、仲井斌教授（当時成蹊大学）がドイツ留学中に見た、フランクフルト市の外国人の市政参加を紹介した。

これに参加した市民と市当局者間の積極的討論が、エンジンに火をつけた。筆者も同席して、ドイツのモデルを市が試みるつもりはないかと市側の責任者に迫った。

川崎市は70年代から、先駆的に外国人施策を不十分ながらも蓄積していたのである。その年の10月1日、「仮称・川崎市外国人市民代表者会議」調査研究委員会が発足した。その調査スピードは早く、欧州の諸事例を調査し、市独自の仕組みを構想して、翌年の12月には40数名の外国人市民を招集し、モデル会議すら開いたのである。

筆者は議長に指名され、身震いするような責任の重さを感じたが、牧師職をリタイア直後だったので、宗教改革者カルヴァンがジュネーブの市議会の民主主義的制度の諮問に与かった故事を想起しつつ、その重責を担った。

川崎市長の諮問機関として誕生したこの「外国人市民代表者会議」は、市政の多様な分野にわたって相当の影響力を発揮することができた。イ牧師の文章のタイトルにあるように、これは従来の「単純な要求」から「参加」への転換を意味するものであった。

「外国人市民」という新しい言葉が登場したのも、日本社会の開放と新しい時代を予告するものであった。このような川崎市の先駆的な活動はほかの地域にも影響を与え、各地の5つの都や府、市に似たような機構が設置された。

99年12月には、「人権共生の都市づくりをめざして、地球創造のパートナーとして外国人市民の市行政参与と意見反映のための制度を考える」というテーマのもと、川崎人権フォーラム'99が開かれたこともあった。突破口が開かれた感じだ。長期間の差別と抑圧、そして、それに対して闘争した過ぎし日の努力の結果であった。

「この外国人市民代表者会議は、条例により制定されているので、よほど状況が変わらないかぎりは、外国人のための最低限の意向反映のシステムは確保されたことになる」と、イ牧師は自信ありげに話した。

このような制度化には、これまでの革新自治体の長年の努力と高橋清市長の友好的な態度が重要な源となった。そう考えてみると、この条例の第3条は、「市長その他執行機関は、代表者会議の運営に関し協力及び援助に努め、並びに代表者会議から前条に規定する報告又は意見の具申があったときは、これを尊重するものとする」とクギをさしている。

イ牧師は、この会議が外国人の地方議会選挙権よりもっと重要な意味をもつと強調する。実際、外国人高齢者に対する福祉手当ての引き上げ、住宅基本条例による外国人居住支援制度づくり、市役所や市民館、図書館への外国人市民情報コーナー設置、外国人保護者に対する就学ハンドブック発行などの提案が現実化した。

しかし、ハングルで書かれた就業ハンドブックから次のような一句を発見し、ほろ苦い感じを抱かずにはいられなかった。

川崎市教育委員会と市内の学校では、在日韓国・朝鮮人の学生が、本名で学校に通える環境をつくるために努力しています。しかし、実際には日本の名前を使う子どもたちが多いというのが事実です。その背景には、韓国・朝鮮人であるため、差別を受けた祖父母や両親の歴史、民族差別のつらさを子どもたちには経験させたくないという両親の思いと、いまだに根強く残っている民族差別があるからだと思います。……川崎市の公立学校に入学するときは、くれぐれも本名で学校生活を送ることを考えていただくよう、よろしくお願いいたします。

川崎市の新しい女性公務員

中村まさ代：市民局主査
高橋千枝子：人権・男女共同参画室長
岡本菜穂子：外国人市民代表者会議　専門調査員

3人とも40代に見えた。中村さんは今年で公務員生活28年目を迎えるが、もともと託児職をはじめとした児童福祉の分野で勤務したあと、市民局に移ってきたのは2年前。韓国でいえば係長級であるが、やさしく几帳面な方である。

課長級である高橋さんは、もともと公立高校の教師出身。イ・イナ牧師は、多少官僚的な高橋さんと議論したことがあったものの、そのおかげで理解し合えるようになったそうだ。長い間ドイツに住み、ドイツ語が流暢な岡本さんは、外国人市民代表者会議がドイツのケースを手本としたことから、

川崎市の公務員、中村まさ代さんと高橋千枝子さん。

特別に採用された。

もともとは、外国人市民代表者会議の資料のために訪問したのだが、よい機会だと思いあれこれしつこく質問した。この3人は、終始真剣に質問に答えてくれた。また、会議室が市民局の1階下にあったため、資料を要求するごとに彼女たちが上ったり降りたりするのを見て、申し訳なく思った。ところが、彼女たちは少しもいやな顔をしない。まさに親切心が身についているようだった。

役所ではなく、どこかのサービス機関に来ているようであった。たしかに川崎市役所は特別なところである。

まず、男女平等の問題に関して質問をした。国家的にも「育児・介護休業法」が制定され、「男女雇用機会均等法」が改正されたことによって、北京会議以後、「男女共同参画2000年プラン」がつくられるなど、現在行動計画が実践に移される段階にあるそうだ。

母性保護はもちろんのこと、募集や採用、配置、昇進での差別禁止、違法企業名の公表、調停制度改善、女性の職域拡大、セクハラに対する事業主の配慮義務などが定められた。

川崎市自体も、「川崎新女性行動計画―男女平等推進プラン」の第2期を98年から推進している。136の項目に分け、具体的な計画と実践のあり方を提示しているのが印象的であった。これが実行されれば、本当に男女平等社会が実現しそうな感じだ。

委員会に参加する女性の比率は88年の13・5％から97年現在は22・7％と、10年間にほぼ2倍に増えた。女性管理職の比率も、わずかながら着実な成長を見せている。ただ、局長級になるとわずか1人であり、まだまだだ。

しかし、課長級が増えているため、時間が経てば女性が占める割合も大きくなるだろう。28年も勤務している中村さんに、「いまだに係長とは不平等ではないのか」とたずねたところ、「自分の能力が不足しているだけだ」と照れくさそうにいった。

つづいて、「清廉規定」などについて知りたいというと、中村さんが自分の手帳にある該当部分をコピーしてくれた。川崎市が職員服務規程の中で、公務員に対してどれだけきびしくたしかな倫理規定を定めているかをよく知ることができた。左はその要約である。

かなり厳格な手続きを通じて公務員の清廉性を確保していることがわかる。日本の公職腐敗が韓国社会よりも少ない理由のひとつであろう。

わきにいたイ・イナ牧師は、自分が公務員と会議をしても、それに際してどこかで食事の提供を受けたり、ごちそうしたりすることはできないと説明した。公式会議でも担当ではない場合には、自分のお金で食事代を出すこともあるし、弁当をもっていくこともあるそうだ。姉妹都市という韓国の富川市は何を学んでいるのだろうか。

もう6時を過ぎた。いつのまにか終業時間をとうに過ぎてしまったようだ。廊下で見えなくなるまでわたしを見送ってくれた彼女らに、どのように感謝の意を表してよいのかわからないほどである。

川崎市の職務規程（一部）

1．対応の原則

川崎市職員服務規程第七条では、職員が関係業者と接触するにあたって次の事項を禁止しています。

（1）禁止事項：① 金銭、物品等の受領、② 会食、③ 遊技、④ その他の接待、利益・便宜供与の享受。

（2）関係業者の意味：「関係業者等」とは、あなたが許認可・指導規制・契約・補助金交付等、相手方に対して職務上利害関係を生ずる事務を担当している場合、その相手方の事業者または個人をいいます。また、あなたが直接の担当者でなくとも、担当職員の上司であるなど、客観的にその職員に影響力をもつと認められる場合も該当します。

2. 例外的扱い

（1）服務相談員への届出と了承

職務上の必要がある場合や個人的な関係による場合には、禁止事項の規定が適用を除外されることがあります。その場合は、原則として局の服務相談員に届出を行ない、その了承を得る必要があります。また、贈答品が送付されたり、やむをえない事情で何らかの利益や便宜の供与を受けてしまったときも、必ずすみやかに服務相談員に届け出てください。事実をみずから明らかにしておくことは、公正・公平な職務遂行を疑われないために大切なことです。

（2）届出の方法

① 事前に届け出る場合：局所定の様式で届け出るか、当該事務執行の決済文書に届出事項を記載し、服務相談員の決裁または合議を受ける。

② やむをえず事後に届け出る場合：会議の急な延長や葬儀、贈答品の送付など事前に把握できない事情により事後に届け出る場合は、局所定の様式による。

（1）金銭、物品等

○広く配布される宣伝広告用の品物（カレンダー、手帳、団扇等。ただしテレホンカード等、金銭の代替物は受け取ってはならない）

○式典で来賓や出席者に配布される記念品

☆会議や講演会出席に要する実費弁償

●餞別・祝儀

●香典・見舞い

●贈答品（中元歳暮、年賀等）

●帰省などの土産品

（2）会食

○公式行事の席での会食（施設開設式等）

☆食事時間にかかる会議の席での食事（弁当程度のもの）

●酒食の饗応（いわゆる接待）

●会議終了後、レストラン等に場所を変えて行なう食事

（3）遊技

●遊興接待（芸妓の演芸、観劇、麻雀、ゴルフ、釣り、テニス、スキー等）

○表示は服務相談員に申告を必要としない場合であり、☆表示は服務相談員に申告して承認を得る場合、●表示は承認を得られない場合である。

在日韓国人人権運動の長老

在日大韓キリスト教会川崎教会元老牧師
社会福祉法人青丘社理事長
1925年韓国生まれ、1940年渡日
戦後、日本とカナダで神学を学び、1953年牧師となる
1960年代からエキュメニカル運動に参加
日本キリスト教協議会議長歴任
70年代に寄留民の神学を提唱

『世界』に記載されているイ牧師の簡単な略歴である。このやせこけている老人に残されているのは、おそらくこのきびしい差別社会と闘争しながら抱いた悲しみと悔恨である。しかし、意外に彼は余裕ありげに笑みとしゃれがあった。川崎市の幹部ともごく自然に雑談を交わしていた。

もともと留学が終われば帰国する予定であったが、差別を受ける仲間たちを助ける運動をしていて、結局日本に留まることになった。そして、ここで結婚をして子どもも生まれ、子どもを育てながら定着した。自分の使命に執着し異郷の地で暮らしている人、いわゆる寄留民神学を提唱するようになる。

彼はわたしを連れて自分の教会にある「青丘社」が運営する「ふれあい館」、そしてコリアタウンなどを案内してくれた。教会ではすでに牧師職を引退し、ほかの若い牧師が引き受けている。ふれあい館は川崎市の委託により、教会を母体にできた青丘社により運営されている。

夕食時間になっても、あちこちと駆けまわる子どもたちの声がやまない。ある部屋で壁面を見るようにいわれた。そこには、さまざまな国の子どもたちがそれぞれの言葉で書いた落書きがあった。東西のすべての言語がここにある。それがまさに21世紀の共生の文化をはぐくむ象徴であるという。「だれもがみんな幸せに暮らせるように」というスローガンが見えた。建物の正門の壁面には、チマチョゴリが象徴的に描かれている。

夕食の約束のために急いでいるわたしを最後に連れて行ってくれた場所は、池上町。イ・イナ牧師が住んでいるところであるが、ここには貧しい人々が多く住んでいる。引退後、彼はこの町に自発的に入っていった。ここで何かまた使命を夢見ているようだ。彼も平素のわたしのように安らかな天国には行けない方なのであろうか。

消費者の新概念、日本消費者連盟

10月18日、水曜日。今日は消費者団体をまわる日である。はじめに行くところは「日本消費者連盟」。わたしの日程を組んでくれた園田さんに、略図を見て探すのはたいへんだからタクシーに乗っていきなさいといわれていた。ところが実際に行ってみると、タクシー代が２０００円にもなった。心が痛む。本1冊の値段ではないか。

建物の前にかかっている看板は趣きがある。消費者運動にふさわしい。事務室に入っていくと、2人の女性がわたしを迎えてくれた。水原博子事務局長と富山洋子代表運営委員である。

この団体が行なってきたことがらを要約してみる。

「消費者の権利を守る」

まず、通商産業省に「アムウェイ」販売業者たちの不正行為に対する申し立て書を提出（アムウェイはいたるところで問題を起こしているようだ）。ベラルーシのミンスク市でのテレビ発火事件について、松下電器に質問書。インターネット接続サービスと関連して、利用者保護のための電気事業法の改正要請書。保険会社と銀行の相互参入による弊害防止のための措置に関する意見書。

「食品の安全と自給」

遺伝子組み換え食品反対キャンペーン。とくに、日本で調査されていない遺伝子組み換え作物（GMO）に対する成分調査実施。遺伝子組み換え食品に関するセミナー開催。国際連帯活動。興味深いのは、「無公害大豆畑トラスト（生産者と消費者を結びつけ無公害食品を共同購入する方式で、2000年1月現在、生産地24カ所、消費者6200世帯に増加。これらの相互交流会を開催）」。

「食料・農業・農村基本法」が制定されたものの十分ではなかったので、これに対する意見書提出。「米を耕作する権利」をめぐって、損害賠償請求訴訟提起（国家はこの訴訟に対して「生産者及び消費者がこうむった損害」を否定する反論を提起したが、原告は「人格権の一種」と説明）。

「健康と安全を守る」

有害物質としての塩化ビニール追放キャンペーンを展開。環境ホルモンとダイオキシン。合成洗剤、農薬、アスベスト、電磁波なども運動対象としている。

「生活・平和」

日本消費者連盟で出版された本

安全なくらしかたを教えてくれる本——これで賢明な消費者になります

学校給食——子どもたちに何をもたらしたのか？

あぶない化粧品——化粧品が合わない人、自然派、無添加がいい人

合成洗剤は細胞を破壊する

食べてはいけない遺伝子組み換え食品

日本が破壊する世界遺産

大疑問！ インフルエンザ予防接種

携帯電話は安全か？——知られざる電磁波の恐怖

うけますか？ 予防接種

これが知りたい——電気料金のほんとの話

99年12月「市民が考える循環経済法・骨子」発表。政府が発表した「循環型社会形成推進基本法」に対して、議員らと第三の円卓会議開催。脱原発・反核・平和運動参加。その他、盗聴法に反対する市民連絡会議の共同連絡所のひとつとして活動。

消費者団体として、反核平和運動や盗聴法反対運動まで展開しているということに、何か普通とはちがう消費者団体という感じがした。それで、このことについて聞いてみると、まず消費者の定義から話してくれた。

消費者とは、ただモノを買って消費する主体として存在するのではなく、消費は生命を営むすべての活動を意味する。ゆえに、食品の安全のためには土地が健康でなければならず、人間が健康であるためには、水と空気がきれいでなければならない。

だとすれば、当然消費者運動と環境運動の領域はあいまいになる。まさにそのような点に、この団体の特徴があるようであった。

もともとこの団体は、69年に竹内直一という農林水産省の官僚だった人が立ち上げた。彼は、公務員でありながらも消費者の権利を侵害する行政に不満をもって結局辞表を出し、日本消費者連盟をつくった。

生協や主婦連盟と重なるところもあるが、この団体が登場して、より専門的に政府機関の反消費者的政策と行動を監視しはじめた。同時に、趣旨に共感する国会議員と質問書の提出などを通じての協力体制を構築してきた。

日本消費者連盟は、とくに九州地方でかなりの勢いで成長した進歩的な生協「グリーンコープ」と特別な関係を結んでいる。1年に7000円ずつ出す会員5000人のほか、グリーンコープが組合員ひとりあたり10円ずつ支払う特別会費を出しているそうだ。グリーンコープと理念を共有しながら、グリーンコープの一種のアドボカシーグループの性格を帯びているのである。

一方、日本消費者連盟は政府や企業のお金は一切受け取らない。経済事情がいいからというよりは、「きびしくても受け取らない」のである。一般的な財団の助成金もまったく受け取らないし、支部もない。

会員の拡大が何よりも重要であることを知っているため、生協組織だけでなくあらゆる会議や集会などでも、宣伝のために最大限努力しているそうだ。最近はホームページもつくり、若者をひきつけるためにビジュアルにこだわったビデオなどを利用したりもする。

考えてみると、ここで出した小さな本も、「週刊金曜日」の『買ってはいけない』ほどではないけれど、題名に悩んだ痕跡がありありと見える。

一時期、財政が困難なため、合成洗剤反対運動を展開しながら、石けんをつくって販売しようという意見も内部であったそうだ。しかし、物品を直接つくったり取りあつかわないのが組織の原則であるため実現しなかった。

これは、生協との相違点でもある。結局、行きついたのは勤倹節約。つつましく活動することに決意したのである。これが東南アジアなどの貧しい国にも通じるあり方なのではないかと考えたからだ。水原事務局長の短くなった鉛筆が目につく。

消費者団体の総本山、全国消費者団体連絡会

次はずっと立派な構えの「主婦プラザ」へ。そびえ立つきれいなビルは主婦連合会の建物である。この建物にある全国消費者団体連絡会（消団連）は56年に創立され、現在43の組織が加入している連合組織だ。ここには日本消費者生協連盟や主婦連合、新日本女性協会など24の中央組織と6の地方組織が含まれている。

連合組織であるほど、具体的な事件に介入するよりは、消費者運動に共通する課題を解決するために全力を尽くしている。

「消費者の権利確立と生活の向上のために全国消費者組織の協力と連絡を担い、消費者運動を促進すること」を目標とするこの団体は、消費生活と関連した問題や、制度および消費者運動推進のあり方、研究調査、情報交換などを主な業務としている。設置された部署は以下のとおりである。

テーマ別委員会：消費者関連法検討委員会
国際消費者問題委員会
食品グループ
環境交流会

PLオンブズ会議

司法制度改革研究グループ

事務局担当業務：消費者契約法　早期制定のための全国ネットワーク

COPOLCO　IN　KYOTO　消費者委員会

消費者契約法は、訪問販売などを通じた不公正な契約から消費者を保護するためにつくられた法で、日本では2001年4月から施行された。実態と異なったものをすすめられて契約にサインした場合、断定的判断を提供した場合、不利益な事実を告知しない場合などには、この契約を一定期間内に取り消すことができ、事業者の損害賠償を免除する条項や、不当に高額の解約金を定める条項は絶対に無効としている。よい法である。

COPOLCOは、ISO（国際標準化機構）の中で、規格化作業に消費者が参加することをあつかう消費者委員会である。

この中で、もっとも関心を引くのはPLオンブズ会議である。韓国も2002年からPL法が施行される。日本での経験を前もって点検してみることが必要だ。もともとこの会議は、PL法の制定にあたって、消費者の立場を反映するためにつくられた機構であった。

しかし、PL法が立法され施行されているものの弱点も少なくなく、さらなる手直しの任務を付与され、再度存続するようになったそうだ。PL法の最大の問題点は、立証責任の転換がなされていないという点と、該当物品が原因となってこうむった被害に関してしか損害賠償が認められないという点である。

PL法改正作業と同時に法の実効を高めるのも任務だ。とくに、PL法によって設置された「PLセンター」は、業界別（医薬品、化学製品、ガス石油機器、家電製品、自動車、清涼飲料、消費生活用製品、化粧品、玩具など）につくられており、消費者の不満を処理することを主な任務としている。調停など事前紛争解決機能も備えている。しかし、業界から財政とスタッフの支援を受ける場合が多く、中立性を保つのは事実上難しそうだ。

PLオンブズ会議で、公開、公平、公正、消費者の言い分を聞いてくれるか、独立性、相談しやすいかなどの基準を用いてアンケートで調査を行ない、その成績を公開したことがあるが、これによってかなりの部分が改善された。

PL法による消費者の訴訟を支援することもまた重要な仕事である。原告を支援したり、傍聴を志願したり、またよい弁護士を紹介したりする。しかし、この法が施行されてから6年の間に提訴された事件はわずか22件。その中でも勝訴したのはたったの1件である。

その1件が、サンヨー冷凍庫によって火災が起き飲食店を焼いた事件であったが、冷凍庫が発火することを例外的に認めたものであった。訴訟を利用しない日本の国民も問題であるが、消費者の主張をよく受け入れない司法府も問題のようだ。

訴訟がすべてではないが、訴訟を辞さないくらいの消費者意識があってこそ、企業を健全にできるのである。しかし、このような制度さえ、いまだに導入されていない韓国は何をしているのか。

PL法以外にも、この団体は消費者関連法制の制定や改正に深い関心をもっている。今までは行政によって消費者保護がなされたが、規制緩和の動向とともに今や別途の方法による消費者保護が必要になった。

このようにしてつくられたのが、消費者契約法と金融商品販売法である。この団体が行なう仕事は、このような法律案に消費者の立場を反映することである。とくに、消費者団体が直接訴訟を提起する権限の保障を主張しているが、これに対して業界では、直接的に被害を受けない団体は訴えを提起する権利がないと主張し、強力に反発している。公益のために働く団体の訴訟提起をおそれる業界のことなかれ主義にほかならない。

伝統的消費者運動、日本消費者協会

午後3時。最後に寄った団体は「日本消費者協会」。事務室に入ったが、雰囲気が暗い。61年に設立した組織なのでそれほど古い組織とはいえないが、どこか旧態依然としている。

日本消費者連盟は、すべて書類ばかりであるうえに事務室も古いが、それでも人々には笑いと余裕があった。ところが、ここは少し重苦しい。ここにいる人たちの表情もそれほど明るくなく、事務的である。

長見萬里野理事がわたしたちを迎えてくれた。彼女はこれまで事務局長を長い間勤めていたが、今は非常勤理事であると同時に、全国的なネットワークを結成するための事務局長として働いている。

この協会は名前とはちがって、実際は財団法人であり、連合組織ではない。支部もなく、会員もいない。ただ、各地域に似たような性格の消費者協会がつくられており、これらの間に全国的なネットワークとして、消費者連合会をつくっているところだ。

先ほど訪問した「消団連」には、消費者団体ではない団体も加入しているのにくらべて、ここは純粋な消費者運動である。最近の発展動向を十分に反映できずにいるのではないかという気がした。

ほかの消費者団体とのちがいは、やはり商品に対するテストである。その結果は、ここで発刊している『月刊消費者』に載っている。製品の安全に深刻な問題がある場合、記者会見も行なうが、記者会見は雑誌が出る1日前になされる。

テスト設備は直接もっていない。品目別にテスト委員会があり、ここでテスト対象を決め、外部機

日本消費者協会への相談件数

	分類項目	件数	主要商品（件数）
1	金融・保険一般	339	生命保険会社（126）、社債(122)、クレジット(30)
2	教養娯楽物品	329	小型コンピューター（52）、ソフトウェア(29)、教養娯楽教材(37)
3	教養娯楽サービス	265	一般資格講座(52)、外国語会話教室(32)、行政資格講座(25)
4	住居品	169	浄水器(32)、電気掃除機（14）、布団(11)、羽毛布団(7)
5	保健衛生	140	美顔化粧機器(21)、化粧品(18)、化粧品セット(13)、基礎化粧品(9)
6	運輸・通信	129	電話情報サービス(38)、通信サービスおよびその他(27)、宅配(9)
7	内職・副業	127	一般内職業務(40)、代理店・特約店内職(30)、あて名書き(15)
8	被服品	110	婦人下着(14)、婦人コート(11)、指輪(11)、アクセサリー(9)
9	食料品	88	健康食品(35)、その他健康食品(11)、米(4)
	保険・福祉サービス	88	痩身エステ (15)、医療サービス(14)、エステサービス(14)

関にテストを委託している。使用テストの場合には、実際に使用する人を呼んでテストをする場合もある。テストの基準と方法はすべて公開するが、該当企業が納得しない場合はないという。自分たちのテスト基準が企業によってテストされているということだ。

今は、消費者協会に対する信頼が高まり、抗議を受けるケースはないという。過去には、ここで指摘を受けた企業が、政府に圧力をかけて補助金を削減するよう要求したり、結果発表の前に内容を知らせてくれという要求もあったが、一切答えなかったそうだ。『月刊消費者』も政府補助金で運営されているという。

そのほかにも、この団体では1年に3000件ほどの相談を行なっている。相談件数の上位10件の内訳を見ると、日本でどんな消費者問題がもっとも深刻なのかがわかる。

テストと『月刊消費者』の次に重視する活動が教育である。さまざまなパターンの消費者教育を通じて、消費者運動の指導者を養成している。主に10週間連続で40～50人ほどの消費者運動家と運動希望者を対象に教育がなされているが、34年間、数多くの活動家を輩出した。

彼らは、現在全国に散らばり、各地域で消費者団体をつくったり、既存の団体で活動家や相談員として働いている。

団体の年間活動費は3億円ほどになるが、その中で財団基金の利子2000万円、出版物収入1億5000万円、その他補助金1億円で充当している。

現在、常勤職員は10人ほどであり、パートタイムで20人ほど働いている。普通の会社と同じように、150坪ほどになる事務室に書類の山に埋もれて働いている人たちの姿があちこちで目についた。

1%クラブ、経団連の社会貢献運動

企業は公正な競争を通じて利潤を追求する経済的主体であり、同時に広い社会的意味をもつ有用な存在である。そのために、企業は次のような10の原則にもとづいて、国内外を問わず国際的原則と精神を遵守し、社会的良識にもとづいて行動している。

1、社会的に有用な財、サービスを安全性に十分配慮して開発、提供する。
2、公正、透明、自由な競争を行なう。また、政治、行政と健全かつ正常な関係を保つ。
3、株主はもとより、広く社会とのコミュニケーションを行ない、企業情報を積極的かつ公正に開示する。
4、環境問題への取り組みは、企業の存在と活動に必須の要件であることを認識し、自主的、積極的に行動する。
5、「よき企業市民」として、積極的に社会貢献活動を行なう。

6、従業員のゆとりと豊かさを実現し、安全で働きやすい環境を確保するとともに、従業員の人格、個性を尊重する。
7、市民社会の秩序や安全に脅威を与える、反社会的勢力及び団体とは断固として対決する。
8、海外においてはその国の文化や慣習を尊重し、現地の発展に貢献する経営を行なう。
9、経営トップは、本憲章の精神の実現がみずからの役割であることを認識し、率先垂範の上、関係者への周知徹底と社内体制の整備を行なうとともに、倫理観の涵養に努める。
10、本憲章に反するような事態が発生したときには、経営トップみずからが問題解決にあたり、原因究明、再発防止に努める。また、社会への迅速かつ的確な情報公開を行なうとともに、権限と責任を明確にしたうえ、みずからを含めて厳正な処分を行なう。

経団連のいわゆる「企業行動憲章」である。「株主基本」「社会全般にわたるコミュニケーション」「企業情報開示」「社会貢献活動」など、企業の社会的意識の拡大と責務の自覚をかいまみる言葉が見られる。憲章が必ずしも実践を意味するわけではないが、企業の社会的役割と責任を強調している点は頼もしいかぎりである。

トヨタ財団や財団センターなどを訪問しながら感じたことであるが、日本の企業はすでに70年代からアメリカの影響を受け、企業の社会的貢献に関して論議と実験を重ねてきた。「企業市民」という言葉の一般化には、このような背景があった。社会貢献に対しては、以下のように具体化している(経団連の「企業行動憲章マニュアル」)。

1、社会貢献活動は、企業の社会的義務であり責任である。企業はもちろん消費者、ユーザー、株主、従業員に対して法的義務を負い、納税の義務を負う。

2、社会貢献活動は、直接的な事業経営上の効果を期待して行なってはいけない。実際、企業イメージの向上、媒体を通さない広告・宣伝効果、リクルート効果など、社会貢献活動が本業の事業活動に提供されることはしばしば指摘されている。しかし、社会貢献活動は、直接事業経営上の効果を期待して行なってはいけない。

3、内外の人々にわかりやすく自社の社会貢献活動を説明する。企業活動に対して、正しい理解を求めるためには、このような経営姿勢や実際の活動を、内外の人々にわかりやすく説明する努力が重要である。

社会貢献は寄付、マッチング・ギフト、自立プログラム、企業財団、従業員の支援奉仕活動などさまざまな方式でなされる。それ以外にも、事業を通じて獲得された効果的業務の遂行能力や組織運営のノウハウを提供したり、技術をもった従業員を派遣する、自社の各種施設を提供するなどの社会貢献もある。

マッチング・ギフトは、企業と従業員がともに支援する寄付形態である。従業員が公益団体に寄付する場合、企業も同じ団体に同じ金額を寄付するものである。96年度の経団連調査によれば、32社がマッチング・ギフト制度を導入している。

自立プログラムは企業自身が、企画・立案・実行する社会貢献活動である。プログラムの内容は、地域社会の長期的清掃、植樹、駅前や会社ロビーなどで開催するアマチュアコンサート、慈善スポーツイベント、育英奨学事業などさまざまな形態がある。

企業財団は、学術研究や環境保健、教育、文化を支援するなど、独自的な公益事業を推進するために設立されたものである。この場合は、企業の収益に影響されずに、安定的に支援または公益事業を推進できるというメリットがある。従業員のボランティア活動支援は、ボランティア休暇提供、情報提供などの形態としてなされる。

「社会的貢献」と関連してもっとも注目されているのは、「1%クラブ運動」である。これは、企業の利益の中から1%を還元することで社会に貢献するという運動である。89年、「アメリカ地域社会での企業市民の条件」というシンポジウムが開催されたが、これが契機となって1%クラブを創立し、個人会員を募集しはじめた。

そして90年、豊田章一郎が経団連会長に就任したあと、1%クラブは公式的に経団連の方針として採択された。現在、この運動に公式的に参加する企業は280に達する（経団連の1%クラブに加入しなくても、社会貢献や社会還元をする企業も少なくない）。

もちろん、この1%クラブで直接お金を集めたり事業を行なうことはしない。各企業が経常収益の1%を拠出し、先に見たとおりにさまざまな社会貢献活動に使うのである。

経団連1%クラブ（現在会長は、日本生命会長伊藤助成氏）は、企業に支援すべき公益団体を紹介したり、反対に、公益団体に支援の可能性がある企業を紹介するなどの活動を行なっている。このようなコーディネーター的な役割をするために、経団連の中には1%クラブの事務局が設置されている。

日本が社会貢献活動に熱心になった理由として、アメリカとヨーロッパ企業の社会貢献活動が大きな刺激となった。1%クラブの活動も、アメリカなどに使節団を送り、その役割と方法などを調べたあと、これを模範とし実行したのである。

もちろん、当時経団連や一般企業の間に、政府のご機嫌ばかり見るのではなく、みずから市民社会に寄与する方法を見つける必要があるという考えが広がっていたことも見のがせない。韓国の全経連も、1%クラブの説明を何度も聞いていったそうだ。韓国の企業も1%クラブを組織してくれればと思わずにはいられない。

オルタ・トレード

人から人へ、手から手へ！

オルタ・トレード・キャンペーンは、「民衆交易」という新しい価値観をもった企業です。わたしたちは、フィリピンのネグロス島で、飢餓と闘いながら子どもたちに人間らしい生活を残したいとがんばっている人たちと出会いました。また、わたしたちは日本で「生命・生活・自然を守る」をテーマとした消費者と生産者、南と北の共生を志向する人たちと出会いました。こうして変化の流れがつくられ、相互の自立を促進するために、物流がはじまりました。モノが行きかう中で、人の出会いも生まれました。おたがいの話に耳を傾けながら生活することによって、コミュニケーションが生まれました。おたがいが理解することで、みんながいっしょに暮らす新しい方式の社会がつくられつつあります。それは、地球という舞台でみんながつくっていくドラマであり、新しい歴史のはじまりです。

オルタ・トレードという貿易会社とその母体となったネグロス・キャンペーン（ＪＣＮＣ）の歴史は86年にさかのぼる。ＪＣＮＣは、当時砂糖市場の不況による大量失業と飢餓で苦しむ、フィリピンのネグロス島の砂糖とトウモロコシ労働者たち、及びその家族を助けるために誕生した。

このときのユニセフの報告によると、この島に居住する約14万人の子どもたちが、飢餓と栄養失調で苦しんでいた。ネグロス・キャンペーンは、単に危機に直面した住民たちの生存を助ける一時的な運動ではない。マニラや現地の労働組合や農民組織、地域団体と協力しながら、問題を根本的に解決するために、努力して持続的な関係の樹立を図った。長期的な視野に立ち、島の住民の復旧と自立的農業の基盤づくりを念頭においた。

これによって、日本から多数の有機農業技術者が派遣されて農業技術を教え、同時に、この島の住民たちが生産する砂糖とバナナを買う運動が展開された。

この運動が可能となったのは、当時日本で進歩的な生協組織が参加したためである。消費者と供給者が合意して貿易が誕生したのであった。

こうして87年3月にはじめて10トンの砂糖が神戸に到着した。つづいて、このオルタナティブ貿易の対象は、より大衆的なバナナに拡大した。もちろん無農薬バナナである。

89年には、正式に「オルタ・トレード・ジャパン（ＡＴＪ）」が設立された。ＪＮＣと購買者である生協、販売組織が投資した会社であった。最初の資本金は３３５万円であったが、95年には３５００万円に増えた。そして92年には、インドネシアから伝統的方式によってつくられたエビ、エコシュリンプを輸入しはじめた。

93年には、韓国の南順天農協から自然農法で栽培した白菜で漬けたキムチを輸入した。同年、エクアドルから有機栽培したコーヒーを輸入し、95年にはニカラグアのマカサ会社から皮製のバッグを輸入しはじめた。このように、取りあつかう物品が多様化することで会社も成長していった。

とくに、購買者の安定性が大きな助けとなった。グリーンコープ事業連合、生活クラブ連合会、首都圏コープ事業連合など大規模生協組織が得意先であり、全部でほぼ１００万世帯におよぶ。逆に、生産者側は、台風をはじめとした自然条件によって影響を受けるため不安定であった。

ＪＮＣの時期から事務局長としてこの仕事にかかわり、現在社長である堀田正彦さんは、終始余裕がある。「事務室がよその市民団体よりもずっといいですね」というと、「会社だから当然ではないか」と答えた。

事実、彼は市民運動家というよりは演劇の演出家であった。数年前には赤字を出したものの、その後は会社のリストラと耐乏政策で再び黒字になったそうだ。現在、彼を含めて16人の職員が働いているが、1日7時間の週5日勤務であり、月給もほかの会社員とそれほど変わりない。

バナナ代金以外にも、ネグロス島に現地の農民の教育や訓練基金など、追加支援金をいっしょに送っている。93年にネグロス島の住民と生産基盤を拡張する「ネグロス民衆農業創造計画PP21」を誕生させた。南北協力の実験がつづいているのである。

今回、オルタ・トレードとの出会いを橋渡ししてくれたのは、武藤一羊先生。PARCの創立者のひとりで、ニューヨーク州立大の教壇に立ったこともある。日本の代表的な進歩的知識人のひとりである。

PARCで20年あまり事務局長として働き、JCNCおよびオルタ・トレードの発展にも深くかかわった。今は「ピープルズプラン研究所」を運営しているが、JCNC事務所に机をいくつか置き、間借りしているところである（JCNCはオルタ・トレードとは別途に維持されており、会員は約600人）。

武藤先生が運営する研究所は、オルタナティブな社会のシステムを研究するための研究者と運動家の出会いの場である。

何がオルタナティブであるのか、短時間ですべて聞くことはできなかったが、70歳近い老運動家・理論家の新しい時代への渇望と念願の深さは、推しはかることができないほどであった。

科学者の良心、宇井純先生

10月20日、金曜日。午後、宇井純沖縄大学教授の講演があった。東京大学工学部を卒業した彼は、長い間そこの研究助手として働くうちに公害問題にめざめた。社会的実践運動に熱心であったため、ガンの手術後にもかかわらず講義をした。

彼が英語で編集した日本の公害に関するビデオは、戦前から環境を無視したことによってどれほど深刻な公害問題をもたらしたかを生々しく映し出したものであった。足尾銅山事件、神通川イタイイタイ病、四日市コンビナート……。きりがなかった。

彼は環境問題の悪化に責任をとるべき、見えざるふたつの勢力の問題点をとくに強調した。第一の勢力は野党であった。与党に責任があるのは当然であるが、野党も公害を資本主義の副産物であり避けられないものと考え、結果的に問題を放棄した。対案のない野党の無責任を問いただしたのである。野党がよく闘えば、与党は政権を奪われないためにも対策を立てたはずだというのが、彼の論理である。

第二は科学者グループである。彼が東京大学に勤務しながら見てきた科学者たちは、環境問題に関心を示すどころか、政府や企業から依頼を受けたプロジェクトを遂行する過程での公害など、考えもしなかったのである。それで、科学者の倫理的問題を再度考えるようになった。

日本の公害問題がよりいっそう深刻になった背景には、島国という地理的特徴とも関連があるそうだ。ヨーロッパの場合は、あるひとつの国の公害が周囲にどんな影響を与えるのかをよくわかっているが、日本は島だから国際的環境の悪化に鈍感なのではないか。

彼は日本社会の問題点として、いわゆる「一法三年」という言葉を挙げた。ひとつのよい法がつくられると、その後3年はもっと事態が悪化するという意味だそうだ。

その例として「水質保全法」を挙げたが、この法が制定されて以降12年の間、処罰を受けた人がひとりもいなかったそうだ。

さらにこんな話も聞いた。日本全国が公害に悩まされはじめたのは50年代からであったが、それらの場所がすべて東京から遠く離れていたため、大きな関心をもたらすことがなかった。それが70年代に入って、東京にも深刻な汚染が現れるようになり、世論が悪化すると、もっとも保守的な佐藤栄作首相によってもっとも進歩的な関連法律が14も制定された。皮肉なものである。

革新的な美濃部都知事が環境規制を強化したときは、経団連は東京都知事を相手に訴訟まで行なった。彼によると、東京ではこれ以上希望がない。これにくらべて地方は環境問題を解決しようと献身的に働く者も多く、環境保全のために、中央よりもっと強力な規制を準備することもあった。

それゆえに、彼はいつも若者たちに自分の故郷の村に帰って、地方議会の議員になることをすすめる。自分が勤務する会社が社会にどのような結果をもたらすのかも知らない、そんなサラリーマンにはなるなと警告する。生産力の向上だけを目的とする日本が考え方を変えないかぎり、新しい世紀には生存できないというのが彼の意見である。

大学で彼の講義を聴いた学生が建設省に入ったとき、政府がいかに開発しか考えていないのかを目のあたりにし、現実を憂慮したという。それで、彼はずっと前から大学の外で市民を対象にした自主講座を開き、熱心に講義をしたり本を書いたりしている。孤軍奮闘する科学者宇井純教授に拍手を！

日本政治の未来を占う松下政経塾

宇井教授の講演がまだ終わらないうちにわたしを連れに来たイ・グンホさんは、日本の上智大学で博士課程を終え、ここで研究員生活をしている。ちょうど土曜日から伊豆半島の伊東でフェローたちと若手学者のセミナーを開くことになっているが、その途中に、松下政経塾を訪問することにした。

松下政経塾のある辻堂には7時ごろにようやく到着した。遅くなったにもかかわらず、塾長の岡田邦彦先生は自分の事務室で待っていてくれた。わたしをインタビューして、政経塾で出している雑誌に載せるそうだ。

岡田先生も東京大学法学部の出身であるが、そのせいか、落選運動の過程での候補者選定の公正性と客観性に関してこまごまと集中的に質問してきた。当時の状況をよく知らない人だから当然のことであるが、過去の落選運動の悪夢がよみがえってくるようだった。

インタビューが終わり、わたしたちは近くの食堂に向かった。今度は、彼がインタビューを受ける番になった。彼は、この政経塾の創立者である松下幸之助先生の教えを塾生たちに伝えることが自分の任務であると語る。

とくに自分の理念を伝えるというよりは、塾生たちひとりひとりに自分たちが生きていく社会について考えさせることが、彼の教育理念であった。そのような塾生とともに政経塾も成長するであろうと考えているのである。

松下政経塾は79年に創立された。松下幸之助会長が85歳のときのことである。彼は一生の間、政治に関心をもちつづけ、企業を経営しながら、国家の政治指導者がどれほど重要な存在であるかを切実

松下政経塾の松下幸之助像の前で。

に悟っていたのである。

規制を嫌う自由な大阪商人の気風をもった彼はいつも正しい政治を熱望し、展望のある政治家を探しては政党をつくろうとすることもあった。しかし、すべては思いどおりにならなかった。短期的な政治改革の代わりに考え出したのが、長期的に自分のビジョンを実現できる政治家を育て上げることであった。そうして生まれたのが松下政経塾である。

「たったひとりしか訪ねてこなくてもこの学校をはじめる」と松下会長は語ったが、実際には、最初の年になんと904人の志願者が押しかけた。

熾烈な競争を経て選ばれたのは23人。大部分は大学を卒業した若者たちであった。彼らはそこで松下会長の信念を学んだりもしたが、実際に塾で生活したのは1～2年で、あとは労働現場に直接出て行って労働実習をしたり、外国に行って国際的視野を広げた。

教授が特別にいるわけではなく、外部で招聘講義を聴いたり、自分が直接カリキュラムを組んで研究をする。彼ら塾生に関心があるのは、主に日本社会の問題点とその解決策に関連したマクロなテーマである。おのずと日本の政治に関心が向いている。

実際、卒業生の中からすでに20人あまりの国会議員が輩出された。政経塾の性格をうかがい知ることができる。しかし、塾生の何人かを除いては、たいてい民主党に所属している点に注目する必要がある。

松下会長は亡くなり、現在はその婿が松下電器の会長職についているが、企業人の立場から見れば、政経塾は何といっても頭の痛い存在であろう。

実際、最初に基金を出して以来、松下電器が追加で支援をしたことはない。その上、日本の低金利政策ゆえに、基金の収入もあてにならなくなり、塾生も5〜6人の割合で減り、5年過程が3年過程に短縮された。

日本では、慶應義塾を含め集団的教育を通じて国の指導力を培ってきた。今日のように急変する世の中で、近代文化と同じ集団的訓練を通じて指導力を育てることができるかは定かではない。

もちろん松下政経塾の場合は、若者たちの自由な思考とビジョンを育てることに重点をおいて課程が組まれている。はたして、不世出のひとりの企業人が日本の将来を背負う若者を養成するために、情熱をささげてつくったこの政経塾の未来がどのように進展するのか、わたしも気がかりであった。

NECの社会貢献事例

10月24日、火曜日。今日午前のはじめの訪問先はNEC。世界最高の電子会社のひとつである。港区に位置するこの会社の本社の建物は、外から見てもその威容がすばらしい。総売上額は約4兆99

00億円。韓国の年間予算の半分に相当する。

総雇用人数は約15万4000人。海外工場だけでも55になる。1899年に設立されたから、ちょうど100周年を迎えた会社である。当時、技術や経営経験がまったくない状態からアメリカの会社と手を組んで、合弁企業として設立されたそうだ。

荒地にはじまり、世界最高の技術力を誇る巨大企業に成長したのを見ながら、人間の偉大さをしみじみと実感した。

NECは、とくに大株主がない会社として知られている。アメリカとの合弁企業であるだけでなく、はるか昔から専門経営者体制で運営してきた伝統をもっている。特別な個人をオーナーにしなくても、企業はうまく経営できることをよく示している事例であろう。

このような状況下で、NECは以前から社会貢献活動を企業の重要な目標のひとつとしてきた。もちろん、大部分の大企業のように別途の独立した財団ももっている。

しかし、この財団は会社自体のさまざまな社会貢献活動とは異なり、コンピュータとコミュニケーションに集中している。それで、名前も「財団法人C&C振興財団」である。NECは、日本の朝日新聞が調査した企業貢献度調査で9位を占めた。

参考に、ほかの順位を見てみよう。

1、イトーヨーカドー
2、RICOH
3、アサヒビール
4、安田火災海上保険
5、資生堂

6、松下通信
7、松下電器
8、西友
9、ＮＥＣ
10、ＩＢＭ ＪＡＰＡＮ

ＮＥＣが集中する分野は、社会福祉や環境、芸術、文化、スポーツ、教育、従業員ボランティア支援などである。とくに、地球環境保全活動のために、ＮＥＣがもっている技術を活用し支援するのが印象的である。

「日本野鳥の会」とともに、ＮＥＣが保有している技術を動員し、鳥類の足に衛星受信装置をつけて、移動や生息地、繁殖形態などを追跡しているのである。

ＮＥＣが行なっている活動の中に、毎年1回行なわれる「メイク・ア・ディフェレンスデイ」というものがある。全世界の１３０のＮＥＣネットワークを通じて、自然保全運動や教育運動を行なうものだ。多少見世物のような感じがしなくもないが、このような活動を通じて従業員たちに大きな生きがいを感じさせ、そして地域の住民との交流が拡大する契機になるのであろう。

そのほかにも、「ＫＩＤＳインターネット安全教室」「デジタルディバイドをなくす運動」「盲導犬育成支援」「手話スピーチコンテスト」「献血運動」など、さまざまな社会貢献運動を行なっている。

韓国のＮＥＣもあるが、昨年「メイク・ア・ディフェレンスデイ」には参加しなかったそうだ。自発的に参加するものだからとか。今年は参加するということなので、それだけでも幸いである。

田中首相を拘束させた伝説のブルドッグ検事、堀田力

1934年　京都生まれ
1958年　京都大学法学部卒業
1961年　検事任官後、大阪地検特捜部検事、法務省刑事局検事などを歴任
1972年　在米日本大使館勤務
1976年　東京地検特捜部部長検事
その後、最高検察庁検事、法務大臣官房長などを歴任

10月25日、水曜日。今日の午前に会うことになっている堀田力元検事の略歴である。彼を一躍有名人に仕立て上げたのは、やはり76年に東京地検特捜部検事として勤務していたときのロッキード事件と田中角栄元首相の拘束である。

ある時代の流れに決定的な影響を及ぼした事件を引き受けることは、検事としてはひとつの幸運である。彼はまさにそのような幸運にめぐり合った。

しかし、韓国の検事にとってそのような事件は、幸運というよりは不運に近い。政治的影響力のため思うように捜査できず、それゆえ、のちに無能政治検事としての烙印を押されたり、名誉を失ってしまうからである。

日本だからといってこのような政治圧力がないはずがない。それでも内閣責任体制下で、大臣や首相を捜査したり、またはほかの政治家や企業家を捜査することで、内閣が崩壊するまでにいたる事件

はかなり多い。

日本の検察は、政治的な気がねなく政治家への捜査を行なってきており、そのため自然にこうした伝統をもつようになった。堀田検事が引き受けた事件も、そのような伝統をよりいっそう強固なものとするできごとであった。

実際会ってみた堀田検事（彼は現在弁護士の身分であるが、依然、「検事」という言葉がよく似合うようである）は、美しく年をとった親切な町のおじさんという印象を受けた。どうして、あんなに物静かな人がそんな大きな事件を引き受けて勇敢に訴訟を指揮し、捜査を貫徹できたのかと思うほどである。

今、彼はある社会福祉法人の理事長をつとめているが、この財団の財政も、やはりほとんど会員の拠出で成り立つほどに健全で、日本では珍しい財団のひとつである。

彼がこのようにボランティアを中心とした市民団体の活動に関与するようになったことについて、ほかの同僚たちは理解できないというが、「自分は途方もないやりがいと喜びを感じる」と語った。現在、日本の検察に対して不満を感じる点がないのかどうかたずねてみたが、まったくないという。検察の中で、大先輩が自分の後輩を見て「しっかりやっている」と答えるとは、実にうらやましいかぎりだ。韓国の検察元老たちにも一度同じように聞いてみたいものである。

NPOの管轄部署、経済企画庁国民生活局

霞が関をずっと探しまわって迷ったあげく、この機関を見つけることができた。経済企画庁自体、現在庁舎が分散しているのもあとになってわかった。NPO問題を総括する部署が、今日訪問した経

済企画庁の傘下にある国民生活局である。

この国民生活局の傘下にＮＰＯ法人格の申請を受けて審査を行ない付与する仕事をしている。それだけでなく、国民生活局はＮＰＯ一般に対する調査や研究、支援業務を引き受けている。韓国の行政自治部にある機能だ。

国民生活局長は池田実さん。やせた姿が典型的な官僚のように見える。もしかしてと思い出身を聞いてみると、やはり東京大学法学部出身であった。高位官僚は東京大学出身がすべて占めているという話もでたらめではなさそうだ。

それでも、本人は極力エリート官僚であることを否定する。韓国とはちがって経済企画庁は辺境であり、やはりエリートコースは大蔵省ということである。裁判官や検察になっている同僚についてどう考えるかと質問すると、「それよりは人にも多く出会い、より創造的な行政を行なうことができる行政官僚の道が自分には満足できる仕事である」と語った。

国民生活局の中にもさまざまな課があり、ＮＰＯ問題のほかに多くの業務がある。池田さんは生活局長として働いてからまだ1年も経っていないため、ＮＰＯに関しては今勉強中だそうだ。いずれにせよ、国民生活局の目的は結局ＮＰＯの支援にあるため、それなりにサービスに最善を尽くしている。また、ＮＰＯ法の趣旨を生かし、できればＮＰＯ法人格付与に応じたいと思っている。彼の話によれば、経済企画庁ではねられた件数はわずか3件であり、それも形式的なミスによるもの。政府は今どうすれば税制優遇まで付与できるか、合同委員会をつくっていろいろと模索しているという。

ＮＰＯ法が施行された98年12月以降、２０００年9月29日までの受理件数と認証件数は左ページの表のとおりである。

昔は行政と企業にすべておまかせだったが、今や国民はもちろん、官僚みずからも変わりはじめているようだ。官僚がすべてではなく、その権限と領域をＮＰＯが担当するのは望ましいことであると

NPO法人格の受理・認証数

管轄	受理数	認証数	不認証数
都道府県	2,956	2,445	9
経済企画庁	281	221	3
合計	3,246	2,666	12

いう意見に、わたしもまったく同感である。そして、これが最近何年かの変化であることにまちがいない。

それにしても、政治家に対する考えや日本政治に対する意見は、官僚ならだれでも模範回答をする。その上、わたしが韓国の落選運動の指導者のひとりであり、たえずメモをとっていることをとても気にしているのが明らかであった。日本であれ韓国であれ、官僚の属性というものだろうか。

日本最大の組織体、全国社会福祉協議会

10月26日、金曜日。新霞ヶ関ビル。日本の中央官庁がずらりと並んでいる霞が関の中にあるかなり立派な建物だ。建てられてからそれほど経っていないせいか、内部もかなり新しい。官公庁まで賃貸で入っているこの巨大な建物の所有者は、全国社会福祉協議会である。

かなりお金持ちであるにちがいない。1908年に誕生したのだが、そのとき買った土地がこん

なに高価になるとはだれが想像できただろうか。しかし、単独の持ちものではなく、ほかの所有者と共有しているそうだ。

都道府県とその下の市ごとに設置されている福祉事務所が、日本社会福祉の中核的伝達機関である。都道府県に340カ所、市に670カ所など、全部で1198の福祉事務所があり、そこに勤務する福祉事務所職員は、5万6700人に達する。生活保護や老人福祉、身体障害者福祉、授産施設、母子生活支援施設などを担当している。

この福祉事務所の業務を支援するために、厚生大臣が委託する21万6000人の民生委員や児童委員がいる。これらは相談や支援業務に投入される人々である。

それ以外にも、全国に69カ所の身体障害者更生相談所、72の知的障害者厚生相談所、174の児童相談所、47の婦人相談所などがある。

社会福祉協議会が遂行する仕事は、住民の意識調査、老齢国家である日本の老人の実態・ニーズ調査、各種相談業務、地域社会福祉協議会の組織と運営、ボランティア活動の活性化、在宅福祉サービス調査と実施などである。

まともな社会福祉を実施するためには、やはりボランティアに依存せざるをえない。社会福祉協議会が把握しているボランティア数は、98年現在622万人に達する。80年の160万人にくらべ、3・9倍にも増えた。

大部分は、学校をはじめとした団体や機関で提供されるグループボランティア活動である。このようなボランティア活動はたいてい強制されるケースが多いが、それでもこの経験が本当に自発的な個人ボランティアの可能性を高める。

さらに2001年は国際ボランティアの年であり、各種事業と広報活動を準備している。韓国ではどれほど準備しているのかが気になった。

NPOサポートセンター

10月31日、火曜日。東京の生活はいったん整理して、明日からは3週間の地方旅行である。午後、「日本NPOサポートセンター」を訪問したが、いくつかの支援組織を訪問してみると、だいたいどんな規模でどんな活動をしているのかがわかるようになってくる。

この団体もやはりそれほど大規模ではなく、日本NPOセンター程度の規模と組織をもっていた。しかし、日本NPOの山岡事務局長が企業出身であるのに対して、このセンターの山岸秀雄代表は学生運動出身者であり、労働組合などとも緊密な関係を維持しながら、まったく異なった性格のNPOサポートセンターを運営している。

運営資金も、第一書林という書店を経営しながら個人収入でまかない、一種のボランティアとして活動している。また、全繊同盟という50万人程度の労働組合が、一年に約1000万円程度を拠出する。労働組合が市民団体の支援にお金をあてるとはまれなことである。

彼はNPOの発展のための支援体系をこのように分類している。

制度的支援：NPO法
社会的支援：行政や企業、大学など
市民自身による支援：中間支援組織としてのNPOサポートセンター、連絡会など

このように見ると、韓国の場合は、NPOに対するいかなる支援体系もないわけである。非営利民

間団体支援法が制定されているが、実際に役立っていることはとくにない。行政や企業、大学もいまだにＮＰＯと現実的に深い関係を結んで支援しているとは言いがたい。だが、だからといって、ＮＰＯの支援団体などが組織されているのでもない。

山岸代表はもうひとつ、「第一総合研究所代表取締役」という肩書きをもっている。一種の民間シンクタンクだというのが彼の説明であった。アメリカの民間シンクタンクで多くのことを学び、このようなことを試みた。

この種のシンクタンクが日本には4つもあるそうだ。5人の常勤者が働いており、とくに基金はない。会員２０００人からの会費で運営されているのだ。

『政策形成の創出―市民社会でのシンクタンク』という本も1冊出版しているが、このような構造と力量でどこまで研究事業ができるのか、知るよしもなかった。まねることもできるだろうが、きちんとした政策対案をつくろうとすれば、何といっても基本的な基金と適正な人材が必要なのではないだろうか。

ここＮＰＯサポートセンターも、やはり米国の団体をモデルにしている。88年7月にはじめてアメリカの市民団体を訪問して大きな感銘を受け、このような団体をつくったという。米国政府の招聘で「調査交流団」に参加し、ＮＰＯの印象的な活動を目のあたりにし、日本に戻ったあと、九州から北海道まで全国各地でサポートセンターがつくられ、各分野のＮＰＯ設立運動が展開された。

このような流れが、98年3月のＮＰＯ法をつくり出す契機となった。しかし、このような法は法でしかなく、実際ＮＰＯが経験する人材養成や資金調達、効率的キャンペーンなどの難題は、個別ＮＰＯが解決せざるをえない。それで、このような支援センターの必要性が高まったのである。

ここでの仕事もやはりＮＰＯセンターとたいして変わりはない。みずから行なっている活動は情報センターの機能であるが、情報データベース、ＮＰＯ情報ソフトの開発、『月刊ＮＰＯ情報』発刊、

ＮＰＯ銀座サロンの運営がある。

人材開発・人材育成機能としては、ＮＰＯカレッジやインターンのアメリカ派遣、ＮＰＯの人材育成と雇用に関するプロジェクトを推進しているそうだ。それ以外にも、ＮＰＯリンクのための相談事業を実施しており、ＮＰＯ活動の支援事業として、各地のサポートセンター設立支援、非営利協同センターの連絡会またはＮＰＯサポートセンターの全国事務局として役割も担っている。

ＮＰＯに関する資料や書物も堅実に出版しているが、とくに活気は感じなかった。韓国と日本の間の市民団体ツアーを企画し、交換訪問をしながら学んでみようと意気投合したあと、事務室を出た。

第5章　身近になった日本社会

ひとつの木になる営利と非営利の果実

11月21日、水曜日。地方をまわってから3週間ぶりに東京へ戻った。まるでわが家に戻った気分だ。移動する生活を毎日のようにつづけていると、部屋を移動しなくてもいいというだけで心安らぐ。

ありがたいことに、国際文化会館側がすぐ目の前に庭を見下ろせる320号室を提供してくれた。発つ前はまだ秋の訪れを感じさせなかったのに、今では庭の木々に葉が何とかもちこたえているように見えるくらいだ。朝早くから掃除のおじさんが落ち葉をはくのに余念がない。

こうして季節は変わり、わたしの帰国まであといく日もない。

今日は千葉県にある大地を守る会を訪れる。

千葉県は東京の近郊だ。千葉県市川塩浜駅。東京湾に沿って電車が走り、東京駅から30分ほどで到着する。途中に東京ディズニーランドも見える。略図のとおり歩いていくと、ほとんどが大企業の物流倉庫や運送会社で占められている。東京という巨大都市を背後から支える神経の役割をしているようだ。まさにこの地に大地を守る会、そして株式会社大地があった。

農薬の危険性を100万回訴えるよりも、1株の無農薬の大根をつくり、それを運んで食べるところからはじめよう。

1975年、大地を守る会はこれを基本コンセプトとしてはじめられた。化学肥料だらけの近代農法ではなく、土づくりに力を注ぎ自然の力を育てる有機農法を、生産者と消費者がともに手を取り合

大地を支える力

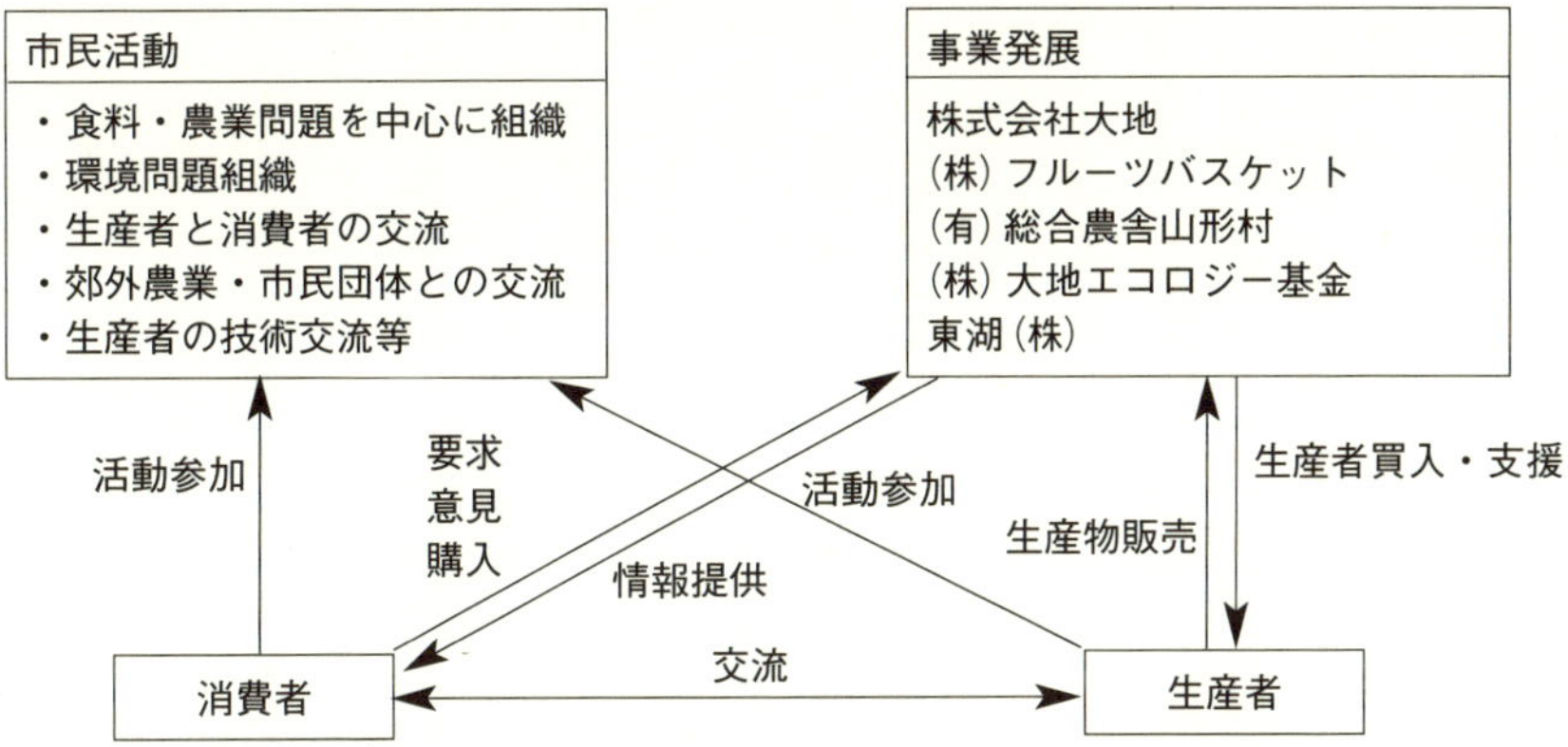

ってはぐくんできた。

１９７７年には大地を守る会の流通部門として、株式会社大地が設立された。その後、全国各地の生産者と提携してだれでも安全な食品を手に入れられる組織をつくり、消費者のネットワークを一歩ずつ広げていきながら、安心して食べられる農産物や畜産物、水産物、加工食品等を広く提供する仕事に全力を尽くしてきた。

１９７５年に市民運動団体としてはじまり、１９７７年には株式会社を別途に設立したという点が興味深い。運動と会社の事実上の設立者である藤田和芳会長は、１９７５年当時、名前も「大地を守る市民の会」としたところ、農家の人々の批判にあい、「市民」の2文字を抜いたという。

自然と農業を守るための有機農業運動をはじめてまもなく、それが農業にたずさわる人々にとって、どれほど無責任な運動であるか気づいたという。

つまり、農家の人々にそのような有機農業をする基盤を与えもせず、ただ農薬を使うな、自然農法をしろというだけでは、餓死しろといっているようなものだ。そこでおのずと、その有機農法を使用した農家の農産物を買い取り、その商品を買ってもらえる消費者を組織する事業をおこさざるをえなくなった。

これが運動とは別途の会社を創立することになった背景だ。市民活動と事業展開というふたつの軸を、大地を守る会はこうして動かしている。

大地を守る会の主軸である株式会社大地は、現在資本金3億4700万円、年間売上高123億円、従業員数180人に成長した。法的には株式会社にちがいないが、ほかの会社とちがう点は、株主が一般の投資家ではなく、この会社の主な取引先である農家や消費者、そして従業員だという点である。

そのほかにも兄弟会社ができ、今やひとつのグループとして成長している。ジュースをはじめとする加工食品を生産する「株式会社フルーツバスケット」(資本金2000万円、売上高7億円)、六本木の中国レストラン「御膳房」を運営する「東湖株式会社」(資本金5000万円、売上高7800万円)、岩手県の山形村と農協、大地がともに出資している「有限会社総合農舎山形村」(資本金4000万円、売上高1億1700万円)などである。

農家から過剰生産物を買わざるをえず、それらを加工してつくる食品会社を設立するしかなかったそうだ。これらの法人会員以外にも、2500人の生産者会員、6万世帯の消費者会員がまさにこの大地を守る会を支えている。

会社をひとわたり見てまわると、それはたしかに巨大な流通組織だ。従業員180人は正社員であり、パート・タイマーや契約社員も含めると、数百人になると見られる。

農産物をざっと切って仕分けしてから包装するパート、肉類などを均等に分類して包装するパート、注文書といっしょにさまざまな商品の広告を消費者に発送するパート、注文を書類や電話で受けるパート(一方で電話だけを受ける部署がある)、それらの注文によって包装し発送するパート、広報を担当するパートなど。

見てまわるだけでも相当の時間がかかり、わたしは途中で音をあげた。商品案内のカタログを見ると、大地の農産物を使用した料理、いろいろな野菜をセットで売るパッケージ商品、今週のおすすめ農産物、実際に生産する農家の人々と組織の紹介、化学製品を使わない自然の素材でつくった人形、遺伝子組み換えの農産物がどれほど人体に悪影響を及ぼすかについてのくわしい情報などが満載であった。そのほかにも、お菓子をはじめとしたさまざまな商品がカタログに載っていた。

1993年当時、売上高は横ばいだったが、藤田さんはそれが正常ではないかと反問する。経済であれ企業であれ、むしろ安定的な経営が理想的であるとし、急速な成長により大型スーパーのような組織になることは望まない。

単に、有機農業とその流通だけでも事業が可能であるという事実を証明すること、そして当初の考えを変えることなく守ること、そしてそのモデルをほかの人が受け継ぎ、その活動が広がっていくとしたら、それでいいのではないかと考える。しかしすでにこの会と会社の規模は「繁栄」といえるほど成長した。

1947年生まれの藤田さんは、自身も岩手県の農村出身で、上智大学在学中にはベトナム戦争反対など、学生運動に熱を上げた。大学卒業後は出版社に5年あまり勤め、あるとき、思うところあってこの運動をはじめた。

当時の学生運動は大学当局や政府に敗退をつづけており、何よりも学生同士の内ゲバ、赤軍派にいたっては殺人まで起こす騒動を目のあたりにし、いったい何のため、だれのための運動なのか深く悩んだという。

そこで生活の中でできる運動を探し、そうしてはじめたのが今の運動であった。根本的には意識の高い生活クラブ生協と大差はない。しかし、会社組織という形式をとっているので、より事業性を確実にしたうえで運動ができるのであろう。

成田空港反対運動の中心、三里塚の平野さんの食品工場。筆者の左が平野さん、そのとなりが大野和興さん。

運動の方式というものには、いろいろ開発の余地があることを思い知らされた一日だった。

「評論家」が食べていける国――農業ジャーナリスト大野さんの場合

大野和興：農業ジャーナリスト、
　アジア農民交流センター事務局長
西沢江美子：農業ジャーナリスト
　（農業・女性・生）、
　日本ジャーナリストの会会員

名刺にはこのように書かれていた。大野さんと西沢さんは夫婦だ。大野さんの職責はJVC編集委員、PARC運営委員、成田の「地球的課題の実験村」代表、アジア農民交流センター事務局長などだ。金になりそうなものは何ひとつない。

東京から2～3時間ほどの埼玉県に住んでいるのだが、職業が農業ジャーナリストのため、あちこちの農村地域を歩きまわり、また東京に頻繁に足を運び、あれやこれやで交通費の高い日本ではそれもけっこうな額になってしまうそうだ。

彼の唯一の収入源は、農業に関する雑誌に寄稿したときの原稿料と講演料だ。隣にいる西沢さんにそれで食べていけるのか聞いてみた。

彼女は「自分も運動家なので平気だ」といいながら笑っている。そして、子どもがいないのでお金はかからないという。夫唱婦随だ。

「ジャーナリスト」というのも、韓国のようにどこかの新聞社や放送局に勤めて与えられる名称ではなく、まさにフリーランサーだ。新聞や雑誌に記事を書いたり、テレビやラジオに出演したりして、その原稿料や出演料、講演料で食べていく職業だ。

だから、仕事がなければ餓死するか、ぶらぶらするしかない。しかし、そんな職業をもって生きていける国が日本なのだ。そうなると専門家のグループもできる。一生ひとつの主題で「評論家」として生きていけば、専門家にならないわけがない。そういった専門家が多く存在する国が先進国であり、強国だ。

35年間の闘争、いまだ終わらず──成田市・三里塚の場合

11月23日、木曜日の朝。大野さん夫婦がわたしのいる国際文化会館まで迎えに来て、成田空港方面に行くことになった。まだ終わっていない地域住民の闘争を見せてもらうためだ。

上野から成田方面に行く電車に乗り換えて、1時間以上もかかる遠い道のりだ。成田駅付近でひとりふたりと集まり出し、けっこうな人数になった。

この地域で農業をしている柳川さんと石井さん、学生運動当時に移ってきてそのまま住みつづけて

いる平野靖識さん、また別の農業ジャーナリストの善方昭さん、そして通訳のために来てくださったＪＶＣ事務局長の谷山博史さんと妻のユウコさんなどであった。

わたしのためにこうして集まってくれたことに感謝し、また申し訳なかった。大野さんがまずここ成田空港の長い闘争の足跡をまとめた年表をくれた。

１９６６年７月４日　成田空港設置を内閣で決定。反対闘争開始
１９６９年12月16日　成田空港土地収用法の事業認定
１９７１年２〜３月　第一次代執行一期工事区域内の一坪運動用地強制収用
　１１７１人（警察官含む）負傷、２９１人逮捕
１９７１年９月　第二次代執行、東峰十字路事件（機動隊員３人死亡）
１９７２年　東峰で有機農業開始
１９７８年11月　成田空港４０００メートル滑走路１本で開港
１９８６年11月　公団空港２期工事着工
１９９１年11月　成田空港シンポジウム開始（〜93年5月、15回）
１９９３年９月　空港問題円卓会議開始（〜94年10月、12回）
１９９６年12月　運輸省平行滑走路２０００年内に完工発表
１９９９年５月10日　反対運動で２０００年内の完成見送る
１９９９年12月　運輸省、暫定滑走路計画認可、着工

前半期の成田市三里塚での成田空港反対運動は悲惨きわまるもので警察官が３人も殉職したほどだ。運動がピークを迎えた１９７１年は、学生だけで約１０００人が常駐するほどであり、成田空港反対

運動は、日本の学生運動と社会運動勢力が総動員された最後の戦場であった。当時、ベトナム戦争反対運動が活発だったのに加え、駐日米軍が成田空港を利用することを危惧したため、ここにますます集中したという。

柳川さんと石井さんもその当時逮捕されて数カ月服役したし、そのとき学生で参加した平野さんは3度も逮捕された。そして当時、活動していた学生と社会運動勢力は、1978年の空港開港とともに多くがここを去った。

とくに1983年には、政府との対話問題で現地の農家を中心とした対話派と、外部勢力を中心とした対話拒否派とに運動が二分される事態も起きた。

1991年に入り、政府当局と住民の間にシンポジウムが設けられ、その結果1993年から円卓会議が開かれ、双方がこれ以上強制力を使用しないことを約束した。それと同時に土地収用法の条項も変更された。

しかし、政府がいきなり滑走路増設工事を発表したため、ふたたび緊張と闘争がはじまった。そして増設工事圏内にあった120世帯のうち、ほとんどが補償を受けて移住した。農家の人はすでに農業への希望を失っていたため、この機会に金をもらい農業をやめようとしたケースが実際に少なくない。しかし、農業をつづける人にとっては、このような措置はとうてい受け入れられない。

われわれは自分たちの土地と共同体を大切にしています。そして、この土地でわれわれの生活と農業をつづけたいので、ここを去るわけにはいきません。人はこういいます。土地を売って新しいところへ移り、そこで農業をすればいいのではないか、部落全体を売っていっしょによそへ行けばいいではないかと。しかし、そういう人たちは、農業がどういうものか、農業共同体の構成員というのがいかなるものなのか、本当の意味をわかっていない人たちなのです。

農業をする土地は、商業用地とはちがいます。一片の土地にもその歴史があり、特有の生態を保有しているものです。長い間をともにしながら自然と人間が交流し、結合した産物です。……とくにわれわれは、1970年代有機農業をこの土地からはじめました。ここでは、わたしたちが生産してきた自然たい肥とそれによって生まれた、土地と共存する昆虫が肥沃な土地をつくり上げてきました。……ただよそへ移れという人たちに聞いてみたいです。すでにそこに住んでいる人はどうなるのかと。そして、新しく移った人々は隣近所と近所付き合いをするのにどれだけの年月がかかるかと。おそらく一世代、いや二世代はかかるはずです。わたしたちの世代は、ほかの共同体での新しい生活のスタイルに適応できません。それは生活ではないのです。われわれは自分の生まれたところに住み、自分の住むところを選択する権利があると信じています。

反対同盟のペンション、勝利の塔

こうして反対がつづくと、政府は彼らの土地と工場を収用することをあきらめ、滑走路を短縮して竣工することを決定した。問題は、その滑走路の端が彼らの家や工場の目と鼻の先にあるという事実だ。

毎日、数多くの飛行機が離着陸するはずだ。その騒音と振動、ほこり、破片で、夜も眠れないであろう。強制収用なき強制収用となる可能性がある。そこで、政府のこのような措置を脅迫と断定している。

わたしたちは、彼らの家と工場を見てまわった。平野さんはこの近くで生産されるピーナッツとピクルスを加工する小さな食品工場を経営している。10人ほどの従業員は、すべて近所の人たちだ。

ここで生産されたものは神奈川生活クラブ生協に納品される。その他の野菜は東京の姉妹関係を結んだ地域の家庭に宅配で送られたり、農家の人が直接配達する。過去、運動に参加した人たちが、今はこの農産物の消費者になっているそうだ。

つづいてわたしたちは、彼らがつくった巨大な自然たい肥の野積み場を見学した。長井市のように自動工場をもっているわけではないが、動物の排泄物とモミ殻、生ごみなどを混ぜて自然たい肥をつくる過程は同じだ。

このような努力は、「地球的課題の実験村」という大きな構想のうちのひとつだ。成田空港反対運動を起こした反対同盟は、この周辺を実験村とすることを提案し、それが円卓会議で採択されて政府と地域住民が共同で「成田空港地域共生委員会」を発足させた。

同時に地域では、「地球的課題の実験村」事務局が設立された。彼らは「20世紀の開発の思想を越えて」というスローガンのもと、有機農法や環境、代替エネルギーを考え実践する活動をつづけている。

実際に、周辺一帯を有機農業団地にしただけでなく、ソーラーシステムを活用しており、このような実験を共有するために機関紙を発刊し、国際交流なども実施している。大きな矛盾、この成田三里塚でこのような生命の夢をはぐくんでいるとは、なんともすごいことだ。

次にわたしたちは、この地域の農家を訪問した。ここにはおいしい泉があるということだった。水がおいしいかは別として、自然の泉がある。しかしそれも周辺の木を大量に切り倒してしまったため、水量が減った。

その農家の主人は休日［勤労感謝の日］のため外出中で、主人のいない家を勝手に見せてもらった。門もない典型的な田舎の農家だったので、親近感を覚えた。その坂の向こうには、いわゆる移住村があった。

建物は一般の農家よりもはるかに大きく立派に見えたが、何というか、それが農家の人たちの好みに合うかは疑問だった。庭にとてつもなく大きな石が置いてあり、違和感を感じた。こんなところに住民を移住させるとは。

そこから空港の警備詰所を過ぎてあちこちと迷路を進んでいくと、2階建ての洋館が現れた。それは反対運動を主導した「反対同盟」のペンションだった。実験村の住民は無料、外部の人は1000円払えばそこでセミナーをし、泊まることもできる。

中に入ってみると、入り口の壁は多くの人々によるスローガンが刻まれた煉瓦で装飾されていた。「人間を無視して空港を造るとは」「FIGHT」「連帯—柳本合同組合」「人民の闘争は大地を守ること」「空港・天皇・借金はいらない」「空港より緑の大地を」などの文句が書かれている。

2階に上がってみると、建物の3面が完全に空港で囲まれ、夕陽を背に空港を飛び立つ飛行機が見える。ユウコさんに呼ばれて行ってみるとKAL機が飛んでいた。空港ターミナル、監視塔が目に飛び込んでくる。ここで迫撃砲でも一発放ったらとんでもないことになるだろう。公安当局や政府当局がここをどれだけ目の上のこぶとしているか、火を見るよりも明らかだ。

韓国なら一日も早く収用してしまうはずだが、それをそのままにしているのを見ると、日本の民主主義のレベルを物語っているのか、あるいは彼らの闘争がそれほどすさまじいものだったのか。ともあれ、彼らが勝ちとった光輝く戦利品である。

もうひとつのNPO支援

11月27日、月曜日。本当にうらやましい。市民団体づくりとその育成、支援のための団体がこんなにも多いとは！　「ＮＰＯサポートセンター」は、おもに福祉団体をサポートする団体だ。

この団体の事務理事であり事務局長でもある田中尚輝さん自身も、30年ほど前から高齢者福祉事業をつづけてきたという。田中さんが高齢者福祉のために働きはじめたころは、毎年9月15日の敬老の日にだけマスコミに多少とり上げられる程度だったらしい。今では高齢化が進み、社会が高い関心を見せはじめていることに時代の変化を感じているという。

ほかの支援団体と特別変わったところはないが、調査や研究などの学術的性格より現場主義にこだわっている点がこの支援団体の特徴だそうだ。

この組織の基本的な仕事は、設立のための支援プログラムと運営のためのプログラムを提供することだ。

設立を支援するために、『自分で作ろうＮＰＯ法人―認証申請・登記申請・各種届け出』という実務マニュアル本をつくり、そこにＣＤロムまでつけて、その様式にしたがえばだれでもＮＰＯ法人をつくることができるようにした。運営支援に関しても、会計や経理、人事、労務、法務等に関する相談やアドバイスが行なわれている。

その他、おもしろいことは、ＮＰＯ活動による事故や危険に備えた、福利厚生制度を構築する総合保険プランの準備、研修や視察旅行の企画立案とイベントの企画、全国の優良旅館を紹介するシステムの提供を内容とするエンターテイメントプログラムの提供といった仕事だ。

田中局長は、「市民互助団体全国協議会」の事務局も任されている。ここは、福祉関連団体の協議会といったところだ。支援申請を担当する職員が5人、全国協議会の仕事を担当する人が2～3人程度いる。全体的に見れば規模が小さい気もするが、とにかくこういった支援団体が韓国にもあればよいのだが。

そういえばここは以前、「さわやか福祉財団」の堀田弁護士に会うために訪問したことのある、女性会館の建物だった。ちょうど田中局長に「そちらの人もよく知っているので、一度会ったらどうか」といわれた。

堀田弁護士はその財団の理事長ではあったが、実は、田中首相の捜査を担当した検事だったということで会ったのだ。今回は、彼のもとで働く実務者数名に会った。そこでいくつかおもしろいアイデアを得た。

「時間預託制度」

時間預託制度には、さまざまな形態がある。日本でもすでにいくつかの形で実験されているという。自分が手伝いたい活動をしてその時間を預託するのだが、金銭には換算できない方式（100％預託型、愛媛県松山市社会福祉協議会、鳥取県西伯《さいはく》町あいわ銀行などが採用）、金銭で受け取るか時間を預託するかを自分で決められる方式（選択型、日本ケアシステム協議会をはじめとして現在、日本でもっとも一般的に採用されている）、そして、団体が謝礼金と預託の比率を決定する方式がある。

この財団では、時間と金銭とを分け、お金を財団に寄付して時間が切符で支給され、それを自分の会員証に貼り付けるという制度を採っている。たいていは1時間を1点とする。アメリカの「タイムダラー制度」を導入したそうだが、一種の地域通貨制度だと思えばいい。

助けが必要な場合、その切符をほかの人に渡して助けを求めることができる。切符が一種の通貨になるのだ。しかし、そういった具体的な利益以外にも、きれいな会員証と切符をつくって提供することにより、ボランティアをする側からすれば、自分の経験が増すことに大きなやりがいを感じるのではないだろうか。

「5000団体、1200万人」

この財団が掲げるスローガンは、「みんなの心と心が通じ合う社会をつくりませんか」。このスローガンを現実にするため、全国に社会福祉などのボランティア団体5000、ボランティア1200万人を生み出そうという計画を立てて推進している。日本国民の約10%をボランティアにしようという野心的な計画だ。実際に小・中・高・大の各学校と地域社会が密接な関係を結び、一日研修会や指導者研修会などを実施している。近隣支援活動マニュアルも、この目標と関係がある。

「さわやかさん」

「さわやか」という財団名からとってつけた「さわやかさん」は、全国在宅福祉サービス団体を支援するシステムだ。こういった団体がつくられる場合の手続きはもちろん、その団体の会計と業務推進の計画や整理、会員管理など、必要なもの一切をコンピュータで作業できるようにつくったソフトウェア、つまり、団体の設立と運営マニュアルだ。

これさえあれば、ひとりで団体を運営する場合にも問題はなさそうだ。もちろん有料。

このような財団やその活動を見ていると、本当にさわやかな気分になった。

韓国の市民団体との交流を推進

この女性とは、ぴたりと気が合った。年齢も近い上に考え方が同じだったからだ。そうでなくても彼女は去る9月に韓国を訪れ、参与連帯などの市民団体を訪問したという。

彼女の主張はこうだ。アメリカやヨーロッパにその社会に合ったタイプのNGO活動があるように、アジア、とくに韓国や日本、台湾の場合は、それぞれ特性があるにしろ、かなり共通した文化をもっており、それに合ったＮＧＯ間の交流が必要だという。

日本で数多くの団体と会ってみたが、そのほとんどがアメリカの市民運動を習いにいくだけで、このような主張をする人はいなかった。

世古一穂（せこかずほ）

参加のデザイン研究所代表、ＮＰＯ研修・情報センター代表理事、京都出身、１９７５年神戸大学文学部哲学科卒業、大阪大学大学院博士課程修了、生活科学研究所主任研究員、市民活動制度連絡会代表、立命館および東海大学などに出講、日本ＮＰＯ学会常任理事、国土庁地方振興諮問委員……。

立教大学に在学中の娘さんも韓国に同行したそうだが、彼女は訪韓調査報告書の中で、「市民運動に温度があるとすれば、韓国は熱く、日本はぬるい。その温度差をなくしておたがいが温かくなり、よりよい日韓関係が構築されなければならない」と書いていた。

あらゆる仕事をしなければならないのは日本も同じのようだ。世古さんの仕事は研修と情報事業なのでなおさらだ。この団体が力を注いでいるのが、人材育成。人なしには何もできないという考えからだ。

人材養成講座を自主的に、または地方自治体の依頼を受けて行なっている。内容は、結局はＮＰＯをいかにつくり、いかにうまく運ぶかということだが、そのようなことを専門的に教育するというのが目を引く。

彼女はどの大学で講義をしても、学生にＮＰＯの起業プランを作成させ、ともに考える講義をつづけている。学生たちが提出したプランの中には、「脊髄損害情報センター」「住民とひとつになる海岸美化」「小中学生向けスポーツ教室」などがある。それこそＮＰＯ本来の業務がほとんどだ。

世古さんの「参加のデザイン研究所」。掲示板がかわいい。

最近彼女が主唱しているのが、市民と行政、企業、ＮＰＯのパートナーシップ時代に備えた、新しい職能としての「協同コーディネーター」の開発と教育だ。企画力や情報収集力、分析力、リーダーシップ、マネージメント、基本的な技術を身につけた人材づくりをめざしている。

世古さんもあれこれとアイデアの多い人だ。「ボン・ボヤージュ基金」（すばらしい旅行という意味であるから、ＮＰＯの未来はどれほどすばらしい旅だろうか。うまいこと名前をつけたものだ）がそのひとつである。

ＮＰＯをつくろうにも活動実績がないため政府や財団からの融資が難しい若者たちに、最初の活動資金を支給するためのものだ。少ない額だが、彼女の本の印税１００万円をここに寄付したそうだ。

それ以外にも、彼女と同じ考えをもつ食堂や企業に募金箱を設置し、そこで集まったお金を基金に納めたりもする。基金がもう少し積み立てられたら、毎年5～10件に10万円ずつ支給する計画だという。額は少なくても、NPOがNPOに与える負担のない「すごい」お金だ。

ふたつ目のアイデアは、コミュニティーレストランの経営である。事務所の横にレストランを建てて、いろんな人が料理をつくり、いっしょに食べたりもする「ごはん共同体」をつくった。全国各地の村おこし運動をしながら知り合った地域住民が、各地の特産物や地域の食べものを季節ごとに送ってくれるので、それを紹介したりもする。

「循環型」食堂なので、生ゴミはすべてたい肥にして近隣の農地に送り、その農地で生産された農産物をこの食堂で使う。労働力は全員障害者。食堂を新しく建てもするが、もともとある食堂を休日に借りて使ったり、また社会福祉施設の空いている場所を利用する場合もある。

現在全国で6カ所を運営しているところだ。もちろんお金を稼ぐことが目的ではない。人材育成や生活支援センター、自立生活支援、コミュニティーセンター、循環型町づくりの実践をめざしたものだ。

今日は世古さんがわたしの宿舎である国際文化会館まで出向いてくれたので、明日はわたしがそこを訪問することにした。

日本最初の女性総理？　辻元清美衆議院議員

うどん屋の娘です——深夜に立ち食いする「うどん屋やまと」の娘。卵うどんを食べると演説がうまくいくんです！

高槻市立如是小学校に通いました——この学校に転校してから3年間学校に行かないことが特技でした。ところがN先生に出会ってから、小学校が好きになったんです。

言いたいことは必ず主張します――「朝まで生テレビ」でも、国会でもいつもたくさんのおじさんの論敵に囲まれていますが、気おくれせず言いたいことは全部言ってしまわないと気がすまないんです。

大阪弁で国会に質問します――原稿を読むだけのような質問は絶対にしません。いつでも自分の言葉で真剣勝負。

とりあえず街頭に立ってみます――街頭演説、ビラまき、食堂、コンビニ、飲み屋……街の情報収集と意見交換。「永田町」の人間には絶対になりません。

ピースボートで地球を5周しました――地球一周クルーズなど、世界各地に1万トン級の客船を毎年出発させ、若者たちの民間国際交流を企画。60カ国を訪問した草の根の国際派です。アジア・アフリカの食事もよく食べましたから、胃も国際派です。

11月28日火曜日は、この女性国会議員に会うことからはじまった。弾むような女性だ。四方八方飛びまわる。かわいらしい。しかしソフトではない。現在39歳だから、韓国でいうと386世代「60年代生まれ、80年代に大学に通い、現在30代の韓国民主化運動の中心的世代」だ。辻元清美衆議院議員。

1982年の教科書問題（「侵略を進出とする」などの内容で問題となる）を見て、当時早稲田大学教育学部に在籍中だった彼女は、戦争で過ちを犯した日本は国際的に借りを返し、次世代との交流をしなければならないと判断して、アジア国家間の民衆連帯を試みる。

このとき考え出した奇抜な方法が、「ピースボート」。数百人の若者を乗せて大洋を航海しようとすれば、当然1万トン級の大きな船が必要だった。そんな船を所有している商船会社を探しているうちに三井商船にたどり着いた。

女性党。日本にはないものがない。しかし、有名無実なものが多い。

もちろん最初は断られた。相手からすると、借りようとするその意図からして疑わしかった。金があるのか聞いてきたらしい。貸してくれたら募金をして必ず使用料を払うといった。そして毎日のようにその会社の前で待った。

やがて、その会社の守衛だと勘違いする社員まで出てきた。彼女はその会社の役員にピースボートが会社のイメージを上げるだけでなく、飛行機旅行時代の若者の船旅への関心を高めるきっかけになるはずだと説得し、ついに承諾を得た。こうして1983年、ピースボートの航海がはじまった。

これが辻元議員の生き方だ。自分は夢をもち、その夢をかなえるために人々を説得し、街で声を張り上げ行動する。その過程を彼女は楽しむという。現在の彼女の夢は、NPOを日本社会で力をもつまでに育てることと、政治をNPOのように変えることだ。

彼女が4年前にはじめて衆議院議員に当選（金もなくコネもない彼女は、選挙運動も非常に楽しんだ。毎日のように街頭に出て、マイクを手に人々が聞こうが聞くまいが演説をしてまわり、ボランティアの人に大いに助けてもらって当選したそうだ）したときのはじめての仕事も、ＮＰＯ法制定運動。

つづいて、行政と政治の透明性を高めるための情報公開法制定運動に乗り出した。その過程で韓国が先に情報公開法を制定したという事実を知り、改革のスピードが早いと感じていたところへ落選運動が起こったのを見て、いっそううらやましく思ったそうだ。

もちろん、政治改革をひとりでするのは無理だということはよくわかっていた。まず所属している「社民党」を「市民党」に変えることが、彼女の目標だ。そして最後に、ヨーロッパの「緑の党」のような体質に変えること。

社民党所属議員総勢31人。衆議院議員19人のうち10人、そして参議院議員13人のうち６人が女性だ。すでに女性の党といえる。なおかつその中でも、市民運動出身者やその運動に好意的な人が多い。もちろん夢はヨーロッパの社民党のようになることだが、そこまでいかなくとも、議員数を50人程度まで増やすと、現在の連立政権下でキャスティングボードを握れると見る。

だからといって、村山委員長時代のように政策を変えてまで政権にすがってはならないというのが彼女の持論。一方、公明党が現在50人の議員を抱えその役割をしているが、政教分離がなされていない危険な政党だと指摘する。

彼女は夢をもってそれを実現させるためには、少なくとも10年は投資しなければならないのではないかという。ピースボート運動に10年を費やしたように、これまで５年を費やした政治運動もこれから先の５年間、いっそう努力する覚悟だ。社民党や国会レベルだけでなく、進歩的な地方自治体の長と地方議会の議員らとの連帯も模索する。

特別な組織はまだないが、大阪では「虹と緑の会」の人々と政策研究会をつくり、ともに研究しているそうだ。30～40代のうち、民主党はもちろん、自民党の中にもしっかりした人がいるという。ただ自民党の人たちは、二世や三世の世襲議員が多く、根性がない。前回の加藤氏の場合もそうだ。

政治家は自分を捨てられなければならないと主張する。NPO議員連盟の事務局長として、加藤議員を会長に迎えたのも彼女だそうだ。森内閣不信任案が提出された当日も何度も電話をかけ、国会に入って来たら自分たちは超党派的に拍手を送るといったにもかかわらず、うまくいかなかったことをいつまでも悔しがる。

加藤氏の場合も、上半身は市民団体の立場を支持し、日本の政治を変える必要があるということに同意しながらも、下半身は金やコネにしばられ自民党の体質と決別できない状況だと比喩的に説明する。

希望はみずからがつくり出さなければいけないという辻本議員の言葉を聞きながら、絶望的に思えた日本の政治に希望が芽生える思いだった。

現場は楽しい！　地域は生きている、コミュニティーレストランと地域通貨

やはり現場だった。現場がいつでも重要だ。いくら言葉でうまく説明しても現場のようにはいかない。現場のにおい、雰囲気が重要だ。それに事務所の構造や資料、配置はいうまでもなく、壁に貼られたポスター1枚、本棚の本1冊がどれだけ重要かわからない。そうだ、やはり来てよかった。

昨日会った世古さんの事務所がある国分寺に来たのだ。5～6人しか座れない狭い空間をとても小ぎれいに飾ってある。女性らしさが活かされた空間だ。こんなきれいなポスターをだれが描いたのかたずねると、一部は自分が、残りは常勤のうちのひとりが描いたという。

次に移動したところは、昨日説明してもらったコミュニティーレストラン。町の小さな食堂といっ

コミュニティレストラン「でめてる」。

たところだ。しかしその雰囲気が何ともいえない。趣向を凝らした小さな空間がとてもこじんまりとして温かい。その部屋の片側の壁と本棚には、市民活動に関する情報がぎっしり詰まっていた。

あれやこれやの小さな雑誌以外にも、『魔法のナプキン』（健康と環境のための、布でつくった「エコナプキン」を紹介している）などの本や、行事内容が書かれたビラなどが展示されている。

東京郊外のこんな地域にまで、こういったさまざまな情報が出まわっているのを見ると、日本の市民社会が「発信（日本人の好きな用語）」する情報の量の多さがうかがえる。

このレストランの名前は、「でめてる」という。ギリシャ神話に出てくる農業の神、デメルテルからとった名前だ。19年前にはじめて建てたとき、200人が1万円ずつ出して資金にしたのだが、その後すべて返済したという。

出てくる料理がさっぱりとしている。メニューは、玄米のごはんにほうれん草、ゆでた大根、スープなどであるが、玄米はどう調理したのか、まったく違和感がない。むしろ歯ごたえがあっておいしい。ここで調理される農産物は、山形県の「大石田百姓保存会」と直接取引をして送ってもらっているという。

この保存会のニュースレターもある。素朴な農民の生活がそのまましみ込んでいる。その地域の農家が協力して家を建て、農業をし、加工所も建てて運営していることがニュースレターに載っていた。けっしてうまくはない写真であるが、農業をし、豚を育てている姿を見て、消費者はいっそう安心してその農産物を食べることができるのであろう。

世古さんが紹介してくれたのは、地域通貨体制。おおよそ次のように動いている。計算単位は「かる」だ。

1、新しく加入した会員は500円の入会金を支払い、参加者シートに必要事項を記載して事務局に提出する。「かる」帳簿を受け取ったらすぐに、交換行為がはじまる。はじめての交換のときは、マイナスであれプラスであれどちらになってもかまわない。

2、脱会する場合は、「かる」帳簿の残高をゼロにして事務局に返却すれば脱会が完了する。プラスが残った場合、事務局に寄付することもできる。ただし、マイナスが残らないようにしなければならない。

3、記入する欄がすべて埋まったら、「かる」帳簿を事務局に返還して新しい帳簿をもらう。帳簿を紛失した場合はすみやかに事務局に連絡し、そのとき覚えている残高を提出する。再発行の実費として100円負担する。

4、事務局は会員を登録・管理し、リストを制作・配布する。

5、リストは1カ月に1回発行し、参加者全員にファックスで伝達される。

6、事務局は「かる」帳簿を一部所有し、スタッフの報酬を「かる」で支払い、用紙や印刷、電話などの実費は円で清算する。

7、交換行為は、原則的に参加者個人の責任のもとで行なわれる。交換行為の途中で問題が発生した場合、できるかぎり当事者同士で解決する。ただし、問題が組織全体にかかわることであれば、事務局に連絡して問題を共有する。

8、1カ月に1度、「かるフレンド」を開いて問題点を話し合う。このとき、参加者シートを提出し、それをもとにリストを更新する。全員の残高を確認して事務局が記録する。全体の合計は必ずゼロにならなければいけない。

9、マイナスとプラスが過剰に偏らないよう注意しなければならない。マイナスの上限は5000かるとするが、中古車など高価なものを売買する場合は事務局に相談の上、上限を超えることも可能である。

10、物やサービスがリストにない場合、それを提供できる人をこの会に加入させるよう努力する。

これでだいたいどのように運営されているかがわかるはずだ。ここでいうリストは、各自が提供できる物品やサービス、そして自分が求めている物品とサービスをこまかく記載しておくことを意味する。

主に赤ちゃんの養育関係、ガイド、食品と料理、物品の売却と貸出、健康、技術提供、家事の手伝い、労働・介護などだ。価格はみんなで決め、「かる」に利子はつかない。円にも換えられない。ただ評価のために、1かる＝10円としている。

実際に交換するときは、円と並行して交換することもできる。事務局も特別に存在するというよりは、ひとつの団体がほかの仕事をしながら見ている。

世古さんがくれたこの資料は北海道のある村で試行したもので、その地域の自然保護団体が事務局の仕事を担当している。日本ではすでにこういった地域通貨体制が確立されているところが多く、政府もこれに関する資料を刊行するなど、高い関心を寄せているそうだ。オルタナティブ社会に対するまた別の実験が行なわれているのだ。

日本労働運動の総司令部、連合

1、自主的組織の主体性と組織の強化拡大
2、労働条件の維持、向上、豊かな生活の実現
3、「力と政策」の強化と福祉社会の実現
4、規模による労働条件の格差圧縮
5、非組織労働者の組織化
6、官公労組の労働基本権の完全回復
7、憲法を擁護し、自由・平等・公正・平和な社会の実現
8、軍縮、核兵器の完全廃止と世界平和の実現
9、男女平等社会の実現
10、労使対等、自主性尊重の労使関係確立
11、労働界においての分裂工作排除
12、相互信頼を高め、労働者・労働組合の総結集
13、政権交替と健全な議会制民主主義の実現
14、国際自由労連の一員として世界労働運動に貢献

これを見れば、連合（日本労働組合総連合会）のめざしているところがおおむねわかる。連合の基本目標がこの14の項目の中にすべて込められているのだ。

１９９９年現在、連合の総組合員は７６１万人。全体の雇用労働者の14％、組織労働者の64％を占める。その他、共産党の影響下にある「全労連」や民営放送局の独自な「民放労連」などを除き、同盟や中立労連、新産別、総評などがすべて集まって、１９８９年にこの連合を発足させることで、大統合となった。

現在彼らの抱えるもっとも大きな悩みは、下降線をたどりつづける労働者の組織率。外国にくらべるとそれでも比較的安定しているが、毎年０・２％ずつ下降線を描いている。これは、重工業や大企業の正社員よりしだいに新たな領域、つまり非正規労働者の増大、契約労働形態の雇用拡大、中小企業の雇用増大などに起因する。

日本でも、過去の大企業中心の終身雇用制度が崩壊してずいぶん経ち、そういった雇用形態の変化が労働組合にも大きな変化をよんでいるのだ。とくに中小企業や下請会社、非正規労働者、契約労働者の場合には賃金の差が10～20％にもなるなど、労働条件が悪く、それに対する対策がもっとも急を要する。

しかし連合の組織力は相変わらず強く、それだけ政治的影響力も大きい。前回の総選挙では、連合またはその傘下にある労働組合が推薦し支持した候補のうち、衆議院議員の50人、参議院議員で47人が当選した。だから韓国の民主労総のような独自的な政党をつくるより、はるかに強大な影響力を行使することができる。

連合が公式的に支持する政党は、第一野党である民主党だ。しかし連合の下部組織の相当数が、旧総評が支持していた社民党（旧日本社会党）をそのまま支持しており、連合の統合力が落ちていることがわかる。しかしそれだけの数の大衆をどうやって一糸乱れずまとめることができよう。

労組の幹部たちが順番に国会議員になるのではと聞いたところ、これまで3人いた連合の議長のうち、国会議員になった人はひとりもいないそうだ。むしろ若い労組の幹部が国会に進出する傾向にあるという。

連合は、その影響力を国会を通して行使するのではない。政府と毎月定期的に会合をもち、交渉しながら合意に達する。韓国人にも広く知られている春闘は現在もあるが、ストライキはできるだけ自制している。逆に、韓国でよく見られるストライキが、いったいどれだけの効果をもつのかと反問された。

まもなく韓国の民主労総・労総がともに自由投資協定に関する論議を開始するであろうが、日本の場合は条文ひとつひとつを分析して主張するのにくらべ、韓国側はグローバル化にはとにかく反対する傾向があると。それだけ韓国側は名分を重視するということだ。

高見日本環境財団理事長の場合

11月29日、水曜日。赤坂東急プラザ10階。事務所が豪華だ。日本環境財団の高見裕一理事長。神戸で「関西リサイクル運動市民の会」を発足させた。のち、1988年には有機野菜宅配システム「ラディッシュぼーや」(ラディッシュはアメリカが原産地の野菜の一種で、生命力が強いためつけられた名前であり、「ぼーや」は、やはり利口な少年という意味を込めた)を創設した。その当時は、リサイクル運動や有機農産物販売事業がはじまったばかりだったそうだ。この販売事業は大成功をおさめた。多いときには、1日に1000円ずつ出す会員が7万人に達したという。

日本では最大の市民運動団体であった。その当時、日本ではじめて「のみの市」を導入したり、ミニリサイクルショップを数百店舗開くなど、人々の注目を集めた。目新しいアイデアを数多く生み出したのだ。

周囲の人の話によると、結局、その会社の株を他人に譲渡し、大儲けをしたそうだ。今日のこの事務所がそれを証明している。有機農業の流通事業も大きな事業になりうることがわかった。

その後、彼は「緑の地球防衛基金」や「グリーンマーケティング研究所」を創立し、つづいて「日本環境財団」を創立してそこの理事長をしている。

ここでの事業のうち、エコハウス事業が興味深い。設計士や建築家、工務店などを会員として加入させ、これらの会員と各地域の住民をつないで各種のエコハウスを建てるのだ。長井市で見た環境にやさしく自然循環的な構造を各地に導入することをめざす「自然交響楽団」運動も、環境財団の重要な事業のうちのひとつだ。

現在彼は1993年の衆院選に当選し、政治家の道を歩んでいる。前回の選挙では落選したが、次の選挙を狙っている。NTT労組の公式支援対象者として選ばれてもいる。彼の政治に対する関心は韓国の落選運動についての質問に移り、わたしが質問する機会を奪われた。

自民党はこれまで反共産主義と高度経済成長のふたつをアイデンティティーとしてきたが、その両方が失われてしまった今、彼らは自分たちに抵抗する勢力にどのように立ち向かうかということに腐心していると彼はいう。そのため、国民に見ばえのいい政策や実行しやすい政策を施行しているというのだ。

政治への野望より市民運動の神話を創りつづけていればと、やや残念な思いがした。

日本のマスコミとNGO

日本経済新聞社編集局国際部編集委員の原田勝広さん。会ったとたんに、日本のマスコミについて声を高めて発言する。記者クラブ制があるため、記者たちは会社に出社せず、各政府機関の記者クラブに出て、そこで流されることだけを書くというのだ。

あまりにも閉鎖的で、新しい放送局や雑誌社の記者は会員にしてもらえない場合もある。そのため記者クラブが設置されていない機関の場合、ニュースが入ってこないのだ。よく聞いてみると、韓国と同じだ。

ＮＧＯの場合はとくに記者クラブがないので、環境は科学部、難民は国際部、核関連の集会は社会部や長崎支局がそれぞれあつかうことになる。専門的な知識を身につけた記者もいなければ、きちんとした見解もない。それが問題だ。

原田編集委員は１９７４年日本経済新聞社に入社、福岡で警察出入りの記者をしたあと、おもに国際部で仕事をしてきた。ブラジルに赴任して中南米を4年間担当したあと、ニューヨークに移って、国連を担当した。

帰国後も国連や難民問題を主に担当しつづけている。この10月から現在まで、ほとんど毎日彼がＮＧＯ問題について連載コラムを書いているのも、国連で勤務したときの経験からだ。国際社会ではＮＧＯが非常に重要な役割をしているのに、日本ではあまりにも力が弱かった。

そこで、その企画を上司に話したところ、よりによってなぜ日本経済新聞がＮＧＯを取り上げるのかという反応。やっとのことで説得し、現在ほぼ60回の終着駅にたどり着いた。ＮＧＯは広く知られるようになったが、相変わらず過激で怖いというイメージがある。

先ごろ、シアトルで行なわれたＷＴＯの総会での暴力的な行為が、日本人にはマイナスの影響を及ぼした。日本人は表に出ずに静かにボランティアをすることを好む傾向にあるが、それは日本のマスコミの報道姿勢のせいでもあるというのだ。そういわれてみると、彼の記事も、そのほとんどが難民や第三世界を助けるＮＧＯとその活動を紹介するものだ。

しかし１９９５年の阪神淡路大震災以降、ＮＧＯやＮＰＯ、ボランティア活動を知り、直接参加する傾向も高まっている。とくにバブル経済崩壊後、一生懸命勉強して大企業に就職し高い給料をもらうという目標が人々から失われ、金では買えない貴重なものを探す若者が多くなった。

その結果、ボランティアが普遍性を帯びてきているそうだ。

日本では株主運動がないのかとたずねたところ、会社員が努力すれば社長にもなれ、財閥のような支配構造もないので、韓国のような株主運動はないと答える。その代わり、環境や反原発などで特定企業の株主総会に参加したり代表訴訟を起こしたりすることは過去によくあったという。

現在日本では、企業や行政が市民団体をより理解するようになり、両者は対立的な関係というよりも協力し合おうとしている段階だと説明してくれた。ＮＧＯの力だけではできないことを行政や企業が力を合わせてやってみようということだ。

企業は今でもＮＧＯに対して否定的ではあるが、少なくとも日経に載っているＮＧＯは悪くないのではないか。アメリカでも公民権運動の対立の時期があったが、今ではＮＰＯと行政、企業の三角関係が形成された。日本でもこれから先、このような構図が大きくなっていくと思われる。

HIV運動家が国会議員になったわけ

川田悦子衆議院議員。厚生省と病院がＨＩＶ感染血液を知っていながら放置し、彼女の息子の川田龍平さんが感染して被害を受けた。そこで、関連行政官庁と病院当局の責任を問うために運動を展開していたのだが、龍平さんと周囲のすすめで最近東京の補欠選挙に出馬し、当選した。

会ってみると、ただの平凡な女性だ。まだ登院して1カ月にもならないという彼女に、率直にその感想から聞いてみた。

「以前にも国会にはあれこれ請願しに来ていました。でも、これほどひどいところだとは想像もしていませんでした。法律をつくるところなのにこれでいいのかと。そうですね、このあいだ10月25日に初登院した日、はじめて質問をしたんですが、とくに論議もないまま通過するのです。野党も情けないのは同じです。時間がないといって質疑を拒否し、一方的に通過させたり……。

拘束式比例名簿制や少年法、医療保険法等、すべてがそうやって通過したのです。世論調査の支持率20％以下の首相に対する解任案が否決されるのを見ていて、国民の声が国会には届かないのだと思わずにはいられませんでした」。

国会議員として必ず行なうと決めたことがあるかと質問すると、当然あると答えた。何よりも彼女は自分の息子に関連したＨＩＶ感染の被害者の問題が解決していないため、その問題を完全に解決し、日本社会の構造を変えたいという。

薬害闘争を起こして民事的には和解したが、本当の意味で責任をとった人はいない。刑事的レベルではまだ解決しておらず、厚生省との約束も守られていない。真相も完全に明らかにされたとは見ていないそうだ。

国会に責任者が出てきて偽証をしたのだが、その責任追及もするつもりだという。隠蔽された情報を明らかにすることも、もちろん含まれている。日本社会は情報隠蔽が体質となっているということだ。悪いことをしても責任をとらないというのは問題だ。

無所属でひとりでどうやってそういった問題に取り組むのか聞いてみた。政党から声はかからなかったが、あっても自分は無所属を通すという。今までの政治を変えることが自分の使命だと信じているため、そのような政治の本山である政党には入らないというのだ。

どうすれば若者が政治に関心をもち、同時に薬害事故のようなことをふたたび起こさないよう、政治的、制度的な改革ができるか、それが彼女の悩みだ。

ＨＩＶに感染した龍平さんの、「外からの闘争を内に入ってしてみてはどうか」というすすめにしかたなく応じた。息子のことを思って一生懸命やるだけだという。

これまでに初任給として国会議員個人に支給される１３０万円と、通信や事務費などで１００万円を受け取った。国家が給料を支給する２人の公設秘書と１人の政策秘書がいるが、私設秘書は自費で何人でも置くことができる。

政策秘書には1年に1度実施される資格試験に合格するか、弁護士か公務員、5年以上の公設秘書経験者等のある者がなれる。月給が年間で１０００万円あまりになる。公設秘書は国家公務員にあたり、３人まで置けるそうだ。

政党の場合は、周囲からの推薦や政党内部の人たちなど人材を見つけるのは簡単だが、彼女は無所属なので難しいらしい。現在秘書を公募中で、多量の願書が送られてくるのだといいながら願書の束を見せてくれた。

最近、秘書がお金を受け取ったり、不正行為に関与したりする事件が増え、その責任を国会議員がとらなければならないので、ゆっくりよい人を探すつもりだそうだ。

あとで聞いた話だが、息子の被害問題を執拗に追求してあまりにも一生懸命運動しすぎたため、夫と意見のちがいが生じ、結局離婚までしたという。彼女と息子龍平に、いつまでも勇気と健闘を！

朝日と読売のちがい

11月30日、木曜日。もうひとつの新聞社、朝日新聞社を訪問する日だ。論説委員40人あまり、その他、大阪本社に4人、九州および名古屋にそれぞれ1人ずつの論説委員がいる。たった20人以内の韓国の新聞社にくらべれば、2倍以上だ。だから専門性の高い記事が書けるのだろう。

朝日新聞社に21年間勤めている脇坂紀行論説委員は、比較的若い年齢で論説委員に抜擢されたケース。論説委員はほとんどが高齢の人たちだが、最近では、部・次長クラスからも何人か論説委員に上がってくるらしい。

彼は、おもにアジアの経済危機を担当する。韓国の経済危機もあつかったそうだ。もちろん韓国の政治は別の人が担当している。このように、論説を書く分野は細分化され、それぞれ専門家によって書かれている。

朝日新聞は、やはり読売新聞と比較される。朝日新聞の特徴を説明してほしいというわたしの申し出に、脇坂論説委員は「読売よりは、わたしたちがリベラルではないか」と話す。１９５０年代のレッドパージのとき、読売新聞では左翼と労組幹部たち全員が追い出されたそうだ。

どちらかというと、朝日新聞はインテリ向けであり、読売は一般大衆向けの新聞だった。とくに朝日は１９８０年代中曾根の保守・右翼政府が登場してから政府政策の批判に力を入れたのだが、これに対して読売は、政府の政策を支持する側にまわり、相互間の差が広がりはじめたという。

１９８０年代に入り、読売もやはり特派員制度を強化するなど、政治や経済部門の報道を強化した。現在、購読者数は読売が１０００万、朝日が８００万、毎日６００万、日本経済４００万。韓国の日刊紙とは、ほぼ10倍の差があるようだ。

新聞社間の論調の差がもっとも顕著に現れるのが、やはり憲法改正についてだ。朝日と毎日が、武力の使用を完全に放棄している現在の平和憲法を維持しようというのに対して、読売は、憲法改正に対して執拗に関心を示している。

毎日は基本的には朝日と見解をともにするが、現憲法をそれほど強く支持する姿勢ではないという。もちろん朝日にもＰＫＯ派遣自体は認める必要があるのではないかという論議がないわけではないが、前の世代の幹部たちが強く反対したそうだ。

社会・経済政策でもちがいが見られる。つまり最近の中央銀行独立の件だ。朝日は当然中央銀行の独立を支持するが、読売は低金利政策を変更するように圧力を加える大蔵省の立場を支持している。それ以外にも、朝日はＮＰＯやＮＧＯの活動と近隣のアジア地域、そして戦後処理に比較的多くの紙面を割こうと努力している。

そんな話をつづけていると、あとから約束の場所に編集委員の小田川興さんが現れた。来年定年退職を迎えるという白髪混じりの彼は、朝日新聞社最高の朝鮮半島問題の専門家だ。１９８９年12月から１９９３年6月までソウルで特派員として勤務した。

その前にも１９７３年ごろ、延世大学の語学堂に派遣されて1年間韓国語の勉強をしたという。だから韓国語が上手だ。のちに韓国の留学生に会ったとき聞いたのだが、小田川さんは韓国に関する行事であれば必ず顔を出し、「韓国式でいきましょう」というそうだ。

たしかに、新聞社の入り口にある本屋で本を買いたいといったら、「社員は20％割引になるから、自分が人と会っている間に選んでおけ」という。やはり韓国式だ。

退職後に何をするつもりか彼にたずねると、まだよく考えていないが、被爆者問題など、まだ解決していない問題があるからやることはあるだろうという。そしてもうすでに、外信部に6～7人の韓国の専門記者が待機していると苦笑いを浮かべる。

それが人生の法則ではないかという彼の言葉に、一生涯を記者として生きてきた重厚な年輪が込められていた。

東京最後の夜

そろそろまとめの時間だ。あれこれお世話になった方々にひとことずつ電話であいさつしたいのだが、それも思うようにいかない。彼らもじっと座って電話を待っているわけではないからだ。

この間、通訳をがんばってくれたナ・イルギョンさんとソ・ミョンジンさん、そしてイ・ギホ博士と夕食をともにした。

六本木駅から国際文化会館までの道なら、もう目をつぶってでも歩けそうだ。国際文化会館にさしかかるとまるでわが家の前に来たようだ。親切にしてくれた日本の友人たちの顔が浮かんでくる。

3カ月が3年のようにも感じられた。そろそろ帰らなければ。わが国、わが家へ。参与連帯のウェブサイトにはこんな文が書き込まれていた。

「彼が帰ってくるぞ!」

あとがき

本書は、'02年2月に神奈川ネットワーク運動（略称NET）から翻訳・出版すること、それを機会にフォーラムを開催する企画・仕様書の提示依頼からスタートしました。それは、NETが慶應大学大学院生で日ごろNET運動の研究・協力者である羅一慶さんを通して、著者である朴元淳弁護士及び原書出版社であるアルケ社の協力の了解をいただいたからでした。設立満1年の当研究所がこの翻訳・企画に応えるには、ノウハウをもち合わせないまま、いくつものハードルを越えなければなりませんでした。

まず、出版を引き受けていただけるのか、風土社の山下武秀社長にご相談したところ、諸々の困難を承知の上でご協力の了解をいただき、すすめることになりました。翻訳にあたっては、最近開発され、レベルが上がったと言われる翻訳機を活用した整理・監修の方法を試行しましたが、性能が低く役立ちませんでした。その後、「かながわNPO大学」の講師をお願いしていた山田貴夫さんから石坂浩一さんをご紹介いただき、ようやく編集業務が軌道に乗りました。

しかし、440ページに及ぶ原本は、予定していた頁数や頒価と大きくミスマッチすることがわかり、あらためて翻訳者として石坂さんのご意見・苦言・提言をいただきながらの歩みでした。その結果として、本書のほかサブとして当研究所出版によるブックレットを併立させることによって不充分ながら関係者各位の努力にむくい、一応の整合性をもつことができました。

この間、監修者の立場にあるべき当研究所の所長であるわたしの不徳なコーディネートゆえに、翻訳や編集にあたっていただいた方々に対して、多大なご苦労やご迷惑をおかけしたことを深謝いたします。同時に関係者の皆様には、心からお礼申し上げます。

わたしたちの新たな課題は、より多くの購読者をつのることで本書「韓国市民運動家のまなざし―日本社会の希望を求めて」の趣旨を生かすことだと考えます。この出版を機に、今秋に予定しています「アジア市民社会交流シンポジウム」（仮称）の開催を含めて日韓市民社会交流に貢献し、本書のもつ諸価値の実現をはかることに努力していく所存であります。

２００３年５月10日

参加型システム研究所 所長　横田克巳

編訳者あとがき

本書はパク・ウォンスン（朴元淳）著『パク・ウォンスン弁護士の日本市民社会紀行――変わり者を訪ねて』（アルケ、2001）の翻訳である。わたしの編訳で出した『日韓「異文化交流」ウォッチング』（社会評論社、2002）で、最近韓国で出た日本に関する本として紹介した中に本書も入っている。それを自分で訳すことになったのもひとつの縁だろうか。わたし自身、企業の海外進出をめぐる人権問題でパク・ウォンスンさんたちの活動する参与連帯と日韓双方でシンポジウムをしたりして交流してきた。多分、パクさんは覚えていないだろうが。

著者についてはコーディネーターに譲って、ここでは簡単に翻訳に関することだけ述べておこう。もともと本書の原本は440ページに及び、日本語でも原稿用紙700枚程度の分量になった。当初は全訳と聞いていたが、わたしたち翻訳グループがすべて訳し終わってから全訳の出版は無理という話になった。やむなく、本をもっともよく見渡していたわたしから、出版をコーディネートした団体が関東にあるのだから東京近辺の章だけを掲載してはどうかと提案、それに結果的に従う形で本が完成した。いま読者が読むのは原本の1、3、5、7、10の5つの章だけである。全訳にならなかったのは出版上の都合であり残念だが、この点について訳者はいっさい責任を負っていないことを記しておきたい。

わたしも通訳の仕事をすることがあるので、よくわかるのだが、どうしても通訳を通すと誤解が生じるところが出てくる。本書でも、単純な思い違いや伝達ミスが見受けられたが、原著者の了解を得ていたのでとくに断りなく正しい記述に直した。おもしろいもので、ミスはないところはないし、あるところは固まって出ている。つまりは、通訳がどれほど適切に訳したかによっているのではないだろうか。いずれにしろ、些細なことをいちいち訳注で訂正するほどの必要はないと思い、読者が読みやすい方法をとった。章のタイトルと小見出しは訳者が考えて変えてある。

また、原本の登場人物で本書が出るまでに残念ながら亡くなられた方もいるし、変動があった方もいるが、すべて当時のままにしてある。本文の内容については、著者から否定的な印象をもたれた方はお気の毒だが、著者の考え方であるからやはりそのままにしてある。著者の辛辣な評価を受けた方には、誤解やいきちがいと感じられる場合もあろうが、これもご了解いただきたい。

翻訳は序章と1章が石坂、2・3章が加藤美蘭、4章が福島みのり、5章が呉華順である。出版に際して削除された部分は太田修と石坂が担当したが、別途冊子になるようなので、できるかぎりお読みいただきたい。とりわけ、太田さんについてはお仕事が本書にまったく載らなくなってしまったことを申し訳なく思っている。全体の整理は石坂があたった。

末尾ながら、編集に携わってくださった小畑さとみさんには感謝申し上げます。また、本書を出される参加型システム研究所の皆さんが今後一層、韓国との交流を深め、本書が多くの日本に生きる人びとにとって日本を見直し韓国と手をつないでいくよいきっかけになることを願ってやみません。

2003年4月

訳者を代表して　石坂浩一

朴弁護士の「日本市民社会紀行」翻訳出版にあたって

「アンニョンハセヨ」

統一地方選が終わって、わたしは韓国語の勉強をはじめました。

というのは、数年前から、韓国の市民運動の方々が神奈川ネットワーク運動やワーカーズコレクティブを訪問されるようになり、対応するわたしたちを質問攻めにします。韓国に市民運動や市民政治が根づくために、日本の運動からヒントを得ようと真剣なのです。

さらに、日本に来る前に、その前に来訪された方の報告を読んでいて、その内容を実際の目でたしかめようとします。質問を受けているわたしたちの側こそ、社会をつくり・かえる一員になろうとする韓国の方々の真剣さに学ばされます。

また、交流を深めるために、わたしたちを韓国に招いてくださることも多々あります。しかし、歴史も運動も共有できるお隣りの国なのに、わたしは文字もわからず日常のあいさつさえできないありさまです。これからは、わたしたちのほうこそ韓国の運動を学ばねばならないと考え、一年発起して世界でもっとも合理的で科学的だという韓国語を学びはじめました。

とはいっても、にわか仕立ての語学で韓国の方々とスムーズに交流できるようになるとは思えませんが、この本の著者の朴元淳弁護士は、数カ月日本に滞在して全国の市民運動を訪問しながら、日本語の日常会話をマスターしてしまったというのですから驚きです。学びとろうとする意欲に尊敬の念を抱き、また興味を覚えます。

朴元淳弁護士は、日本では落選運動で有名なソウルの「参与連帯」のリーダーで、韓国では市民運動家として絶大な人気があります。この朴さんが日本の市民運動や運動家を精力的に訪問し報告書を出版したと聞いて、逆に朴さんが日本の運動をどのようにとらえ、若い運動家に何を伝えようとしているのかをぜひ知りたいと思い、この書を翻訳してみたいと考えました。朴弁護士はこの申し出に快く了解してくださったのです。

この書を読むことで、逆に日本の市民運動の課題を知り、韓国で「キムデジュン」や「ノムヒョン」という大統領を生み出した民主政治の力もかいまみることができれば、神奈川ネットワーク運動の新しい力となりえるでしょう。

この書の翻訳と出版に協力してくださった韓国アルケ社と風土社、石坂浩一さんをはじめ翻訳者の方々、韓国の若い研究者羅一慶さん、参加型システム研究所に深く感謝します。

2003年5月6日

神奈川ネットワーク運動前代表　又木京子

著者

朴元淳（パク ウォンスン）

1956年生まれ。1983年に弁護士となり人権弁護士として活躍、著書『国家保安法研究』（全３冊）でも知られる。1994年市民団体「参与連帯」創立を主導し事務局長を務め、ほかの市民団体とともに2000年の総選挙における落選運動の立役者となった。その後、参与連帯の執行委員会常任執行委員長となったが2003年6月に辞任し、「美しき財団」理事に専任。2003年4月にノ・ムヒョン政権下で発足した「税制革新推進委員会」共同委員長に任命された。

編訳者

石坂浩一（いしざか こういち）

1958年生まれ。立教大学講師。韓国社会論専攻。共編『岩波小辞典　現代韓国・朝鮮』（岩波書店）、共著『現代韓国を知るための55章』（明石書店）、編著『日韓「異文化交流」ウォッチング』（社会評論社）など著書多数。

訳者

加藤美蘭（かとう みらん）

1963年韓国生まれ。通訳・翻訳業。訳書に崔正鉉『韓国版男も子育て パンチョギの育児日記』（社会評論社）など。

福島みのり（ふくしま みのり）

1973年生まれ。延世大学大学院社会学科博士課程在学。共訳書に具度完『韓国環境運動の社会学』（法政大学出版局）、共著に『岩波小辞典現代韓国・朝鮮』（岩波書店）。

呉華順（オ ファスン）

1973年生まれ。慶熙大学大学院国語国文学科現代文学戯曲専攻修士課程終了。通訳・翻訳業。

本文デザイン―菅原寿実子・鶴田めぐみ
編集協力―――有限会社 やなか事務所

本書は、図書出版アルケ『朴元淳弁護士の日本市民社会紀行―変わり者を訪ねて』を翻訳。

韓国市民運動家のまなざし
―日本社会の希望を求めて―

2003年　9月　1日　第1版第1刷発行

著　者　朴元淳
編 訳 者　(特定非営利活動法人) 参加型システム研究所
石坂浩一
発 行 人　山下武秀
発 行 所　有限会社　風土社
〒101-0064　東京都千代田区猿楽町1-2-2
日貿ビル2F
書籍編集部　TEL　03-5281-9537
注文センター　TEL　03-5392-3604
FAX　03-5392-3008
印 刷 所　株式会社　東京印書館

ISBN4-938894-67-XC0036